Saleem Matthias Riek

Herzenslust

Lieben lernen
und die tantrische Kunst
des Seins

Mit einem Vorwort von Alan Lowen

AURUM VERLAG

Titelgestaltung: Eckard F. Schönke
Titelfoto: Hulton Getty/Tony Stone
Zeichnungen: Katrin Priestersbach

Die Deutsche Bibliothek – CIP-Einheitsaufnahme
Riek, Saleem Matthias:
Herzenslust: lieben lernen und die tantrische Kunst des Seins/
Saleem Matthias Riek, Mit einem Vorw. von Alan Lowen. – Braunschweig:
Aurum, 1999
ISBN 3-591-08451-4

1999
ISBN 3-591-08451-4
© Aurum Verlag GmbH, Braunschweig
Gesamtherstellung: Westermann Druck Zwickau GmbH

Inhalt

Vorwort von Alan Lowen 8

Einführung 15
Meine Begegnung mit dem »Sein-Lassen«

Erster Teil 19
Die Wende nach innen

1. Unsere alltäglichen Um- und Irrwege zu Lust und Liebe 20
   Von der Orientierung nach außen zur Orientierung nach innen

2. Was ist Liebe? 26
   Mit der Frage leben statt eine Antwort zu suchen

3. Im Feuer der Sehnsucht 33
   Die Sehnsucht als Geschenk

Zweiter Teil 41
Im Dickicht der Gefühle

4. Was mir widerfährt, das bin ich 42
   Wegweiser im Spiegel von Alltag, Begegnung und Beziehung

5. Selbstliebe – eine Entdeckungsreise 61
   Wie kann ich annehmen, was ich noch gar nicht kenne?

6. Die Achterbahn der Gefühle 72
   Vom Bewerten zum Fühlen

7. Wunschlos glücklich? 92
   Wünsche erlauben – Wünsche zum Ausdruck bringen –
   Wünsche loslassen

Dritter Teil 101
Hindernisse aus dem Weg räumen

  8. Polarisierungen erkennen und lösen. 102
    Von Verstrickung und Beschuldigung zu Verantwortung

  9. Schnell einen Zaun drum herum? 114
    Wie Liebe verbindlich und frei sein kann

10. Die ganze Wahrheit sagen?. 137
    Von Urteilen, wahrhaftiger Begegnung und Verletzlichkeit

Vierter Teil 151
Tantra und die Kunst des Seins

11. Die Lust als Wegweiser 152
    Jenseits lustvoller Sensationen

12. Der Weg des Tantra. 170
    Die Hoch-Zeit von Sex, Herz und Bewußtsein

13. Die Kunst des Seins. 184
    Ein heilsamer Raum um lieben zu lernen

14. Zusammen Sein 198
    Partnerschaft als spiritueller Weg

Fünfter Teil 211
Übungen

Vorbemerkung 212

15. Übungen allein. 214
    Selbst-Erkenntnis. 214
    Körperübungen 221
    Meditationen 228
    Experimente 234
    Selbstliebe 236

16. Partnerübungen 244
    Verbale Übungen 244
    Nonverbale Übungen 252
    Rituale 259

17. Ein ritueller Tag 263

Dank 274
Über den Autor 276
Anmerkungen 278

Vorwort

Es ist allgemein bekannt, daß unsere hochtechnisierte Gesellschaft eine ernste Gefahr für die Natur darstellt. Was dagegen weniger Beachtung findet, ist die Tatsache, daß nicht nur die Natur unseres Planeten gefährdet ist. Schon sehr viel länger wird unsere eigene menschliche Natur in solchem Maß bedroht und geringgeschätzt, daß sie sich in vielen von uns verborgen hält. Es ist ganz normal, daß wir zum Zeitpunkt des Erwachsenwerdens den Zugang zu unseren Gefühlen verloren haben – oder zumindest zu deren unbeschwertem Ausdruck – und oftmals werden wir während des Heranwachsens der Unschuld und der Wertschätzung für das Geschenk unserer eigenen Natur als sexuelle Wesen beraubt. Unsere Gefühle werden durch die vom Intellekt bestimmten Jahre unserer Schulzeit *entführt*, indem wir an die Schulbänke gekettet und dazu angeleitet werden, den natürlichen Überschwang unserer energiegeladenen Körper zu unterdrücken. Statt dessen wird unserem Verstand beigebracht, unsere gesamte Lebenserfahrung zu bestimmen. Wir lernen nicht, das Leben zu erfahren, sondern vielmehr, es zu denken.

Schon in den zwanziger Jahren dieses Jahrhunderts machte D. H. Lawrence diese Beobachtung in *Lady Chatterley*, seinem großartigen Roman zur Feier der sexuellen Liebe: »Während man sein Leben *lebt*, bildet man gleichsam eine organische Ganzheit mit allem Leben. Doch sobald man mit dem geistigen Leben anfängt, reißt man den Apfel ab. Man trennt die Verbindung zwischen Apfel und Baum: die organische Verbindung. Und wenn man nichts anderes im Leben hat, als *nur* das geistige Leben, dann ist man selbst ein abgerissener Apfel... ein vom Baum gefallener Apfel.«[1]

Lawrence stand mit seiner Aussage allein auf weiter Flur, und in den dazwischenliegenden Jahren haben wir uns nur noch weiter von dieser organischen Verbindung entfernt. Wir leben im Informationszeitalter, und Informationen sind Teil des Gehirns. Und das Gehirn an sich wird von der in unserer Kultur am weitesten verbreiteten Freizeitbeschäftigung – dem Fernsehen! – nicht etwa genährt, sondern vielmehr betäubt.

Zum Glück für die Menschheit findet man immer mehr Menschen, die sich zumindest darüber bewußt sind, daß etwas nicht stimmt, und während der letzten 30 bis 40 Jahre haben Millionen Menschen Zugang zu einer der mittlerweile unzähligen Veranstaltungen gefunden, bei denen man sich für ein Wochenende, eine Woche oder einen Monat zusammenfindet, um im Kreis von Gleichgesinnten den Weg zurück zur persönlichen Lebendigkeit zu finden. Und das ist genau die erneute Verbindung mit der Natur, nach der Lawrence sich sehnte, »die Zusammengehörigkeit von Körper, Sex, Emotionen, Leidenschaften, mit der Erde, der Sonne und den Sternen«.[2]

Doch ist unser Wissensdurst nicht das einzige, was uns von unserer Natur entfernt hat. Damit einher geht der religiöse Kreuzzug der sexuellen Unterdrückung, der seit fast 20 Jahrhunderten die treibende Kraft in unserer Gesellschaft ist. Unsere Kultur ist vom Dogma der Sündhaftigkeit und sexuellen Scham so stark durchtränkt, daß die Kirche in unserer Kultur zwar nicht mehr viel Einfluß zu haben scheint, jedoch ihre jahrhundertelange Verdammung unserer sexuellen Natur dennoch weiter in uns einsickert. Dies geschieht durch die Mischung aus Angst, Verneinung, Vermeidung, Sorge, Verwirrung und Verurteilung, die wir von unseren Eltern geerbt haben, die sie von deren Eltern erbten, die sie wiederum geerbt hatten von ... Auch wenn wir rebellisch aufwachsen, so gibt es doch etwas in unserem Kopf, das bereits dazu programmiert wurde, unsere sinnlich-sexuellen Körper davon abzuhalten, in die Freiheit des Feierns hineinzuwachsen.

Eine der Konsequenzen sexueller Unterdrückung ist sexuelle Ausbeutung. Die Unterdrückung jeglichen Anteils der menschlichen Natur führt zu Mißbrauch, denn damit wird das Bedürfnis erschaffen, genau das zu ermöglichen, was nicht erlaubt ist. Dies führt nicht nur zu einer Kultur voller Scham, sondern auch zur Vermarktung des Beschämenden: Sex wird zu einer Ware. Pornographie, die Prostitution von Sex, ist ein wesentliches und akzeptiertes Merkmal unserer Kultur. Die Tatsache, daß wir Pornographie nur als solche bezeichnen, wenn die Erotik deutlich von Nacktheit geprägt wird, läßt das Wesentliche außer acht: Es gibt zum Beispiel zahllose seriöse Reklamen, die weibliche sexuelle Anziehungskraft prostituieren.

Solange wir Sex ausbeuten, bleiben wir darauf beschränkt, Sexobjekte füreinander zu sein. Dies ist die Botschaft, die durch unsere Medien gefördert wird – oftmals ohne sich dieser Wirkung im geringsten bewußt zu sein. Das Schwierige an dieser Situation ist die Tatsache, daß wir lernen, Sex auf sehr beschränkte Weise zu betrachten. Weder die Ausbeutung noch die Unterdrückung von Sex unterstützt uns dabei, Sexualität zu feiern: im Grunde handelt es sich dabei nur um zwei verschiedene Seiten derselben abgewerteten Münze!

Es ist mir wichtig, dir, der Leserin und dem Leser, zu vermitteln, was ich mit dem Wort *feiern* meine.

Damit meine ich nicht nur das reine Vergnügen am Sex. Gewiß ist Sex ein Vergnügen, wenn er gefeiert wird. Aber ich spreche von der Art von Feier, mit der Katholiken die heilige Kommunion zelebrieren. Das Traurigste an der Trennung von unserer Natur als sexuelle, leidenschaftliche Männer und Frauen ist, daß wir weder das natürliche Wachstum noch die Transformation unserer Leidenschaft jemals entdecken können – daß nämlich unsere Natur im Grunde ein Weg ist, der uns durch unser Innerstes hindurchleitet – Körper, Herz und Seele – wenn wir ihr nur vertrauen könnten. Unsere natürliche Sexualität ist in der Lage, uns für all das zu öffnen, was in uns natürlich und lebendig ist, wenn wir lernen, die Vielfalt ihrer Geschenke zu feiern. Und es ist nicht immer leicht, diese zu empfangen. Sexuelle Intimität ist etwas anderes als Sex. Sie lädt uns dazu ein, für all die Farben unseres Innenlebens empfänglich zu werden, von Freude oder Tränen bis hin zu Ekstase oder innerer Leere. Intimität bedeutet, selbst mit den tiefsten Gefühlen und Energien auf Tuchfühlung zu sein, denn indem wir in Kontakt mit unserer eigenen Zartheit und Verletzlichkeit und unserer wilden, überschwenglichen Leidenschaftlichkeit sind, gewinnen wir dieselbe Art von Nähe zu unserem Geliebten. Erst wenn all dieses Leben in uns pulsiert und lebendig ist, erfahren wir, was *Geliebter* wirklich bedeutet! Und darin liegt die Schönheit des sexuellen Lebenstanzes! Nichts anderes lädt auf so verlockende Weise dazu ein, sich immer wieder aufs Neue mit der uns eigenen Natur zu verbinden, wie das intime Zusammensein mit unserem Geliebten. Ohne das Zusammenwirken unseres Körpers *und* unserer Gefühle *und* unseres Herzens *und* unserer Seele können wir die völlige Ekstase der sexuellen Liebe nicht erleben und werden auch niemals die Erfüllung finden, nach der Mann und Frau streben, indem sie sich einander hingeben und die Geschenke ihres Partners empfangen. Doch die Reise in die Feier unserer sexuellen Natur ist hier noch nicht zu Ende. Wenn wir das ehren, was sie uns zu lehren hat, mit allem, was dazugehört, führt sie uns letztendlich zu einer wahrhaft religiösen Verbindung mit der Schöpfung; nicht bloß beim sonntäglichen Kirchgang, sondern in Form eines spirituellen Erwachens, das jeden Moment des Lebens als geheiligt wahrnimmt.

Diese Reise erstreckt sich über das ganze Leben, und um genau diese Reise geht es in diesem Buch. Unser Körper führt uns zu unseren Gefühlen, unsere Gefühle führen uns zu unserem Herzen, unser Herz führt uns zu unserer Seele. Wenn wir es schaffen, uns aufs neue mit unserer Natur zu verbinden, verändert sich unsere ganze Art zu leben: Wir bewegen uns anders in unserem Körper, da wir mit seiner ganzen Lebendigkeit und seinen Gefühlen in Kontakt sind; unser Gesicht ist dann nicht bloß ein angepinseltes Bild, sondern der transparente Ausdruck unseres Innenlebens; wir sprechen nicht, um uns Luft zu machen, sondern um unserem Wesenskern eine Stimme zu verleihen. Wir lauschen dem Leben, das sich innerhalb unseres Körpers abspielt, und wir nehmen es Tag und Nacht als Wegweiser durch unser Leben an.

Dabei erkennen wir an, daß unsere Gefühle, unsere Reaktionen aus dem Bauch heraus, unser veränderlicher Energiehaushalt sowie unsere Sinne und unsere Empfindsamkeit für unsere Intelligenz eine wesentliche Rolle spielen. Dies ist unser organisches Leben; es dient stetig unserem Verständnis darüber, was sich wirklich hier und jetzt, in und um uns herum abspielt.

Und nicht nur das: Es ist die Art und Weise, auf die wir tatsächlich im *Hier und Jetzt* sein müssen – voll pulsierenden Lebens in unserem ganzen Sein. Im Hier und Jetzt zu sein bedeutet, ein erleuchtetes Leben zu führen! Das ist es, was »mit unserem organischen Leben verbunden sein« eigentlich bedeutet. Auf unserem Weg hin zu einem Leben im eigenen Licht ist es das Licht, das uns leitet!

Aus anderer Sicht betrachtet ist es zudem die uns eigene Art, unsere Dankbarkeit für das unsagbar kostbare Geschenk des *Seins* auszudrücken. Der einzige Weg, um diese Dankbarkeit wirklich zum Ausdruck zu bringen, besteht darin, »unser Lied zu singen und unseren Tanz zu tanzen«, um es mit den Worten eines zeitgenössischen Mystikers (Osho Rajneesh) zu sagen; denn es ist klar, daß das Lied ungesungen bleibt, wenn wir es nicht singen. Wenn ich mein Dasein nicht feiere, bleibt es ungefeiert, und das ist eine äußerst undankbare Haltung gegenüber dem, was mir gegeben wurde. Das gilt für jeden von uns! In diesem Buch geht es darum, das eigene Lied zu singen, den eigenen Tanz zu tanzen!

Die Musik, die Saleem Riek hier spielt, heißt sexuelle Liebe und intime Beziehungen. Dies ist eines der wichtigsten Lebensthemen, denn es bringt uns dazu, uns zu öffnen und uns selbst in einem klaren, schonungslosen Spiegel zu sehen. Unsere Natur veranlaßt uns, nach einem Partner zu suchen, mit dem wir unser Bedürfnis nach sexueller Intimität befriedigen können, und dieses Streben wiederum bietet uns den Anreiz für eine tiefe Begegnung mit unserem eigenen Wesen. Dies scheint mir eines der heiligsten Gestaltungselemente der Schöpfung zu sein. Dieses Buch erinnert uns daran, daß es im Endeffekt nicht um eine Seifenoper geht – auch wenn sich das Verständnis von Liebesbeziehungen in den populären Medien darauf zu beschränken scheint. Es geht vielmehr um die Gelegenheit, die sich uns bietet, die Liebe als einen Weg der Heilung und spirituellen Verwirklichung zu entdecken. Eine Bedeutung des Wortes »Tantra« ist das »Ineinander verweben von allem, was ist«. Zum einen spielt das darauf an, daß man selbst als Frau oder Mann ganz wird. Es bedeutet aber auch, daß man durch die intime Vereinigung mit einem Geliebten zu spiritueller Verbundenheit mit allem findet – das Erwachen, das die Liebe über die persönliche Ebene hinausträgt und uns verbindet, mit dem Gott, der Göttin, der Quelle, der Unendlichkeit – oder wie auch immer man das transzendente Mysterium des Seins nennen mag.

Es ist dem *Human-Potential-Movement* des westlichen 20. Jahrhunderts zuzuschreiben, daß der uralte spirituelle Weg namens Tantra von Männern und Frauen genutzt werden kann, um einander auf herzliche und menschliche Weise lieben zu lernen, und um durch das gemeinsame Lieben spirituell zu erwachen. Der Schlüssel zum Tantra liegt darin, uns unseres grundsätzlichen Alleinseins bewußt zu werden und zu lernen, dies nach und nach als etwas Positives zu akzeptieren. Darin liegt für uns die Befreiung von der Abhängigkeit, zu der wir konditioniert wurden, als wir hilflose Kleinkinder waren, die ohne die nährende Gegenwart anderer – normalerweise unserer Mutter – gestorben wären. Allein sein bedeutet nicht, einsam zu sein. Es bedeutet, mit allem, was ist, verbunden zu sein: alles eins!

Dieses Alleinsein, aus dem heraus wir uns wahrlich gegenseitig beschenken können, anstatt lediglich jemanden zu finden, der uns in unserer Einsamkeit tröstet, erreichen wir, indem wir unser eigenes inneres Selbst lieben lernen. Nur wenn wir uns nicht selbst lieben, ist Einsamkeit möglich. Darin liegt die wahre Bedeutung des zweiten Gebotes: »Liebe deinen Nächsten wie dich selbst.«

Alan Lowen

Ich muß es noch einmal wiederholen! Dieser wundervolle Tanz der leidenschaftlichen, erotischen, kraftvollen, fürsorglichen und letztendlich spirituellen Verbindung zwischen Mann und Frau wird ausgelöscht, wenn wir unsere eigene Natur verleugnen. Wie eine blühende Wiese, die unter Beton begraben liegt, wird auch unsere existierende menschliche Schönheit als Mann oder Frau heruntergedrückt, überdeckt, und durch jedes gerade passend erscheinende Image ersetzt: statt als die Wildblume unseres magischen Wesens fabrizieren wir uns selbst als Plastikblume; in dem Versuch, das Gesicht zu wahren, geht uns unsere eigentliche Schönheit verloren. Wir verlieren uns in der Beschäftigung mit unserem Image, unserer Identität und unserer Persönlichkeit. Was uns dann als Lebensform übrig bleibt, ist Lawrence' »geistiges« oder besser mentales Leben, denn wir haben uns von der Weisheit und Magie unseres ganzheitlichen Seins abgeschnitten. Damit vergessen wir völlig – oder haben es vielleicht nie gewußt! –, daß wir am schönsten sind, wenn wir real sind. Ohne unseren natürlichen Lebensfluß gibt es für uns kein solches *real*.

Dieses Buch beschreibt, wie ganz normale Menschen es schaffen können, den Beton und das Plastik zu entfernen und die stetig wachsende Lebendigkeit ihres natürlichen Wesens zu entdecken. Hier geht es um einen Weg der persönlichen Entwicklung, der nicht mit Methoden zur Selbstverbesserung arbeitet, sondern damit, in unserem Wesen erneut Qualitäten wie Vertrauen, Liebe, Präsenz, Mut, intuitives Gewahrsein, Lebensfreude und spirituelles Erwachen zu verankern. Dies ist eine Einladung dazu, sich von dem wahrhaften Leben, das in jedem von uns fließt, berühren zu lassen, dem Leben, das die Blumen und Früchte unseres Wesens hervorbringt. Lies dieses Buch, um berührt zu werden. Lies es mit deinem Atem und mit deinen Gefühlen. Lies es, weil ihm die ganze Schönheit deines Wesens am Herzen liegt.

Alan Lowen, November 1998
Aus dem Englischen von Birgitta Claus

Einführung

Meine Begegnung mit dem » Sein-Lassen«

Durch sogenannten Zufall landete ich vor Jahren in einem Seminar bei Alan Lowen mit dem vielversprechenden Titel »Body, Heart & Soul«. Ich hatte keine Ahnung, wer Alan Lowen ist, und nur eine vage Ahnung davon, was in dem Kurs geschehen könnte. Eine Passage in der Ausschreibung hatte mich neugierig gemacht. Darin hieß es, Therapie sei eine freudlose Angelegenheit, wenn wir uns nicht mit der Unschuld unserer Sinnlichkeit und Sexualität dabei sein ließen.

Nach dieser Woche fühlte ich mich wie nach einem seelischen Vollwaschgang und wußte, daß diese Erfahrung mein Leben verändern würde. Was war geschehen?

Würde ich nun die Struktur und die Übungen dieses Seminars beschreiben, so würde das kaum etwas aussagen. Leserinnen und Leser, die Selbsterfahrungskurse, Körpertherapiegruppen und Tantraseminare mitgemacht haben, würden denken: »Ach ja, das kenne ich.« Und wer dergleichen Gruppen und Kurse noch nicht besucht hat, wäre vielleicht abgeschreckt, vielleicht aber auch fasziniert von der Intensität, der Nähe, der Intimität und der Direktheit der Begegnungen und Erfahrungsmöglichkeiten in nur einer Woche. Wenn ich dem nachspüre, was diese Woche für mich außerordentlich gemacht hat, tauchen sehr einfache Sätze in mir auf, die ich so oder ähnlich auch schon oft gehört hatte. Plötzlich konnte ich diese Sätze fühlen: »Ich bin gut genug, so wie ich bin. Ich liebe mich, indem ich mich einfach sein lasse. – Andere Menschen sind gut genug, so wie sie sind. Ich bin in der Lage, jeden Menschen zu lieben, indem ich ihn so sein lasse, wie er oder sie ist. – Die ganze Existenz ist gut genug, so wie sie ist. Ich kann das Leben lieben, indem ich mich und dich darin frei und authentisch leben lasse.«

Wann immer wir bereit sind, uns selbst, einander und den Augenblick sein zu lassen, geschieht etwas, das ich als ganz normales Wunder bezeichnen möchte. Es ist wie bei einem Spaziergang über eine duftende und blühende Wiese im Frühling. Es liegt an uns, ob wir die unendlich vielen kleinen wunderbaren Details wahrnehmen und uns davon verzaubern lassen oder achtlos darüber hinweg gehen. Wir können lernen, uns selbst und andere mit denselben Augen zu sehen, mit denen wir die blühende Wiese betrachten. Es ist zwar nicht immer Frühling, wir stehen nicht immer in Blüte. Es regnet, es schneit, es stürmt, die Sonne scheint und es ziehen wieder Wolken auf. Das Wetter ist wie es ist. Wir selbst sind es, die bewerten anstatt zu fühlen. Wie wäre es, wenn wir uns jederzeit mit Achtsamkeit anschauen würden, wie auch immer das Wetter in uns gerade ist?

»Man sieht nur mit dem Herzen gut, das Wesentliche ist für die Augen unsichtbar«, sagte schon der Fuchs zum Kleinen Prinzen.[3] Diese wunderbaren Worte klingen manchmal unglaublich, banal oder pathetisch in meinen Ohren, nämlich immer dann, wenn ich mich selbst nicht mehr mit dieser Erfahrung verbunden fühle. Dann muß ich mich ganz bewußt erinnern und mir die Gefühle wieder ins Bewußtsein rufen, die mich in mein Herz geführt haben.

Die Woche mit Alan Lowen war kein Kinderspiel. Ich ging durch Höhen und Tiefen und durch heftige Krisen. Nach zweieinhalb Tagen, als die Nur-Wochenend-Teilnehmer abreisten, war ich am Tiefpunkt angelangt. Ich fühlte mich wie in einer Gruppe von Monstern, vor denen mich ekelte und graute, und mit denen sollte ich ausgerechnet sinnliche, lustvolle oder gar erotische Erfahrungsräume betreten? Zwei Frauen waren dabei, die mich anzogen. Die eine war bereits unsterblich in einen anderen Teilnehmer verliebt, die andere hatte panische Angst vor Männern. Also war da auch nichts zu erwarten; es blieben die Monster.

Irgend etwas hielt mich jedoch dort. Ich ahnte bereits, daß etwas viel Wichtigeres geschehen könnte als die Erfüllung der Wünsche, deretwegen ich das Seminar begonnen hatte (schöne und sinnliche Begegnungen, Lust und Liebe miteinander teilen, Lust, Liebe und Erotik in einem spirituellen Kontext erleben und mich vielleicht mal wieder zu verlieben). Was mich wirklich umkrempelte war zu erfahren, wie die Krisen mich verwandelten. Ich teilte der Gruppe voller Angst und Mißtrauen mit, daß sie alle wie Monster auf mich wirkten, und niemand hat mich dafür gemieden oder sonstwie bestraft. Da fingen sie an, mir sympathisch zu werden. Ich ließ nach langem Zögern meinen Ekel vor manchen der

16

»Monster« zu, ich zeigte mich mit meinem Ekel und entdeckte mitten darin tiefe Lust, und der Ekel löste sich auf. Ich war höllisch eifersüchtig auf das verliebte Pärchen und zog mich diesmal nicht zurück, sondern zeigte mich in meinen verliebten und unerfüllten Sehnsüchten. Im Feuer der Sehnsucht gewann ich Vertrauen und Zuversicht, und es öffnete sich etwas in mir für eine tiefe Begegnung, die ich genoß.

Ich hatte den Mut gefunden, mich mitten in peinliche und angstbesetzte Situationen hineinzubegeben, denen ich vorher oft aus dem Weg gegangen war. Das alles ohne eine bestimmte Absicht, sondern einfach, weil ich mich ermutigt fühlte, mich selbst in allem, was ich bin, sein zu lassen und mich mit meinen Gefühlen zu umarmen. Am Ende der Woche spürte ich Liebe zu jeder einzelnen anwesenden Person, und das war um so beeindruckender, als mir sehr präsent war, wieviel Angst und Schrecken sie mir eingejagt hatten.

Ich hatte entdeckt, daß wir nicht anders sein müssen, als wir sind, um uns zu lieben. Im Gegenteil! Je mehr und tiefer wir uns sein lassen, desto mehr Liebe erfahren wir. Und dies gilt auch außerhalb von Workshops und Tantraseminaren. In einem solchen Rahmen war es lediglich leichter, die Erfahrung von authentischem Sein zu riskieren und zu sehen, was dann passiert. Es ist nicht ein tantrisches Ambiente mit Räucherstäbchen, Duftölen und Straußenfedern, das Liebe erschafft. Es sind auch nicht die Berührung, die Nähe und die Intimität. All dies sind Mittel, die uns vielleicht helfen, uns zu öffnen. Kein noch so kompetenter Seminarleiter kann Liebe erschaffen. Aber wir können einen Raum erschaffen, in dem wir die Liebe erforschen und erinnern. Die Schlüssel für die Liebe liegen in uns selbst.

Diese Erkenntnis ließ mich nie wieder los, auch wenn sie in meinem Alltagsbewußtsein manchmal verschüttet ist. Mir wurden auch ihre Konsequenzen für eine Partnerschaft klar. Es gibt keine richtigen oder falschen Partner für die Liebe. Um Liebe in einer Beziehung dauerhaft leben zu können, braucht es nicht den idealen Partner, sondern lediglich die Bereitschaft, sich selbst und den anderen sein zu lassen, wer und wie wir sind.

Und da uns die Fähigkeit einfach zu sein abhanden gekommen ist, müssen wir bereit sein, sie wieder zu erwerben.

Schneller als erwartet bekam ich die Gelegenheit, diesen Weg mit einer Partnerin zu gehen. Zwei Wochen später, in einem anderen Tantraseminar, begegnete ich Nutan, und seitdem entdecke ich die Kunst des Seins in unserer Partnerschaft. Ich weiß, daß ich Nutan nie begegnet beziehungsweise glatt an ihr vorbeigelaufen wäre, wenn ich nicht zwei Wochen vorher das Vertrauen gefunden hätte, mich selbst so sein zu lassen wie ich bin.

In diesem Buch möchte ich zeigen, wie das Wiederentdecken des Seins zu einem spirituellen Weg werden kann. Es ist möglich, diesen Weg allein zu gehen, und auf einer sehr grundlegenden Ebene können wir ihn auch nur allein gehen. Spätestens im Tod müssen wir alles loslassen und sind allein. Der Weg führt jedoch mitten durch das Leben, hinein in die Wechselbäder, die das Leben und insbesondere das Liebesleben für uns bereit hält. Es ist ein besonderes Geschenk, diesen Weg gemeinsam mit einem Partner zu entdecken. Das Buch enthält eine Fülle von Hinweisen und Anregungen, wie wir unsere Liebesbeziehungen zu gemeinsamem, spirituellem Wachstum nutzen können.

Die Kunst des Seins und die Lehre des Tantra beziehen sich auf mehr als auf Liebesbeziehungen und Sex. Es geht um ein neues inneres Verhältnis zu unserer ganzen Existenz. Es ist unsere liebesarme und sexhungrige Kultur, die sich auf bestimmte Aspekte wie sexuelle Liebestechniken stürzt und sie skandalisiert oder idealisiert. Doch warum stürzen wir uns nicht einfach in das Abenteuer und machen uns auf den Weg, um in Lust und Liebe das Sein neu zu entdecken?

Erster Teil

Die Wende nach innen

1.
Unsere alltäglichen Um- und Irrwege zu Lust und Liebe

*Von der Orientierung nach außen
zur Orientierung nach innen*

Gibt es etwas Himmlischeres, als am ganzen Körper von Lust durchpulst zu werden? Gibt es etwas Erfüllenderes, als durch und durch von Liebe durchströmt zu werden? Das Herz hüpft vor Freude, die Schmetterlinge schwirren durch den Bauch. Wir alle kennen diesen Zustand, auch wenn wir ihn vielleicht schon längst aus unserem Bewußtsein verdrängt haben.

Wenn Lust und Liebe uns so anzieht, was tun wir dann, um sie zu erleben? Was steht im Weg? Was lassen wir nicht leben? Wenn wir jemandem begegnen, den oder die wir attraktiv finden, sagen wir dann: »Ich fühle mich von dir angezogen, ich habe Lust auf dich«? Wenn unser Herz in Gegenwart einer anderen Person schneller zu schlagen beginnt und sich die Sehnsucht nach Nähe und Verbundenheit meldet, gehen wir dann auf diese Person zu, sprechen sie an oder schauen ihr offen in die Augen und zeigen uns in unserer Sehnsucht? In aller Regel ist das so ungefähr das Letzte, was wir tun würden.

Ich erinnere mich noch genau an die Qualen, die ich als Jugendlicher erlitten habe, wenn ich mit einem Mädchen tanzen wollte, mich an sie anschmiegen oder sie küssen wollte. Ich hatte panische Angst, mich mit meinem Bedürfnis zu zeigen, schlich um die interessantesten Mädchen herum und wagte es nicht, sie anzusprechen. Viele Menschen kennen solche Gefühle aus der Pubertät, aber was hat sich seitdem geändert? Können wir heute direkt und unmittelbar zum Ausdruck bringen, was wir möchten?

Wir würden uns eine Blöße geben. Was, wenn die andere Person mich gar nicht mag? Was, wenn sie meine Annäherung als Unverschämtheit empfinden würde? Was sie wörtlich genommen ja auch ist. Sich in seinem Bedürfnis nach Lust und Liebe zu zeigen scheint viel zu gefährlich zu sein. Zumindest gegenüber jemanden, der uns nicht vertraut ist. Und erst recht dann, wenn uns wirklich etwas an dem anderen liegt.

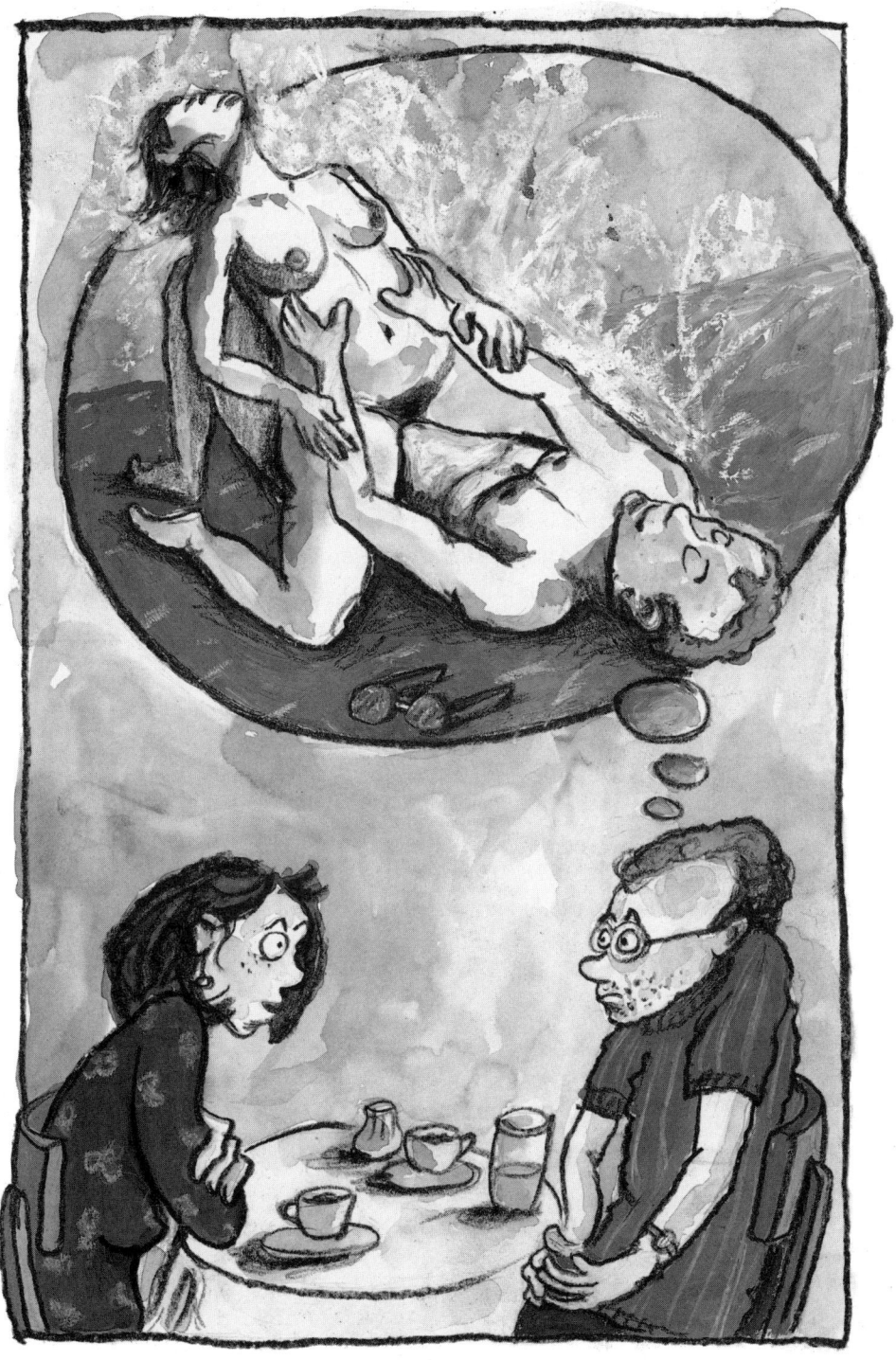

In einer festen Beziehung scheint es anfangs leichter, sich Lust und Liebe zu wünschen. Vielleicht brauchen wir es auch gar nicht mitzuteilen, denn der Partner liest uns die Wünsche von den Augen ab. Die zu Reserviertheit gefrorene Enttäuschung taut langsam auf. Könnte es wirklich sein, daß mich jemand so liebt wie ich bin?

Doch nach der Verliebtheitsphase, die zehn Sekunden bis zehn Jahre dauern kann, passiert das Unvermeidliche: Plötzlich sehen wir beim Partner all das, was uns nicht so gut gefällt. Nun gibt er uns auf einmal längst nicht mehr so freizügig, was wir so dringend brauchen. Im Gegenteil, er fängt an, selbst Forderungen zu stellen. Und dann? Von Lust und Liebe im Überfluß kann in den allermeisten Partnerschaften leider nicht die Rede sein.

In einem unserer letzten Workshops machte ein Mann den Vorschlag, wir sollten uns alle drei bis fünf Jahre von unserem Partner trennen und uns einen neuen suchen. Länger hielten seiner Erfahrung nach die schönen Gefühle nur sehr selten an und was dann käme, sei eine Quälerei. Vielleicht seien wir Menschen einfach nicht geschaffen für lang andauernde Liebesbeziehungen und sollten das endlich akzeptieren, anstatt in lebenslangen Ehen ein freudloses Dasein zu fristen.

Je länger eine Beziehung dauert, desto mehr fordern wir und desto weniger bekommen wir. Früher oder später geben die meisten resigniert auf, arrangieren sich mit dem wenigen, was ihnen die Beziehung immer noch gibt, oder trennen sich in der Hoffnung, daß mit dem nächsten Partner alles anders wird. Vielleicht gehen wir diesmal strategischer vor und geben eine Kontaktanzeige auf, in der wir gezielt das suchen, was wir uns wünschen.

Sympathischer, warmherziger M, 38, sehnt sich nach Lust und Liebe. Welche lebensfrohe und selbständige F möchte mit mir einen gemeinsamen Neuanfang wagen?

Attraktive und selbstbewußte Sie, 44, sucht reifen und junggebliebenen Partner für mehr als nur gewisse Stunden, mit Aufgeschlossenheit für Körper, Seele und Geist.

Und die ultimative Kontaktanzeige aus einem Freiburger Anzeigenblatt:

»Sie, 25, die es gar nicht nötig hat, diese Anzeige aufzugeben, sucht Ihn (25–32), der es gar nicht nötig hat, diese Anzeige zu lesen.«

Es gab eine Zeit, in der auch ich verzweifelt per Kontaktanzeige nach einem Liebespartner gesucht habe. Damals machte ich mir große Hoffnungen, daß ich nur die richtige Person finden müßte, und dann wäre alles ganz einfach. Die Erfahrungen warfen mich jedesmal auf mich selbst zurück. Während des Treffens war es zwar entlastend zu wissen, daß der andere auch auf der Suche ist. Ich brauchte mich also wenigstens dafür nicht zu schämen. Aber alles andere war auch nicht einfacher als sonst. Ich machte spannende, enttäuschende und belustigende Erfahrungen, aber die große Liebe sprang dabei nicht heraus.

Viele Frauen beklagen sich ständig darüber, daß interessante Männer rar seien. Sie lassen kaum eine Gelegenheit aus, um solche Männer zu treffen, aber es endet immer in demselben Katzenjammer.

Andrea erlebte das mehr als zehn Jahre lang. Entweder waren die Männer einfühlsam, aber sie fand sie langweilig. Oder sie verliebte sich Hals über Kopf in einen aufregenden Mann, um dann zu erleben, daß dieser Typ auf ihrem Herz herumtrampelte. Ein Veränderung trat erst ein, als sie in ihrer Therapie entdeckte, daß sie die unerfüllte Liebe zum Vater wieder und wieder neu inszenierte. Männer, die nicht dem Bild des unnahbaren Vaters entsprachen, waren einfach nicht interessant.

Manchen Männern ist es zu umständlich, durch die Gegend zu ziehen und sich um Frauen zu bemühen, um vielleicht irgendwann auf eine zu treffen, die auch Lust auf Sex hat. Wenn ihr Trieb zu stark wird oder ihr männliches Selbstverständnis nach Sex verlangt, tut es zur Not auch eine Prostituierte. Wenn das zu teuer, zu unmoralisch oder zu angstbesetzt ist, leisten sie sich vielleicht zumindest einen Porno, um der Lust auf die Sprünge zu helfen.

Michael, ein Mann Anfang dreißig, sitzt mir im Praxisraum gegenüber und schaut mich nun etwas verlegen an: »Ich will gar nicht lange drum herum reden, ich bin pornosüchtig und möchte das loswerden.« Er erzählt in groben Zügen seine Geschichte. Nach jedem Pornokonsum fühlt er sich schuldig und deprimiert und beschließt, das nie wieder zu tun. Aber ein paar Tage später zieht es ihn wieder in den Videoladen, wo er sich einen neuen Porno ausleiht. »Ich verstehe das nicht, denn ich habe eine Freundin, die mich liebt und die mich auch sexuell begehrt. Aber den Kick wie beim Porno erlebe ich mit ihr nicht. Ich habe Angst, daß sie irgendwann mal etwas merkt. Außerdem finde ich es selbst so mies, ich fühle mich oft richtig schmutzig.«

Nach einigem Hin und Her entschließt sich Michael, mit seiner Freundin über seinen Pornokonsum zu sprechen. In die nächste Sitzung kommt er erleichtert und wähnt sich schon »geheilt«. Er berichtet, daß seine Freundin sehr verständnisvoll reagiert habe, und daß sie sogar bereit sei, mit ihm einen Porno anzuschauen. Noch eine Woche später ist Michael wieder total frustriert. »Wir haben uns den Porno angeschaut, und es war zeitweise sogar ganz witzig. Aber mich hat der Film nullkommanichts angetörnt. Nichts. Tote Hose. Ich konnte es nicht glauben. Mitten in der Nacht bin ich aufgestanden und habe das Video heimlich noch mal allein angeschaut. Dabei bin ich tierisch geil geworden. Ich verstehe das nicht. Es muß irgendwie mit ihrer Anwesenheit zu tun haben. Ich habe echt Angst, daß ich soweit bin wie zuvor, nur um eine Hoffnung ärmer.«

Diese Geschichte ist nicht untypisch. Untypisch war eher, daß Michael etwas ändern wollte, sich nach Hilfe umsah und in die Therapie kam. Die Tatsache, daß ihn der Porno im Beisein der Freundin nicht mehr aufgeilen konnte, verweist auf eine Spaltung, die unsere ganze Kultur prägt: die Spaltung von Sex und Herz. Er spürte entweder nur sein Herz oder nur sein Verlangen nach Sex, beides zusammen war unmöglich. Die Anwesenheit seiner Freundin berührte sein Herz, sein Verlangen nach Sex war wie ausgelöscht.

Wir alle sehnen uns nach Lust und Liebe, und es scheint auf den ersten Blick sehr erstaunlich, wie schwer es ist, Gleichgesinnte zu finden, mit denen wir diese Sehnsucht stillen können. Wollen wir denn nicht letztlich alle das Gleiche? Was alles unternommen wird, um Lust und Liebe zu bekommen – oder um zumindest den Schmerz der unerfüllten Sehnsucht nicht zu spüren – ist enorm.

Die Zeitschrift Amica hat zusammengerechnet, daß die Deutschen jährlich 100 Milliarden (!) DM für die Liebe ausgeben: eine Milliarde für Kontaktanzeigen, 4 Milliarden für Schnittblumen, 2,5 Milliarden für Prostituierte, 11 Milliarden für Kontaktreisen und Flitterwochen, 2,5 Milliarden für Kondome, andere Verhütungsmittel und »Ehehygiene«, 5 Milliarden für Telefongebühren, 4 Milliarden für Sekt, 16 Milliarden fürs Essen gehen, 8 Milliarden für Schmuck und so weiter.

Der Erfolg dieser Bemühungen ist vergleichsweise bescheiden. Warum ist das so? Liebe läßt sich nicht kaufen. Liebe läßt sich nicht »da draußen« finden. Immer mehr Menschen dämmert es langsam, daß der Schlüssel für ihre Lust und Liebe in ihnen selbst liegt. Vor einigen Jahren kamen Affirmationen in Mode, und viele Menschen verlegten sich nun darauf, die eigene Liebesfähigkeit zu affirmieren und den Traumpartner zu visualisieren. »Ich bin liebenswert« oder »Ich verdiene einen liebevollen Partner« oder »Ich öffne mich jetzt für mehr Lust und Liebe in meinem Leben« sind solche Affirmationen, die angeblich nur oft genug wiederholt werden müssen, um Wirkung zu erzielen. Solche Sätze sind in der Tat sehr kraftvoll, aber ihre Wirkung ist nur von kurzer Dauer, wenn wir sie einsetzen, um unsere Selbstzweifel zu übertönen. Sie können uns jedoch tiefer nach innen führen, wenn wir auf die Stimmen in uns hören, die ihren Kommentar dazu abgeben. »Ich bin häßlich und dumm«, »Mich will sowieso niemand« oder »Ich habe viel zu viel Angst, um mich zu öffnen.« Das könnten Sätze sein, die hochkommen, wenn wir die Affirmationen aussprechen und dabei für unsere eigene Wahrheit offen bleiben. Und es ist gut, daß diese Sätze auftauchen, denn nur so können wir sie anschauen und loslassen. Wenn wir sie mit Affirmationen zu überdecken versuchen, werden sie uns aus der Verborgenheit unseres Unterbewußtseins heraus sabotieren, und wir drehen uns im Kreis.

Auch die Teilnahme an einem Tantraseminar garantiert weder Lust noch Liebe. Kürzlich las ich in einer Schweizer Zeitschrift den Artikel einer Frau, die sich für ein Tantrawochenende angemeldet und das Seminar auch begonnen hatte. Doch bereits am Samstag mittag hatte sie unter einem Vorwand das Weite gesucht. In dem Artikel beschwerte sie sich nun bitterlich über die Leitung und die anderen Gruppenteilnehmer, die »ihr Herz kalt ließen«. Mit keinem Satz ließ sie durchblicken, daß ihr kaltes Herz auch etwas mit ihr selbst zu tun haben könnte. Zwei Wochen später veröffentlichte die Zeitschrift den Leserbrief einer weiteren Teilnehmerin des genannten Workshops, die in höchsten Tönen davon schwärmte und der Autorin des Artikels vorwarf, Lügen und Halbwahrheiten verbreitet zu haben. Was auch immer in diesem Workshop geschehen ist: ohne die Bereitschaft, nach innen zu schauen und zu spüren, bleibt ein kaltes Herz kalt.

Lust und Liebe sind nun einmal keine Fastfoodartikel, auch wenn uns die Werbung etwas anderes vorgaukeln will. Es gibt keine schnellen Lösungen. Der Weg zu Lust und Liebe führt in und durch alle Bereiche unserer Existenz. Es ist wie mit dem Leben selbst. Es kann nur gelebt werden. Und indem wir es leben, öffnen wir uns für all die Schätze, die für uns bereitliegen.

2.
Was ist Liebe?

Mit der Frage leben statt eine Antwort zu suchen

Manchmal scheint es, als führte uns die Liebe direkt in die Hölle.

»Ich vermisse Frische und Direktheit in unserer erotischen Begegnung. Seit ich mich erinnern kann, mußte ich mich immer anstrengen, um meine Frau rumzukriegen. Wenn ich brav war und alles richtig gemacht habe, hat sie mich manchmal mit der Bereitschaft zum Sex belohnt. Mit Meike genieße ich, daß sie einfach auf mich zukommt und sagt ›Ich bin scharf auf dich, laß uns zusammen schlafen‹, ohne daß ich mir das verdient hätte, einfach so. Darauf fahre ich total ab.«

Dieter kam in die Beratung, weil er sich nach fünfzehn Jahren Ehe Hals über Kopf in eine andere Frau verliebt hat. Seine Frau droht, sich von ihm zu trennen, wenn er die Affäre nicht sofort abbricht. Er hat bereits psychosomatische Beschwerden, sein Herz spielt verrückt, er fühlt sich zwischen zwei unglücklichen Alternativen hin und her gerissen: Trennung von seiner Frau, an der er noch sehr hängt, oder Abbruch der Affäre, die ihm die Tür in »ungeahnte Dimensionen« aufgestoßen hat.

»Ich habe wieder alles falsch gemacht. Ich hätte ihn nicht so bald wieder anrufen dürfen. Ich hätte nicht schon in der zweiten Nacht mit ihm ins Bett gehen dürfen. Jetzt denkt er, ich renne ihm nach, und es gibt nichts, womit man Männer mehr in die Flucht schlagen kann. Jetzt sitze ich sehnsüchtig am Telefon, und er ruft natürlich nicht an. Und ich kann ja nicht schon wieder anrufen. Ich hatte mir geschworen, daß mir das nicht mehr passiert, und jetzt ist es wieder soweit.«

Kornelia ist seit zwei Jahren in Therapie. Sie kam, weil sie damals panische Angst vor Männern hatte. Inzwischen hat sich die Angst erheblich gelegt, aber mit einer festen Beziehung, wie sie es sich wünscht, will es einfach nicht klappen.

Dies sind zwei Beispiele für ganz alltägliche Liebesnöte. Kornelia und Dieter sind verzweifelt und wissen nicht weiter. Beide starren wie das Kaninchen auf die Schlange. Die Schlange ist hier das Symbol für die heiß ersehnte Liebe, die so nah und doch so unerreichbar zu sein scheint. Sie wird als außerhalb von uns erlebt, und wir erstarren vor Angst, daß wir sie nicht bekommen oder wieder verlieren könnten. Aber ist die Liebe wirklich da draußen? Wie kommen wir der Liebe näher? Brauchen wir die Liebe oder braucht die Liebe uns? Was können wir tun, um die Liebe einzuladen? Und was ist überhaupt Liebe?

Ist es Liebe, wenn Gegensätze sich anziehen? Ist es Liebe, wenn gleich und gleich sich gern gesellen?

Ist es Liebe, wenn zwei einander treu sind? Ist es Liebe, wenn zwei sich frei lassen? Ist es Liebe, wenn ich nur dich allein liebe? Ist es Liebe, wenn ich die ganze Menschheit umarmen könnte?

Ist es Liebe, wenn ich Ja zu dir sage? Ist es Liebe, wenn ich Ja zu mir sage? Ist es Liebe, wenn ich auch Nein sagen darf?

Liebe ich dich, weil ich dich brauche, oder brauche ich dich, weil ich dich liebe? Oder bin ich gar erst liebesfähig, wenn ich niemanden mehr brauche?

Liebe ich dich, weil ich Lust auf dich habe, oder habe ich Lust auf dich, weil ich dich liebe? Oder haben Lust und Liebe gar nichts miteinander zu tun?

Sehne ich mich nach Liebe, weil ich nicht allein sein möchte, oder möchte ich nicht allein sein, weil ich Liebe ersehne? Oder ist die Fähigkeit, allein zu sein, vielleicht die Voraussetzung, lieben zu können?

Liebe ich, wenn ich gebe, liebe ich, wenn ich nehme? Ist Liebe ein Tauschhandel von Geben und Nehmen oder ist Liebe die Begegnung zweier Individuen, die schon alles in sich tragen?

Kann ich lieben, wenn ich Angst habe, kann ich lieben, wenn ich keine Angst habe? Kann ich meine Angst lieben und kann ich mich vor der Liebe ängstigen?

Unsere Seminare beginnen wir zuweilen mit der Einladung, alles zu vergessen, was wir über die Liebe zu wissen glauben. Das ist für manche eine Provokation, denn in Liebesdingen halten wir uns alle für Experten oder zumindest für kompetente Laien. Einzugestehen, daß wir nichts von Computern, von Heilkunde, von Politik oder vom Kochen verstehen, fällt uns vergleichsweise leicht. Aber wer würde schon gern zugeben, daß er nicht viel von der Liebe versteht? Und genau das, unser

Glaube, etwas über die Liebe zu wissen, steht der Liebe mehr im Weg als alles andere, denn wo es um Liebe geht, gibt es nichts zu wissen.

Liebe ist ein Mysterium. Liebe ist strukturlos. Wie können wir diese Strukturlosigkeit erfahren? In aller Regel gehen wir Beziehungen ein, um Liebe zu erfahren. Damit befinden wir uns mitten im Paradox der Liebe, denn Liebesbeziehungen sind Strukturen für das Strukturlose.

Den meisten Liebenden würde es nie in den Sinn kommen, daß Liebe und feste Strukturen Gegensätze sein könnten. Aber was passiert, wenn wir uns verlieben? Wir erleben, wie sich Strukturen plötzlich auflösen. Wir tun Dinge, die wir uns nie zugetraut hätten. Wir werden mehr oder weniger »verrückt«.

Verliebte werden plötzlich wieder verspielt wie kleine Kinder, sprechen fremde Leute an, tanzen auf der Straße herum, bleiben die ganze Nacht wach, ohne an morgen zu denken. Geizige werden verschwenderisch, Schüchterne werden unverschämt, Ängstliche mutig. Manche lassen alles stehen und liegen, geben ihren Beruf auf, verlassen ihre Familie und ihre Heimat, um diese neue Liebe zu leben. Liebe kann Strukturen auflösen. Wir schweben auf Wolken. Wir brauchen kaum noch feste Nahrung. Luft und Liebe sind genug. So könnte es immer bleiben... bis das Unvermeidliche passiert.

Wir versuchen, die Liebe mit neuen Strukturen zu sichern. Wir bauen einen Zaun um die Liebe. Wir etablieren eine Art Gewohnheitsrecht auf die Genüsse, die uns der Partner bescheren kann. Wir haben Ansprüche und Erwartungen. Wir beziehen vielleicht eine gemeinsame Wohnung, unterschreiben gemeinsame Verträge, machen unsere Beziehung per Trauschein »amtlich«. Wenn uns nicht bewußt ist, daß Liebe strukturlos ist und immer neu erschaffen und erlebt werden will, ist die Wahrscheinlichkeit groß, daß die Liebe früher oder später von den Strukturen erdrückt wird, die wir ihr aufgenötigt haben.

Die meisten Paare finden sich mit einem mehr oder minder lieblosen Beisammensein ohne große Höhen und Tiefen ab oder brechen früher oder später aus. Paare, die auf Dauer bereit sind, sich immer wieder neu zu begegnen, sind selten. Ihre Beziehungen strahlen Lebendigkeit und Frische aus. Es ist ein Genuß, solchen Paaren zu begegnen, aber auch sie haben ihre Krisen hinter sich.

Viele Paare geben auf, wenn es schwierig wird. Immer häufiger wird die »sukzessive Monogamie« als Beziehungsform gewählt. Das Paar bleibt so lange zusammen, bis die Liebe, die Lust oder das Verständnis schwindet. Dann sucht sich jeder einen neuen Partner. »Beim nächsten Mann (oder bei der nächsten Frau) wird alles anders«, ist die zum geflügelten Wort geronnene Hoffnung und treibende Kraft hinter dieser Variante des Liebeslebens. Manche Menschen haben sich anscheinend damit abgefunden, daß es nur noch »Lebensabschnittspartner« gibt. Anderen ist das ewige Auf und Ab zu belastend, und sie bleiben allein. Ist die Liebe wirklich ein so flüchtiges Phänomen? Ist die Suche nach dauerhafter, lebendiger Lust und Liebe einfach nur naiv und unrealistisch?

Manche »Beziehungsgeschädigte« machen aus der Not eine Tugend und versuchen es als Single. Wenn Beziehungen früher oder später doch nur Lust und Liebe zum Erstarren bringen, warum dann überhaupt noch welche eingehen? In manchen Kreisen ist es in Mode gekommen, Liebe nur noch im Moment zu suchen und jegliche Verbindlichkeit zu meiden wie der Teufel das Weihwasser. In vielen Illustrierten wird das Loblied des Singles gesungen. Keine fremden Socken auf dem Boden, keine Skrupel beim Flirten, keine Hemmnisse für die Karriere. Manche Zeitgenossen halten einen solchen Lebenswandel für besonders reif oder unserer spirituellen Entwicklung zuträglicher als die bekannten häßlichen Szenen, mit denen sich die Ehe in Verruf gebracht hat.

In einem Vortrag in Freiburg provozierte ein spiritueller Lehrer seine Zuhörer mit der Bemerkung »Warum bei einem Partner bleiben, wenn es nicht gut tut. Es gibt noch Milliarden anderer Frauen und Männer. Wenn ich mit jemandem zusammen bin und der andere tut etwas, was mich stört, dann sage ich es ihm. Ändert er sein Verhalten nicht, dann gehe ich. So einfach ist das!«

Spirituelle oder psychologische Rationalisierungen wie diese kommen jenen Menschen gerade recht, die ohnehin die Tendenz haben, aus Beziehungen oder Begegnungen zu flüchten, wenn es schwierig wird. Sie wollen nichts damit zu tun haben, wenn der Partner in einer unverbindlichen Affäre plötzlich mehr Verbindlichkeit möchte oder eifersüchtig wird: »Das ist dein Problem! Ich brauche meine Freiheit wie die Luft zum Atmen!« Manche Frauen und Männer sind dabei alles andere als frei. Sie sind süchtig nach dem Kick, den eine neue Liebesbegegnung verschaffen kann. Das anfängliche Anhimmeln, das erhabene Gefühl, wenn sich ein fremder Mensch plötzlich für uns öffnet, das möchten sie gerne wieder und wieder erleben. Ist das auf die Dauer befriedigend, von einem zum nächsten zu ziehen? Zumindest brauchen wir uns dann nicht den eigenen Schattenseiten zu stellen, die oft erst in tieferen Bindungen zum Vorschein kommen.

Dies sind also die beiden Extreme, das Erstarren in einer durchreglementierten Beziehung und das Zerfließen in der Vermeidung jeder Bindung. Irgendwo dazwischen befinden wir uns alle. Liebe braucht Strukturen, um zu wachsen, aber sie läßt sich nicht festhalten. Liebe braucht Bindung, um tief gehen zu können, und Freiheit, um sich auszudehnen.

Liebesbeziehungen sind der nicht enden wollende Versuch, einen Rahmen zu erschaffen, in dem Liebe blühen kann. Der Rahmen für die Liebe ist zwar nicht die Liebe selbst, aber ohne Bindung kann sich die Liebe kaum im zwischenmenschlichen Kontakt manifestieren. Sie bleibt auf der überpersönlichen Ebene.

Obwohl in den meisten spirituellen Lehren immer wieder betont wird, daß Liebe etwas mit innerer Einkehr, mit Meditation und mit Stille zu tun hat, habe ich lange gebraucht, um einen Zusammenhang zu entdecken. Liebe war für mich ein Phänomen der Fülle, des Überfließens, des lustvollen Tuns, das ich nur aus nahen Begegnungen kannte. Ich konnte mir nie vorstellen, wie Meditierende durch regungsloses Dasitzen in einem Zustand der Liebe kommen könnten. Das kam mir öde und langweilig vor. Bis es mir eines Tages passierte, am Ende eines einwöchigen Tantraseminars.

Ich war einmal mehr durch Höhen und Tiefen gegangen und fühlte mich, als hätte ich eine innere Waschstraße durchquert. Die Meditation hieß »Bodyflow«. Ganz langsam lasse ich meinen Körper sich so bewegen, wie er sich bewegen möchte. Mein Bewußtsein breitet sich bis in die Zellen hinein aus. Tränen kullern aus den Augen, nicht wichtiger als all die anderen Empfindungen in meinem Körper, die alle zusammen ein ganzes Konzert bilden. Es fühlt sich an, als würde ich eins mit allem, was ich wahrnehme. Es gibt keinen Unterschied mehr zwischen Ich und Nicht-Ich. Wellen von Glück fließen durch mich hindurch, vor meinem inneren Auge funkeln goldene und azurblaue Lichtspiele wie ein ganzer Lichterregen. Ich neige mich zur Erde und richte mich wieder auf zum Himmel, verneige mich wieder und richte mich wieder auf. Schließlich sitze ich einfach nur da, und eine unbeschreibliche Liebe zur gesamten Existenz durchflutet mich. Ich bin still und bewegt, leer und erfüllt zugleich.

In dieser Meditation bekam ich eine Ahnung davon, daß Liebe ein viel umfassenderes Phänomen ist als das, was wir in Liebesbeziehungen erfahren. Es fühlte sich göttlich an, es war überwältigend und zugleich total beruhigend. Ich kam mir vor wie ein Fisch, der plötzlich merkt, daß er schon immer von Wasser umgeben war, so wie wir immer schon von Liebe umgeben waren. Es bedurfte keinerlei Erklärung mehr, warum wir für die Liebe nichts tun müssen. Liebe ist. Um Liebe zu spüren müssen wir sie nicht erschaffen, wir müssen nur aufhören sie zu verhindern.

Solche Erfahrungen können allerdings auch dazu führen, daß wir nicht mehr bereit sind, uns den konkreten vor uns liegenden Herausforderungen zu stellen. Für manche Menschen scheint es leichter, die ganze Menschheit zu lieben als den eigenen Nachbarn. Manche Menschen meditieren regelmäßig und erleben dabei Gefühle des Eins-Seins und der Harmonie mit dem Kosmos. Manchmal sind es jedoch dieselben Menschen, die panische Angst vor physischer Nähe oder emotionaler Intimität mit einem konkreten anderen Menschen haben.

Die Tatsache, daß wir in Fleisch und Blut inkarniert sind, daß wir einen Körper haben, eine Form, eine feste Bindung an die Materie, die immer auch strukturiert ist, stellt uns vor ein Dilemma. Reine Liebe läßt sich leichter in der Meditation erleben, wenn wir uns aus der Identifikation mit unserem Körper, unseren Gedanken und Gefühlen lösen. Sobald wir uns wieder identifizieren, spüren wir auch unsere Grenzen wieder. Wir können versuchen, diese Grenzen zu negieren und, wie manche Yogis im Himalaya oder Mönche bestimmter Richtungen, uns von der Welt abkehren, um hier auf Erden unsterblich zu werden oder ausschließlich mit Gott zu sein. Wir können die Grenzen aber auch akzeptieren und sie als eine permanente Einladung begreifen, der Liebe Form zu geben und die Liebe in allen Formen zu entdecken. Es ist der Versuch, den Himmel auf Erden zu leben. Das führt uns zu der Frage »Was brauchen wir, um in Liebe zu leben – hier und jetzt?« Dieser Frage nachzugehen ist der Weg des Tantra.

Als moderne westliche Menschen sind wir sehr gut über alle möglichen Bereiche des Lebens informiert. Wir sind belesen und gebildet, aber in Liebesdingen sind wir leider Analphabeten. Wir sind vollgestopft mit Lügen und romantischen Illusionen über das Wesen der Liebe. Anzuerkennen, daß wir nicht nur nicht viel wissen, sondern sogar oft noch von irreführenden Vorstellungen ausgehen, ist ein erster

Schritt, um mehr Liebe in unser Leben zu bringen. Wie wäre es mit folgendem Experiment: Vergiß alles, was du über die Liebe zu wissen glaubst. Fang ganz von vorn an und mache deine eigenen Erfahrungen.

Das braucht Demut und ist leichter gesagt als getan, denn oft bleiben von unseren Erfahrungen nur unsere Interpretationen übrig. Alles andere haben wir mit unseren Glaubenssätzen und Weltanschauungen aus der Erfahrung herausgefiltert. Erfahrungen sind keine Lösungen oder Antworten. Erfahrungen sind Erfahrungen.

Ich fahre auf der Autobahn durch eine abwechslungsreiche Landschaft, durch Wälder und Täler, durch Felder und Wiesen, über Berge und Flüsse. Am Ziel der Reise angekommen fragt mich jemand: »Wie war die Reise?« »Gut«, sage ich, noch halb in Trance, »wir hatten keinen Stau, trotz dichtem Verkehr, und wir haben eine Stunde weniger gebraucht als beim letzten Mal!« Ich gehe ins Haus und fühle mich wie benommen, mein Körper fühlt sich teils taub, teils angespannt an. Viel später erst merke ich, wie sehr ich mich von meiner inneren Natur, von meinem Körper abgeschnitten hatte, um zügig durchzukommen, und daß ich von der durchquerten Landschaft, der äußeren Natur, nichts erfahren habe.

Unsere Glaubenssätze und Weltanschauungen sind wie Autobahnen durch unsere psychischen Landschaften. Sie schlagen Schneisen in unsere innere Natur. Sie helfen uns mehr oder weniger, manchmal auch gar nicht, in unserer Kultur zu funktionieren. Vielleicht haben sie sogar die sie umgebende Natur bereits zerstört. Wir merken es gar nicht. Solange wir nicht aussteigen und die Natur unmittelbar erfahren, werden wir nichts wesentlich Neues entdecken.

Die Kunst des Seins gibt Anregungen, aber keine Antworten auf die Frage, was Liebe ist. Sie ist keine neue Autobahn, auch keine zu Lust und Liebe oder zur Erleuchtung. Sie ist vielleicht ein Wegweiser, mitten hinein in das Abenteuer unserer Existenz. Und die meisten Abenteuer beginnen mit einer Sehnsucht...

3.
Im Feuer der Sehnsucht

Die Sehnsucht als Geschenk

Lust und Liebe sind Themen, die unsere tiefsten Sehnsüchte berühren. Sehnsucht empfinden manche Menschen als eine Qual. Sie empfinden sie als so schmerzhaft, daß sie sich lieber mit allen möglichen Dingen ablenken oder die Sehnsucht auf aggressive oder zynische Weise abwehren. Die auf Umsatzsteigerung ausgerichtete Marktwirtschaft kommt dem entgegen, indem sie versucht, unsere Sehnsüchte auf käufliche Ziele umzulenken. Mit verlockend und sexy dargebotenen, konsumierbaren Angeboten werden die Sehnsüchte scheinbar gestillt.

Andere versuchen, diese Themen zu versachlichen, um sie besser handhaben zu können. Im Magazin »Focus« entdeckte ich im Oktober 97 einen Artikel zum Thema »Warum Sex Spaß macht«. Die Aufmacherseite war eine unfreiwillige Karikatur. Sie zeigte mehrere Abbildungen von menschlichen und tierischen Paaren beim Liebesspiel und unten rechts das Foto eines Sexualwissenschaftlers, der umgeben von lauter Aktenordnern in einem kleinen Büro sitzt und »die Sexualität erforscht« (so die Bildunterschrift).

Auch dies ist eine Möglichkeit, wie wir unsere Sehnsüchte, Wünsche und Begierden entschärfen können: Wir analysieren sie so lange mit sogenannten wissenschaftlichen Methoden, bis alles Lebendige daran in überschaubare Kategorien gepackt werden kann. Was macht die Sehnsucht zu einer so großen Qual, daß wir ihr zu entkommen versuchen? Sollen wir ein Sehnen aushalten, das vielleicht nie in Erfüllung gehen wird? Werden wir nie zur Ruhe kommen? Oder werden irgendwann alle unsere Sehnsüchte erfüllt, wenn wir nur lange genug daran gearbeitet haben? Wie gehen wir damit um, daß sich alles ständig verändert und daß auch größtes Glück nie von Dauer ist?

Wenn wir uns nicht durch Resignation oder Gefühllosigkeit, durch Rationalität oder Zynismus davor verschlossen haben, spüren wir die Sehnsucht in uns wie ein brennendes Feuer, wie ein perlendes Kribbeln, wie ein ziehendes Dehnen. Es kann schmerzhaft sein oder unendlich süß, oder beides. Aber wonach sehnen wir uns wirklich? Welches sind die Objekte unserer Sehnsucht?

Unsere Kultur gibt darauf viele Antworten, von denen keine auf Dauer wirklich befriedigt. Der Urlaub am Palmenstrand, die Hochzeit im Märchenschloß, die rasante Fahrt im Traumauto, Komfort ohne Ende im Schöner Wohnen-Eigenheim... Die meisten dieser Anworten suggerieren die Käuflichkeit unserer Sehnsüchte.

Wenn uns der Konsum noch nicht ganz erstickt hat, fühlen wir vielleicht noch unmittelbarer, wonach wir uns wirklich sehnen. Manche sehnen sich nach der großen Liebe, andere nach hemmungslosem, ekstatischem Sex, wieder andere nach der Wahrheit, nach Reichtum, Sicherheit und Glück. Allen Sehnsüchten ist die Tatsache gemeinsam, daß wir das Objekt unserer Begierde nicht besitzen. Es liegt mehr oder weniger weit weg, es ist nicht frei verfügbar und läßt uns glauben, wir wären alle Sorgen los, wenn doch nur dies oder jenes eintreffen würde:

Wenn ich einen Partner hätte, der mich lieben würde...

Wenn mein Partner mich bloß nicht immer so einengen würde...

Wenn ich endlich eine Arbeit finden würde...

Wenn ich endlich nicht mehr arbeiten müßte...

Wenn ich doch nur meine Schüchternheit überwinden könnte...

Wenn die Frauen endlich zu ihrer sexuellen Lust stehen würden...

Wenn die Männer endlich ihr Herz öffnen könnten...

Wenn ich im Lotto eine Million gewinnen würde...

Wenn ich endlich erleuchtet würde...

Die Liste ließe sich unendlich fortsetzen. Wir träumen von dem, was wir nicht haben, und werden schnell leid, was uns tagtäglich zur Verfügung steht.

Stefan erzählt in der offenen Mitteilungsrunde in einem unserer Kurse: »Seit 25 Jahren bin ich verheiratet. Seit Martina und ich vor gut einem Jahr mit Tantra begonnen haben, hat sich unsere ganze Beziehung total verändert. Was wir niemals für möglich gehalten hätten, ist wahr geworden. Wir erleben soviel Lust miteinander wie nie zuvor. Ich spüre eine Nähe, die mich manchmal schier überwältigt. Wir haben auch unsere Krisen, aber das habe ich ja hier gelernt, das gehört ja auch dazu. Ich könnte eigentlich glücklich sein. Aber da taucht immer wieder dieser eine Wunsch auf, einmal, ein einziges Mal mit einer anderen Frau zu schlafen. Manchmal bin ich richtig versessen darauf, aber alle Versuche in diese Richtung sind bisher schief gegangen. Martina war meine erste Frau, und seitdem hatte ich nie sexuellen Kontakt außer zu Martina. Ich denke nicht im Traum daran, sie zu verlassen. Aber dieser Wunsch, es einmal mit einer anderen Frau zu erleben, wird fast übermächtig. Ich bin echt ratlos, was ich damit machen soll.« Stefan wird immer lebendiger und lauter, die Gruppe hört fasziniert bis amüsiert zu, Stefans Offenheit ist erfrischend. Einige scheinen sich in ihm wiederzuerkennen.

Selten gestehen wir uns oder anderen unsere Sehnsüchte so klar ein, besonders dann nicht, wenn sie heikel sind, andere verletzen oder belächelt oder verurteilt werden könnten. Stefan machte sich nicht allzuviel Illusionen darüber, daß er nach einem sexuellen Abenteuer wesentlich glücklicher wäre als jetzt. Aber die Sehnsucht ist da. Und sie sucht sich immer wieder ein neues Objekt, sollte sie zwischenzeitlich erfüllt werden.

Wenn ich vor zehn Jahren gewußt hätte, wie ich heute lebe, ich wäre mir sicher gewesen, restlos glücklich zu sein. Ich habe die Partnerin, die Arbeit, die Wohnung, die Liebe, die Sexualität und die Freundschaften, die ich mir kaum zu träumen erlaubt hätte. Aber bin ich heute wunschlos glücklich? Nein. An jede Errungenschaft habe ich mich nach einer Phase der Euphorie gewöhnt. Was früher ein Wunschtraum war, ist heute manchmal selbstverständlich. Die Sehnsucht ist mir treu geblieben, sie hat sich neue, wieder unerreichbar scheinende Ziele gesetzt, die mich weitertreiben. Bin ich unersättlich oder einfach nur naiv genug zu glauben, daß es immer noch besser werden könnte? Wenn es das nur wäre. Manchmal schleicht sich sogar die Angst ein, all das wieder zu verlieren. Die Angst kann richtig quälend sein, ganz egal für wie unbegründet mein Verstand sie hält. Was du hast, das kannst du auch verlieren. Kein weltliches Glück ist von Dauer.

Kürzlich erzählte mir ein Bekannter, daß ein Freund von ihm sich fast umgebracht hätte. Das ganze Vermögen dieses Freundes war aufgrund eines windigen Baugeschäfts in Saudi-Arabien von zwanzig Millionen auf zweitausend Mark geschrumpft. Er war überzeugt, daß seine Frau ihn nun verachte. Er glaubte ihr nicht, als sie ihm sagte, das Geld sei nicht wesentlich. Er fühlte sich als Versager. Die Tatsache, daß er Kinder hatte, hat ihn gerettet; ihnen gegenüber fühlte er sich verpflichtet, am Leben zu bleiben, obwohl seine materielle Existenz vernichtet schien.

Manche spirituelle Schulen lehren, daß alle weltlichen Wünsche überwunden werden müssen, wenn man wunschlos glücklich sein will. Ihre Schüler gehen den Weg der Loslösung von aller Identifikation mit der irdischen Existenz. Wenn sie auf ihrer spirituellen Suche Erfolg haben, entdecken sie irgendwann, daß alle Menschen im Kern Nichts sind, Nirwana[4]. Dieses Nichts ist ein Zustand grenzenloser Freude, völlig unabhängig von materiellen Belangen. Im Westen werden solche Asketen mit fassungslosem Kopfschütteln bedacht. Aussteiger, die Karriere, materielle Sicherheit, Haus und Familie verlassen, gelten als arme Irre, im besten Fall als mutige Idealisten, zur Nachahmung nicht empfohlen. Im Osten findet man spirituelle Sucher ohne Hab und Gut weitaus öfter, und ihre spirituelle Suche in materieller Armut wird wesentlich häufiger anerkannt.

Ich bin den Weg der Askese nicht gegangen, aber mir scheinen die Berichte von einem wunschlos glücklichen Zustand jenseits aller Bindungen an die materielle Existenz durchaus glaubwürdig. Wie unglaublich frei muß es sich anfühlen, nichts zu verlieren zu haben. Mir will aber bislang nicht einleuchten, warum ich mich hier auf Erden inkarniert haben soll, um nur ein Ziel zu haben, nämlich den Leiden und Qualen der Inkarnation wieder zu entkommen. Heißt Spiritualität, der materiellen und sozialen Welt, so wie sie ist, zu entkommen? Vielleicht bin ich noch zu weltverhaftet, um das sehen zu können.

Die spirituelle Lehre des Tantra geht einen anderen Weg, der mir persönlich weitaus mehr zusagt. Anstatt zu versuchen, sich von allem Weltlichen zu lösen, würde ein Tantriker eher sagen: »Ich bin mit allem verbunden, nichts ist getrennt von mir. Ich bin bereit, die ganze Existenz als meinen Spiegel zu betrachten. Ich lerne, mich in allen Erscheinungsformen des Lebens selbst zu entdecken, und darin entdecke ich mich als mit allem eins.« Der Tantriker versucht nicht, sich von all seinen Wünschen, Sehnsüchten und Begierden zu lösen, sondern überläßt sich ihnen voll und ganz, jedoch nicht blind, sondern im Bewußtsein all seiner Gedanken, Empfindungen und Gefühle. Auch dies ist ein spiritueller Weg, aber er führt nicht aus der Welt hinaus, sondern mitten in die Welt hinein und durch sie hindurch.

Auf diesem Weg können wir unsere Sehnsucht voll und ganz auskosten. Wir erleben, wie sie manchmal erfüllt wird und sehr oft auch nicht. Aber anstatt daran zu verzweifeln, können wir dieses Dilemma als Teil unseres Menschseins annehmen lernen. Was die Sehnsucht unerträglich macht, ist nicht ihre eigene Intensität. Es ist der Glaube, daß wir unser Glück nur durch ihre Erfüllung erreichen können. Wir sind völlig auf das Objekt fixiert und vergessen darüber, uns im Zustand der Sehnsucht selbst zu spüren, zu atmen und lebendig zu sein. Unsere Kultur gaukelt uns auf extreme Weise vor, daß wir immer alles haben müssen. Dieser Glaube kann regelrecht zum Konsumterror werden. Konsum ist oft längst kein Genuß mehr, sondern nur noch eine Zwangshandlung, ein Reflex, gesteuert von der Werbung, von sozialen Normen und unseren inneren Glaubenssätzen. Der Konsum betäubt unsere Sehnsüchte und damit auch unsere Lebendigkeit.

Wenn wir die Vorstellung loslassen, daß Sehnsüchte entweder erfüllt werden müssen oder wir sie uns abschminken sollten, geschieht etwas Wunderbares: Wir richten die Aufmerksamkeit auf die Sehnsucht selbst, anstatt nur auf ihre vermeintlichen Ziele und Objekte. Ich spüre, wie mir das Wasser im Mund zusammenläuft, anstatt nur auf den köstlich gedeckten Tisch zu schielen. Ich spüre, wie meine sexuelle Lust anfängt zu strömen und zu brodeln, anstatt nur damit beschäftigt zu sein, wie ich diese wahnsinnig erotische Frau ins Bett kriege. Ich spüre die Intensität meiner Einsamkeit und meines Wunsches nach tiefer Verbindung, anstatt mir nur Sorgen darüber zu machen, wann, wo und wie ich jemanden kennenlernen könnte.

Die ersten zwei Jahre mit Nutan war eine Zeit intensivster Sehnsucht. Sie wohnte in Bern, ich in Berlin, und zwischen unseren Treffen lagen meistens zwei bis vier Wochen. Ich kann mich noch genau erinnern, wie ich im Bett lag und mir manchmal nichts Schöneres vorstellen konnte, als daß Nutan jetzt da wäre. Ich zählte die Tage, bis ich sie wiedersehen würde. Damals hatte ich bereits begonnen, die Kunst des Seins kennenzulernen, und fing an, die Sehnsucht so dasein zu lassen, wie sie ist. Ich fand heraus, daß sie sich oft wunderschön, süß und zutiefst erfüllend anfühlte, wenn ich meine Aufmerksamkeit auf meinen Körper und meine eigenen Empfindungen lenkte. Ich fühlte mich lebendig, prickelnd und tief berührt. Und Nutan war tausend Kilometer entfernt. Jetzt, wo ich seit Jahren mit Nutan zusammenwohne, habe ich manchmal Sehnsucht nach der Sehnsucht.

Ich hatte einen großen Vorteil. Ich glaubte stets fest daran, Nutan wiederzusehen. Wesentlich schwieriger wird es, wenn wir uns nicht sicher sind, ob wir jemals auch nur einen Zipfel von dem zu fassen bekommen, wonach wir uns sehnen. Die Herausforderung bleibt die gleiche: die Sehnsucht in sich selbst zu spüren und anzuerkennen. Das kann ein Geschenk sein, eine Offenbarung.

Karsten war ein attraktiver, erfolgreicher Ingenieur, der selten Mühe hatte, Frauen für sich zu gewinnen. Tief drinnen fühlte er sich jedoch unerfüllt, und er wußte weder, woran das lag, noch wie er es ändern konnte. Dann verliebte er sich im Urlaub in Margrit, eine verheiratete Frau, die sich auch Hals über Kopf in ihn verliebte. Sie verbrachten eine wunderschöne Zeit miteinander. Karsten war so verliebt wie noch nie in seinem Leben. Später telefonierten sie oft miteinander, manchmal trafen sie sich auch für ein Wochenende. Margrits Mann ahnte etwas, aber wohl nicht die ganze Wahrheit. Im Laufe eines Jahres wurde für Karsten immer klarer »Dies ist die Frau, die ich heiraten will«, ein Gefühl, das ihm bis dahin unbekannt war. Margrit ließ ihn jedoch im Unklaren, ob sie sich von ihrem Mann würde trennen wollen.

Für Karsten wurde dieser Zustand immer unerträglicher, er fing an, unter der Sehnsucht zu leiden. Und er wurde immer ungeduldiger, weil er keine Perspektive sah. In seinem Schmerz merkte er aber auch, daß die Tatsache, daß er zum ersten Mal nicht haben konnte, was er wollte, sein Herz mehr geöffnet hatte als je zuvor. Er hatte eine völlig neue Dimension von Liebesfähigkeit erfahren und fing an, dafür dankbar zu sein, unabhängig davon, was aus der Beziehung mit Margrit werden sollte. Eines Tages entschied sie, ihn nicht mehr sehen zu wollen. Ihre Ehe fing an, unter der Affäre zu leiden, und ihr wurde klar, daß sie sich auf keinen Fall von ihrem Mann trennen wollte. Zuerst litt Karsten wie ein Hund und war verzweifelt, weil er die »Frau seines Lebens« verloren hatte. Aber er war nicht mehr derselbe Sonnyboy. »If a heart breaks, it breaks open.«[5] Dieser Satz fällt mir ein, wenn ich an Karsten denke. Sein Herz war aufgebrochen.

Die Sehnsucht ist kostbar, wenn wir sie in Besitz nehmen und sozusagen »diesseits der Fingerspitzen« spüren und erforschen: in unseren Händen und Armen, in der Brust, in den Lenden, im ganzen Körper, in unserem Sein, anstatt außerhalb von uns nach der Erlösung zu trachten. Wenn wir die Sehnsucht auf diese Weise näher kennenlernen, entdecken wir, wohin sie uns wirklich treibt. Sie ist eine Art spiritueller Stachel, der uns immer wieder motiviert, uns dem Leben hinzugeben, unser Lied in die Welt zu tragen, unseren Tanz zu tanzen. Wir haben unendlich viele Möglichkeiten, uns selbst in dieser Welt zu erfahren. Wir sind viel mehr als wir haben. Unser materieller und auch unser ideeller Besitz sind nichts weiter als das Spiel des Lebens. Wie gewonnen so zerronnen.

Unsere Sehnsucht weist uns über unsere Identität hinaus. Sie richtet sich in ihrem Kern nicht darauf, daß wir mehr besitzen. Sie zeigt uns, daß wir bereits mehr sind als wir glauben und mehr als wir jemals haben könnten. In unserem tiefsten Innern sind wir bereits mit allem verbunden. Warum sollten wir dann alles besitzen wollen? Je besser wir die Sehnsucht annehmen können, desto mehr öffnet sie uns für immer tiefere Schichten in uns selbst. Lebendig sein heißt, sich zu sehnen und sich mit der eigenen Sehnsucht zu verschenken.

Viele Kunstwerke, Lieder und Gedichte, aus denen die Sehnsucht spricht, sind ein Geschenk an die Menschheit. Ein sehnsüchtig getanzter Tango, voller Melancholie, spielerischer Annäherung und Zurückweisung, voller Erotik und süßer Verzweiflung. Was bräuchte es da noch an Erfüllung?

Die meisten Liebenden sind weit davon entfernt, die eigene Sehnsucht in Besitz zu nehmen und den Partner aus der zwangsweisen Zuständigkeit für ihre Erfüllung zu entlassen. Zu selbstverständlich erwarten wir unser Glück von außen, statt es in uns selbst zu suchen. Unzählige Lieder und Gedichte suggerieren uns, daß es, ist die Liebe erst entbrannt, nur zwei Alternativen gibt: Erfüllung durch den heiß ersehnten Partner oder Verzweiflung.

Maria und Alexander, seit elf Jahren zusammen, kommen zu uns in die Paarberatung. Sie fühlen sich frustriert und völlig voneinander abhängig. Maria beginnt mit einer Klagerede darüber, wie wenig Alex sie versteht: »Seit Ewigkeiten ist er nicht mehr zärtlich zu mir, und wenn er mich überhaupt mal berührt, dann will er immer gleich Sex.« Sie überlegt, sich zu trennen, aber schon bei dem Gedanken daran spürt sie nur Schmerz und kann sich überhaupt nicht vorstellen, einen anderen Mann an sich heranzulassen. Dann fängt Alexander an: »Seit zwei Jahren haben wir nicht mehr miteinander geschlafen. Ich fühle mich sexuell ausgehungert. Als ich vor einem halben Jahr eine Affäre mit einer anderen Frau hatte, ist Maria ausgerastet und hat mir gedroht, sich sofort zu trennen, wenn ich diese Affäre weiterführe. Wenn Maria mich berührt, spüre ich mein Verlangen nach ihr, aber wenn ich dann mit ihr schlafen will, fühlt sie sich schon wieder unter Druck und läßt mich hängen, und ich fühle mich verarscht...«

Beide sprechen aus der Überzeugung heraus, daß der Partner für die Erfüllung der eigenen Sehnsüchte zuständig ist. Die meisten Liebenden tun das, ohne es selbst zu merken. Es scheint einfach selbstverständlich. Sie kommen nicht auf die Idee, daß sie ihrer Intimität selbst im Wege stehen, indem sie ihre eigene Bedürftigkeit auf den Partner projizieren. Es gibt kaum etwas Lusttötenderes als Lust, die eingeklagt wird. Wenn eine Beziehung nur da ist, um die beidseitige Sehnsucht zu stillen, kommt sie früher oder später zum Stillstand. Zu den größten Qualitäten einer Beziehung gehört, daß sie unsere Sehnsucht wachhält, daß wir diese Sehnsucht spüren und daß wir einander helfen, uns in unserem sehnsuchtsvollen Menschsein anzunehmen. Dann weist die Sehnsucht über uns selbst hinaus. Sie läßt uns spüren, daß wir in unserem tiefsten Innern, jenseits unserer individuellen Begrenzungen, miteinander verbunden sind, auch und vielleicht gerade dann, wenn unsere Sehnsucht nicht erfüllt wird. Denn dann spüren wir, daß wir uns alle danach sehnen, in das Bewußtsein der Einheit zurückzukehren.

Für viele Liebende ist dieser Wechsel der Sichtweise zunächst schockierend. Es gibt keine Grundlage mehr, auf der man sich über den Partner beschweren oder beklagen könnte. Das kann einem den Boden unter den Füßen wegziehen. Aber nach dem ersten Schock kann diese neue Sicht auch sehr befreiend sein, denn sie gibt uns eine Fülle von Möglichkeiten, unsere Sehnsucht zu erfahren, zu erforschen, leben zu lassen und sogar zu genießen, unabhängig vom Partner, aber vielleicht durchaus im Kontakt mit ihm oder ihr. Es ist nicht leicht, die Fixierung auf die Objekte unserer Sehnsucht mehr und mehr loszulassen und statt dessen selbst für uns da zu sein, aber es ist wesentlich für die Kunst des Seins. Die Fähigkeit, in einem brennenden Wunsch oder in einer intensiven Sehnsucht innezuhalten und die Aufmerksamkeit auf die Sehnsucht selbst zu lenken, statt auf ihr Ziel, gibt uns die Möglichkeit, tief in unser Sein hinein zu entspannen, ohne uns von der kraftvollen Dynamik unserer Sehnsucht abzuschneiden. Das Erlernen dieser Fähigkeit braucht Zeit und wächst mit unserer Bereitschaft, uns selbst zu lieben, unsere Gefühle und Wünsche zu spüren und anzunehmen und die Menschen, denen wir begegnen, als Spiegel zu betrachten.

Zweiter Teil

Im Dickicht der Gefühle

4.
Was mir widerfährt, das bin ich

Wegweiser im Spiegel von Alltag,
Begegnung und Beziehung

Die Kunst des Seins ist mehr als eine Freizeitbeschäftigung. Sie entfaltet ihre ganze Kraft, wenn wir sie zu unserem ständigen Begleiter im Alltag machen. Der Alltag ist »der große Workshop«[6]. Wenn wir uns in unseren alltäglichen Begegnungen und in dem, was wir Tag für Tag erleben, wie in einem Spiegel sehen, wird jedes noch so banale Ereignis potentiell bedeutungsvoll. Das Leben gibt uns unendlich viele Einladungen, wach zu werden, zu lernen und zu wachsen. Und zu staunen.

Am 23. Juni 1997 füllte ich ein Formular für das Finanzamt aus. Ich sollte eintragen, seit wann ich verheiratet bin. Ich fragte meine Frau, wann der Standesamttermin gewesen sei, und sie antwortete: »am 23. Juni 94«. Das ist ja heute, fiel mir plötzlich auf. Ich hätte es fast vergessen.

Zufall? Wir alle kennen diese Art von Zufällen, die uns amüsieren, verwundern oder manchmal aufrütteln. Gerade haben wir an jemanden gedacht, und zwei Minuten später klingelt das Telefon. Wir wünschen uns sehnlichst, jemanden auf einem Fest zu treffen. Er ist nicht da. In dem Augenblick, in dem wir alle Hoffnung aufgegeben haben, klopft uns von hinten jemand auf die Schulter: Er ist es. Zufälle lassen sich kausal nicht erklären. Doch die derart zusammentreffenden Ereignisse weisen auf einen mehr oder weniger unabweisbaren Sinnzusammenhang hin. Göttliche Fügung? Aberglaube?

Das den Zufällen zugrunde liegende Prinzip wurde von C. G. Jung Synchronizität genannt. Kausal völlig unzusammenhängende Geschehnisse haben eine innere Verbindung, wie von höherer Intelligenz gesteuert. Ob wir nun an dieses Prinzip glauben oder nicht, es ist spannend, die Augen für solche Synchronizitäten offen zu halten. Die von den Wissenschaften entzauberte und sinnentleerte Welt wird damit wieder geheimnisvoll. Unser Verstand kommt an seine Grenzen, und unsere Intuition wird wieder wichtig.

Besonders in unseren Begegnungen eröffnet uns der Blick hinter den Zufall einen ungeahnten Reichtum. James Redfields *Prophezeiungen von Celestine* haben Millionen von Lesern in ihren Bann gezogen, nicht zuletzt durch die spannende Abfolge von vermeintlich zufälligen Begegnungen und Ereignissen, die sich allesamt als höchst bedeutungsvoll herausstellen.

Wie sähe unser Leben aus, wenn wir in jeder Begegnung, in jedem Ereignis eine Botschaft für uns erwarten würden? Was würde sich verändern, wenn wir jedem Menschen, dem wir begegnen, eine Botschaft zu überbringen hätten? Vor allem würden wir mit viel mehr Achtsamkeit durchs Leben gehen. Anstatt uns zu beklagen, daß wir nicht den richtigen Menschen begegnen, daß die meisten Männer ihre Gefühle zu wenig zulassen können und die meisten Frauen immer sofort eine Beziehung anfangen wollen (um nur zwei der gängigen Klagen zu nennen), würden wir genauer hinschauen und uns fragen: Was ist die Botschaft, die mir genau diese Person in genau diesem Moment bringt? Es ist unwichtig, wie wir uns diese Zusammenhänge mit dem Verstand erklären können, ob wir an einen Gott glauben, der uns Herausforderungen schickt, oder an eine tiefe Weisheit der Existenz, die immer perfekt ist. Wir lernen einfach viel mehr, wenn wir mit Achtsamkeit für die Magie des Augenblicks durchs Leben gehen. Und noch mehr: Wir lernen wieder lieben!

Liebe hat längst nicht so viel mit dem Partner zu tun wie wir normalerweise annehmen. Was tust du, wenn du Liebe vermißt, dich ungeliebt fühlst oder kein geeignetes Gegenüber für deine Liebe findest? Neigst du dazu, die Schuld daran einem anwesenden oder nicht anwesenden Partner zuzuschieben? Wider besseres Wissen erwische ich mich selbst oft genug dabei, Nutan zu beschuldigen. Sobald ich das merke, sagt eine Stimme in mir: »Wie wär's, wenn du mal wieder die Verantwortung für deine Liebe selbst in die Hand nehmen würdest?« Oft reagiere ich zunächst widerwillig darauf, bis ich mich irgendwann erinnere, daß ich viel mehr Liebe erlebt habe, wann immer ich wirklich bereit war, nach innen zu schauen. Liebe ist eine innere Haltung, mit der wir durchs Leben gehen und mit der wir anderen Menschen begegnen können. Liebe ist eine innere Bereitschaft, und diese Bereitschaft hat die Kraft, entsprechende Ereignisse in unser äußeres Leben zu ziehen. Diese Perspektive wirft ein völlig neues Licht auf unser Liebesleben. Anstatt die gegebene äußere Situation zu ändern, anstatt zwanghaft den richtigen Partner zu suchen, anstatt ständig etwas zu wollen, was nicht da ist, versuchen wir jetzt, die Liebe in uns selbst zu finden.

Ein Wegweiser zur Liebe ist für mich der Satz »Lieben heißt Sein-Lassen« (»love is letting be«), einer der häufig wiederholten Kernsätze von Alan Lowen.

Mir ist dieser Satz von Anfang an unter die Haut gegangen. Ganz tief in mir hat sich etwas entspannt. Liebe kann man nicht tun. Liebe ist keine Pflicht, die man unbedingt erfüllen muß. Lieben heißt, das zu empfangen, was da ist, anstatt etwas zu geben, um geliebt werden.

Auch der Satz »Lieben heißt Sein-Lassen« ist nicht in der Lage, die Liebe zu definieren oder zu entschlüsseln. Ganz im Gegenteil, er ist eine permanente Einladung, genauer hinzuschauen, hinzuspüren, hinzuhorchen, was denn gerade ist. Anstatt also ständig damit beschäftigt zu sein zu entscheiden, was gerade gut ist und was schlecht, was ich haben möchte und was nicht, was richtig ist und was falsch, können wir entdecken und tiefer und tiefer erforschen: Was ist? Das Sein läßt sich kaum mit dem Verstand erfassen, es fordert eine tiefere Weise der Wahrnehmung und des Verständnisses in uns heraus.

Es ist ein lauer Spätsommerabend. Ich sitze auf dem Schönberg bei Freiburg und betrachte den Sonnenuntergang. Von links kommt eine Wolke heran und verdeckt einen Teil der orangeroten Sonne. Ich denke: »Hoffentlich verdeckt die Wolke jetzt nicht den Rest des Sonnenuntergangs.« Ich hole meine Kamera aus der Tasche und warte. Jetzt ist die Sonne wieder frei, aber just in diesem Moment setzt sich jemand mitten in den Bildausschnitt, den ich für mein Foto ausgewählt habe. Die Zeit drängt, ich gehe also ein paar Schritte zur Seite. Ein großer Vogel fliegt auf, genau in Richtung Sonnenuntergang. Das wäre toll, wenn ich den noch mit aufs Bild bekäme, aber der fliegt natürlich so schnell hin und her, daß es gar nicht so leicht ist, ihn mit einzufangen. Ich bekomme schlechte Laune. Ich beschließe, den Vogel zu vergessen, mein Foto zu machen und mich dann hinzusetzen und zu genießen. Neben mir unterhält sich ein Pärchen lautstark über Sonnenuntergänge auf der ganzen Welt. Wie es in Bali war, auf Lanzarote und weiß ich noch wo. Ich bin schon wieder genervt. Kann ich denn nicht mal in Ruhe den Sonnenuntergang genießen? Die Sonne ist untergegangen, der Himmel verfärbt sich über orange, rosa bis zu blutrot. Es ist so überwältigend schön, daß ich alles andere um mich herum vergesse. Ein Moment der Ewigkeit. Irgendwann stehe ich auf, alle anderen Zuschauer des Sonnenuntergangs sind schon weg, erfüllt trete ich den Heimweg an. Nach zehn Minuten merke ich, daß ich meine Tasche mit der Kamera oben habe liegen lassen. Oder hat sie jemand geklaut? Ärgerlich gehe ich zurück, finde die Tasche genau dort, wo ich sie habe liegen lassen, bin etwas erleichtert, aber meine kleine Welt der Gedanken, Hoffnungen und Ängste hat mich wieder.

Mit der Liebe halten wir es meistens genauso wie mit der Natur, wie mit dem Sonnenuntergang. Wenn wir innerlich damit beschäftigt sind, daß diese Wolke doch ein bißchen weiter nach links ziehen sollte, oder jene Wolke weiter nach rechts, damit wir den Sonnenuntergang endlich genießen können, verpassen wir die ganze Intensität und Schönheit des Moments. Manchmal überwältigt sie uns, und wir vergessen all unsere kleinlichen Gedanken. Aber selten genug können wir uns von einem Anblick, so wie er ist, berühren lassen, ihn in uns hineinatmen und seine Resonanz im ganzen Körper spüren. Mit dem Sonnenuntergang ist es noch vergleichsweise einfach. Zu offensichtlich ist es, daß wir uns den Spaß selbst verderben, wenn wir es immer noch ein bißchen anders haben wollen, als es ist. In der Liebe ist es im Prinzip genauso, nur ungleich viel schwerer. Während es der Wolke vermutlich egal ist, daß sie meinem Blick zur Sonne im Weg ist, würde meine Partnerin vielleicht kontern: »Komm endlich aus dem Schatten, ich möchte dich richtig sehen.«

Wie können wir zur unmittelbaren Wahrnehmung, zur Schönheit des Augenblicks zurückfinden? Wie können wir die kindliche Neugier wiederentdecken, mit der wir einst in die Welt hinaus gekrabbelt sind, um lauter Wundern zu begegnen? Manchmal waren diese wunderbaren Überraschungen überaus lustvoll, und wir haben gejuchzt vor Freude, manchmal haben wir schmerzhafte Erfahrungen gemacht und geheult und geschrien. Erst in einem langen Prozeß – genannt Erziehung – haben wir gelernt, unserer unschuldigen Entdeckerfreude zu mißtrauen und statt dessen erst mal unseren Verstand zu befragen, bevor wir etwas Neues ausprobieren.

Der Verstand hat alle unsere Erfahrungen zusammengetragen und ausgewertet, und er rät uns das zu tun, was bislang angenehm war, und das zu meiden, was unangenehm war. Das ist in gewissen Grenzen sehr wertvoll, denn wer möchte schon immer und immer wieder auf die glühende Herdplatte fassen? Der Verstand bezieht sich aber immer nur auf die Vergangenheit und hat keinerlei Antennen für das, was hier und jetzt ist. Und oft genug beschäftigt sich der Verstand mit allerlei selbstgestrickten Sorgen, die mit der aktuellen Situation gar nichts zu tun haben. Wenn wir nur dem Verstand vertrauen, befinden wir uns in einem Gefängnis, das uns von allem Zauber, von allen Wundern und von aller Liebe ausschließt. Wie können wir diesem Gefängnis entkommen? Wie können wir lernen, auf den Moment zu lauschen, anstatt ihn nur nach Ähnlichkeiten mit Vergangenem durchzuforsten, um vernünftige Schlüsse zu ziehen? Wie können wir sein lassen, was ist?

Einen Sonnenuntergang sein zu lassen, fällt uns normalerweise leichter als zum Beispiel unseren Nachbarn, der zu später Stunde einen Schrank zusammenhämmert, oder unsere Liebste, die wieder mal keine Lust auf Sex hat, obwohl wir schon wochenlang nicht mehr mit ihr geschlafen haben. Die Aufgabe, Menschen in unserer direkten Umgebung sein zu lassen, konfrontiert uns mit Aspekten und Gefühlen in uns selbst, die wir nicht sein lassen. Das merken wir allerdings meist gar nicht, weil wir sofort reagieren, indem wir andere beschuldigen, manipulieren oder aus der Situation fliehen, alles nur, um unsere eigenen Gefühle abzuwehren. Wir fangen lieber einen Streit an, als bewußt zu fühlen, was uns drückt, quält oder verletzt hat.

Wir brauchen Raum, um etwas in uns wirken zu lassen, bevor wir reagieren. Dieser Raum ist dem Verstand völlig unbekannt. Es ist der Raum des Nicht-Wissens. Liebe entsteht nicht aus Wissen, Liebe ereignet sich im Nicht-Wissen. Das ist einer der Gründe, warum die Liebe im Zeitalter der Wissensüberflutung selten geworden ist. »Das bringt doch nichts«, kommentiert der Verstand den seligen Zustand des Nicht-Wissens. Wir haben gelernt, daß wir es im Leben nur zu etwas bringen, wenn wir viel wissen. Das mag in manchen Bereichen stimmen. In der Liebe steht uns unser Wissen meist im Weg. Doch wenn wir in einer Begegnung riskieren, nicht zu wissen, was als nächstes geschehen soll, öffnen sich plötzlich völlig neue Türen.

Wenn ich früher in eine Gruppe kam, sei es in eine Reisegruppe, auf eine Party oder auch in ein Tantraseminar, machte ich als erstes ein Zahlenspiel. Ich rechnete sofort das Verhältnis von Männern und Frauen aus und auf dieser Basis meine Chancen bei den Frauen. Es klingt absurd, aber so funktioniert mein Verstand. Manche Menschen rechnen sich die Chancen für ihr ganzes Leben nach diesem Muster aus: Gibt es genügend Männer, gibt es genügend Frauen in meiner Altersgruppe? Wie stehen meine Chancen? Bei Frauen in der psycho-esoterischen Szene ist die Ansicht verbreitet, daß es einfach viel zu wenig interessante und weit genug entwickelte Mitglieder der männlichen Spezies gibt, und daß sie als Frauen schlechte Karten haben, wenn sie einen Mann wollen. Wenn wir die Überzahl von Frauen auf esoterischen Veranstaltungen oder in Selbsterfahrungsgruppen berücksichtigen, scheint diese Argumentation logisch zu sein. Und doch habe ich Zweifel, daß das die ganze Wahrheit ist. Sind die Frauen bereit, den Männern so zu begegnen, wie sie sind? Oder möchten sie gern erotisch attraktive, aber sexuell genügsame, selbstbewußte, aber nachgiebige, fühlende, aber nicht zu empfindliche Jungmännerpapas? Unsere Erfahrung im Bereich Tantra zeigt, daß Männer hier sogar manchmal in der Überzahl sind, besonders dann, wenn das Thema Sex im Titel der Veranstaltung mitschwingt. Das ist genau das Thema, vor dem viele Frauen sehr viel Angst haben. Das läßt vermuten, daß es da noch viel Potential für eine Begegnung gibt. Aber kommt es darauf überhaupt an? Geht es darum, das zu bekommen, was wir wollen? Wie wäre es, die Situation so zu nehmen, wie sie ist? Wären wir dazu bereit?

Die nüchterne Sichtweise der Wahrscheinlichkeitsrechnung ist meistens eher entmutigend und verschließt uns außerdem vor der Einzigartigkeit jedes neuen Moments. Erst die wiederholte Erfahrung von Nicht-Wissen und Achtsamkeit läßt uns mehr und mehr darauf vertrauen, daß genau das für uns da ist, was wir für unser seelisches Wachstum brauchen. Das ist nicht immer das, was wir anfänglich gewollt haben, spielt jedoch im Nachhinein meist überhaupt keine Rolle mehr. Jens erzählt in der Abschlußrunde eines Workshops:

»Als ich in den Gruppenraum kam und sah, daß mehr Männer als Frauen im Kreis saßen, hätte ich am liebsten auf dem Absatz kehrtgemacht. Meine ganzen mitgebrachten Erwartungen zerplatzten innerhalb von Sekunden wie eine Seifenblase. Ich hatte richtige Panik, ich glaube davor, Männer anfassen zu müssen. Das war mir immer ein Graus. Ich stellte mir vor, bei einer Partnerwahl übrigzubleiben und dann die Übung mit einem Mann machen zu müssen. Und wie das Schicksal so spielt, ist genau das eingetroffen, und zwar nicht nur einmal. Wie ihr seht, ich bin noch immer da, und ich würde mir selbst in den Arsch beißen, wenn ich das, was hier passiert ist, versäumt hätte. Es war nämlich echt toll, den Männern zu begegnen. Mir war klar, daß ich nichts tun muß, aber ziemlich bald habe ich gemerkt, daß es sich gut anfühlt, einen Männerkörper zu berühren. Es hatte nichts mit Sex zu tun, glaube ich jedenfalls (Gelächter in der Gruppe). Ich habe den Eindruck, die Hälfte der Menschheit dazugewonnen zu haben. Ich habe Männer immer für ziemlich gefühllose Trottel gehalten, außer mir natürlich. Männer sind auch Menschen! Was für eine Erkenntnis! Und ich bin auch so einer, ich brauche mich für mein Mannsein nicht mehr zu schämen. Ich danke euch!«

Jede Situation ist einzigartig, das Leben wiederholt nichts, im Gegensatz zu unserem Verstand. Der Verstand möchte am liebsten, daß seine Wahrscheinlichkeitsrechnungen eintreffen und seine Erwartungen erfüllt werden. Dann scheint das Leben unter Kontrolle. In unserem Alltag finden spontane Begegnungen eher selten statt. Meist verharren wir im Netz der subjektiven Sicherheiten, die unser Verstand uns vorgaukelt, obwohl ein wenig Abwechslung so gut täte. Ich fahre oft weite

Strecken mit dem Zug. Nicht selten ist der erste Wortwechsel zwischen Platznachbarn auch der letzte: »Auf Wiedersehen.« Wir sprechen nicht so schnell mit fremden Leuten. Aber manchmal geschieht ein kleines Wunder. Der Schaffner kommt vorbei und ist bei der Fahrscheinkontrolle besonders redselig, und plötzlich fangen auch die Fahrgäste an, miteinander zu sprechen. Oder, noch besser, der Zug bleibt »auf unbestimmte Zeit« mitten auf der Strecke stehen, und plötzlich ist das ganze Großraumabteil in Gespräche verwickelt. Sorgen werden ausgetauscht, alte Erlebnisse von Zugunglücken ausgegraben, Reisepläne ausgebreitet. Sobald etwas geschieht, das aus den gewohnten Abläufen herausfällt, werden plötzlich Menschen kommunikativ, die sich vorher überhaupt nicht wahrgenommen haben. »Leben ist das, was passiert, während wir gerade damit beschäftigt sind, andere Pläne zu schmieden.« Dieses Bonmot von John Lennon bringt unsere gewöhnliche Alltagsroutine auf den Punkt. Wir leben in unserer Welt aus Gedanken an Vergangenes und Zukünftiges wie in einem Kokon, aus dem wir nur herauskommen, wenn uns etwas ganz Besonderes wachrüttelt. Kein Wunder also, daß unser Gespür für die Magie des Augenblicks in aller Regel verkümmert ist.

Einer der Gründe dafür, daß uns die Wunder des Lebens entgehen, ist unsere Angst und die Hemmung, uns zu zeigen, wie wir sind.

Neulich stieg ich mit Nutan in einen Zug, beladen mit viel Gepäck für den kommenden Workshop. Vor uns stieg eine Frau ein, die ebenfalls Unmengen von Gepäck dabei hatte. Wir halfen ihr beim Einsteigen und fanden gerade noch die letzten Plätze neben ihr. Etwa eine halbe Stunde vor Ende der Fahrt holte ich ein Buch aus der Tasche und fing an zu lesen. Es war ein Buch über Tantra. Die Frau gegenüber sprach uns an, ob wir mit Tantra Erfahrungen hätten. Wir kamen ins Gespräch, und am Ende des Gespräches stellte sich heraus, daß die Frau die Autorin eines anderen Buches über Tantra war, das Nutan gerade aus der Tasche holen wollte, als das Gespräch begann.

Das ist ein wunderbares Beispiel für Synchronizität, aber auch für die Tatsache, daß sich Anknüpfungspunkte erst offenbaren, wenn wir selbst uns zeigen. Wenn ich das Buch nicht aus der Tasche geholt hätte, wäre das Gespräch wohl kaum zustande gekommen. Ein Buch über Tantra zu lesen war eine vergleichsweise simple Art, mein Interesse an Tantra zu zeigen. Ich habe allerdings auch schon von Leuten gehört, die Scheu hatten, in einem Buchladen nach Tantrabüchern zu fragen. Man könnte ja denken... Wir zeigen uns nicht, also antworten andere nicht. Oder sie mißverstehen uns und antworten auf unsere Fassade.

Marianne, eine Freundin, erzählt mir von einer Begegnung im Urlaub. Sie befand sich mit einem gutaussehenden Italiener am Strand des Lago Trasimeno. Sie hatte ihn am Vortag auf dem Campingplatz kennengelernt, als er mit ihrem Sohn Fußball spielte. Nun standen sie am See, und er machte immer stürmischere Avancen. »Langsam wurde es mir zuviel, mein Körper fing an, sich zu verkrampfen, und ich hoffte, er würde bald aufgeben, wenn ich ihm keine bestätigenden Signale mehr gebe. Er machte jedoch weiter, und ich wurde innerlich immer saurer. ›Merkt er denn nicht, daß ich gar keine Lust mehr habe?‹, dachte ich. Eine halbe Stunde später hatte er in seinen Anmachversuchen immer noch nicht nachgelassen. Ich hatte die Nase voll, verabschiedete mich ziemlich schroff und ging ins Zelt. Verzweifelt schluchzte ich leise vor mich hin, ich wollte meinen Sohn nicht wecken.« Ich frage sie, warum sie dem Mann nicht deutlicher gemacht hätte, wo ihre Grenzen sind, was sie mag und was nicht. Empört schaut sie mich an und fragt zurück: »Noch deutlicher? Willst du die Unsensibilität der Männer auch noch in Schutz nehmen?« Jetzt bin ich etwas erschrocken, ich bin in ein Fettnäpfchen getreten. Mir fallen Situationen ein, in denen ich Frauen mißverstanden habe, obwohl ich mich nicht gerade für unsensibel halte. Ja, ich merke, ich möchte diesen Mann, den ich ja gar nicht kenne, verteidigen. Und gleichzeitig möchte ich nicht den Eindruck erwecken, ich sei selbst so ein Holzklotz. »Vielleicht schon«, antworte ich etwas unsicher, »ich würde mir als Mann wünschen, daß die Frau deutlicher wird, wenn ich sie offensichtlich noch nicht verstanden habe.«

Als Außenstehender haben wir immer gut reden. Aber mal ehrlich, wie oft erwarten wir von anderen, daß sie etwas in uns sehen oder erspüren, was wir selbst nicht bereit sind, deutlicher zu zeigen?

Wenn wir das da sein lassen, was da ist – und das bedeutet auch, daß wir uns erlauben, all das wahrzunehmen, was in uns und um uns herum geschieht –, können Wunder geschehen. Wenn wir nach innen spüren und unser Inneres nach außen hin sichtbar werden lassen, und wenn wir gleichzeitig sehen, horchen und spüren, was der andere uns zeigt, können wir eine erstaunliche Entdeckung machen: Wir sind immer in Resonanz miteinander, auch wenn es manchmal gar nicht danach aussieht. Im obigen Beispiel paßt die Scheu der Frau, ihre Grenzen zu zeigen, perfekt zu dem Unwillen des Mannes, ihre Grenzen wahrzunehmen. Gesucht und gefunden, nicht für die kinoreife Romanze, die sie sich möglicherweise gewünscht haben, aber für genau die Situation, in der beide anscheinend etwas zu lernen haben. Liebe ist eine Form von Verbindung, die – jenseits unseres Verstandes – Zufälle zusammenführt, Herausforderungen präsentiert, Aufgaben beschert. Liebe ist die Resonanz, die alles Sein miteinander verbindet. Diese Verbindung ist nicht immer so, wie wir sie gern hätten. Sie kann uns mit äußerst unangenehmen Seiten von uns selbst konfrontieren. Dann trennen wir uns und glauben, es sei keine Liebe da. Dabei merken wir nicht, daß wir selbst uns gerade von der Liebe abgeschnitten haben. Liebe ist immer da, wenn wir sie nicht verhindern, oder genauer gesagt, wenn wir uns nicht weigern, sie wahrzunehmen.

Um Synchronizitäten besser wahrnehmen zu können, müssen wir uns vor allem nach innen wenden. Was wir sehen, verbindet sich oft mit unserem Verstand und mit unseren Vorurteilen. Eine sehr beliebte Übung in vielen Tantragruppen ist die Begegnung mit verbundenen Augen. Etwa eine Stunde lang sind die Teilnehmer eingeladen, sich mit verbundenen Augen frei im Raum zu bewegen und sich in der Begegnung mit anderen nur auf das Spüren zu verlassen. Oft kommen sich auf diese Weise Menschen sehr nahe, die sich sehenden Auges eher gemieden hätten. Manchmal ist es auch umgekehrt.

Ich erinnere mich an einen der ersten Workshops, in dem ich diese Übung mitmachte. Ich hatte vorher eine bestimmte Frau im Blick, Roswitha, der ich auf gar keinen Fall begegnen wollte, und eine andere, Verena, der ich sehr gern begegnet wäre. Ich tappte also blind durch den Raum, immer auf der Flucht und gleichzeitig immer auf der Suche. Mehrmals begegnete ich einer Frau, die sich so anfühlte als sei sie Roswitha, und ging gleich weiter. Aber es war wie verhext, immer wieder Roswitha, von Verena keine Spur. Irgendwann war ich so frustriert, daß ich meine Vorstellungen einfach aufgab und bereit war, jedem zu begegnen und einfach zu spüren, wie es ist. Nach kurzer Zeit begegnete ich wieder Roswitha, und diesmal blieb ich da. Vorsichtig tasten wir über unsere Körper, und ich war überrascht, daß es sich eigentlich gar nicht so schlecht anfühlte, wie ich gedacht hatte. Ich fing an, diese Begegnung richtig zu genießen. Nach einiger Zeit, ich hatte Verena längst vergessen, fiel mir ein Armreif an »Roswithas« linkem Arm auf, und plötzlich wurde mir siedendheiß klar, daß Verena so einen Armreif trägt. Ich hatte einen Schweißausbruch und fühlte mich plötzlich völlig gehemmt. Fast panikartig verließ ich Verena und setzte mich auf den Boden (was in dieser Übung soviel bedeutet wie »Nicht berühren! Ich nehme eine Auszeit.«). Als ich später im Kreis der Gruppe rot vor Scham von meinen Erfahrungen berichtete, mußte Roswitha so lachen, daß meine ganze Abwehr gegen sie dahinschmolz. Wir nahmen uns in den Arm und fühlten uns wie am Beginn einer wunderbaren Freundschaft... Irgendwann kam Verena dazu und wir lachten alle drei über die Komödie meiner Neurose. Ich hatte jedenfalls einiges über die Weisheit des Augenblicks und die Irrwege des Verstandes gelernt.

Die »Liebe auf den ersten Blick« ist ein spannendes Beispiel für Synchronizität. Mit Geschichten über solche Liebschaften könnte man Bibliotheken füllen, obwohl die meisten von ihnen wahrscheinlich keine Chance haben, je gelebt zu werden.

»Sah dich am 11.11. um 11.11 in der U-Bahn an der Möckernbrücke. Dein Lächeln war bezaubernd, dein Blick zwei Sekunden zu lang. Wir sahen uns noch einmal am Ausgang Hallesches Tor. Möchte dich gern wiedersehen.«

Solche Anzeigen findet man spaltenweise in diversen Stadtzeitungen. Und trotz dieser Vielzahl von verpaßten Gelegenheiten, finden immer wieder Paare zusammen. Doch was bringt sie zusammen? Die Liebe? Die Triebe? Die Körperchemie oder ein geheimer Magnetismus? Was Menschen zueinander zieht ist so mysteriös und widersprüchlich wie das Leben selbst. Die Partnerwahl funktioniert meist nach völlig anderen Gesichtspunkten als beispielsweise die Wahl eines Freundes, also etwas, das wir eher bewußt entscheiden.

Wenn wir Kontaktanzeigen studieren, scheint es, als seien Partnersuchende auf ein Tauschgeschäft aus. Ich biete meine liebenswerten Eigenschaften und fordere dafür mindestens einigermaßen gleichwertige Eigenschaften meiner potentiellen Partnerin. Dahinter steht die Überzeugung, daß Beziehungen eingegangen werden, um Bedürfnisse zu befriedigen. Und je mehr mein Partner meine Bedürfnisse befriedigen kann, desto mehr liebe ich ihn. In Beziehungen, die auf dieser Grundlage eingegangen werden, ist das Desaster vorprogrammiert. Der liebenswerte Mensch, der mir am Anfang vielleicht die Wünsche von den Lippen abliest, mit dem die Erotik fließt und dem ich nur zu gern alle möglichen Wünsche erfülle, verwandelt sich früher oder später in ein Monster. Die Hoffnung, endlich jemanden gefunden zu haben, der mich glücklich macht, verwandelt sich in Wut, Angst, Trauer, Verzweiflung und manchmal sogar in Haß auf diesen vermeintlichen Traumpartner, der uns nicht das gibt, was wir doch so dringend brauchen.

Die Erotik ist wie weggeblasen, eine Spirale gegenseitiger Vorwürfe zieht uns in immer tiefere Verletzungen hinein. Oft steht am Ende die Trennung und die Überzeugung, daß wir uns in diesem Menschen wohl doch getäuscht haben. »Liebe macht blind«, sagen wir und nehmen uns vor, das nächste Mal von Anfang an genau hinzuschauen. Ich habe oft gesehen, wie sich Menschen nach so einer Enttäuschung jahrelang nicht mehr auf eine Beziehung einlassen konnten. Wenn wir nämlich genau hinschauen, entdecken wir in jedem Menschen entscheidende Mängel, vor denen wir uns lieber in acht nehmen.

Nicht alle Menschen sehen eine Beziehung als Tauschhandel an. Viel edler scheint eine andere Grundeinstellung, aus der heraus Bindungen eingegangen werden: die altruistische, die gebende oder dienende Haltung. Sie ist bei Frauen verbreiteter als bei Männern. Frauen gehen oft Beziehungen ein, weil sie gebraucht werden wollen. Allein ist das Leben wertlos, erst wenn ich für jemanden dasein kann, macht das Leben Sinn. Solche Frauen kümmern sich kaum darum, daß ihre eigenen Bedürfnisse befriedigt werden, sind aber ständig darum bemüht, es dem Mann recht zu machen. Diese Beziehungen können über Jahre, manchmal auch Jahrzehnte sehr stabil sein, verlieren aber in aller Regel früher oder später ihre Lebendigkeit. Der Mann nimmt die Fürsorge der Frau als verbürgt, fängt an sich zu langweilen (wenn ihm sein Beruf Zeit dafür läßt) und sehnt sich nach aufregenderen Abenteuern. Wenn die Frau irgendwann merkt, daß sie trotz aller Mühe und Aufopferung nicht mehr gebraucht wird, fühlt sie sich tief verletzt. Vielleicht fällt es ihr wie Schuppen von den Augen und sie beschließt, nun endlich auch mal an sich zu denken, und setzt alles daran, beim nächsten Mal auf ihre Kosten zu kommen. Womit wir wieder beim Tauschhandel angekommen wären.

Markus kommt zu einem Beratungsgespräch in die Praxis. Nach 18 Jahren Ehe hat er vor drei Jahren seine Frau verlassen, weil er eine andere Frau kennengelernt hatte, mit der seine Sexualität wieder aufblühte. Seine Frau habe nie besonders viel Interesse an Sex gehabt und er habe sich lange damit arrangiert, erzählt er deprimiert. »Animiert durch die neue Begegnung habe ich die ständige sexuelle Verweigerung meiner Frau nicht mehr ausgehalten. Mich trieb es immer mehr zu der anderen. Kurz danach hat meine Frau auch einen anderen Mann kennengelernt, und plötzlich hat sie mit diesem Mann den Sex entdeckt. Ich konnte es nicht fassen, was sie mir da alles erzählte, ich habe sie nicht mehr wiedererkannt. Nach einigen Monaten ist diese Verbindung jedoch wieder zerbrochen, und seitdem ist meine Frau wieder allein. Wir sind heute gute Freunde, und ich sehne mich oft nach der Geborgenheit mit ihr zurück. Meine Freundin ist so sehr auf Sex aus, daß es sogar mir oft zu viel wird. Plötzlich kann ich meine Frau verstehen. Mein Drängeln muß ihr echt sehr lästig gewesen sein.« Er überlegt, ob er zu seiner Frau zurückkehren soll oder nicht. Er hat Angst, einen großen Fehler zu machen, und will von mir wissen, ob sein Interesse an Sex in seinem Alter (56) nicht sowieso bald nachlassen würde und er dann mit seiner Frau zufrieden leben könnte, oder ob Sex so wichtig sei, daß er lieber mit der

Freundin zusammenbleiben sollte. Ich kann und will ihm diese Entscheidung natürlich nicht abnehmen, aber ich stelle sein Dilemma in einen anderen Kontext. Ich konfrontiere ihn damit, daß seine Situation möglicherweise einen inneren Konflikt in ihm selbst spiegelt, einen Konflikt zwischen Sex und Bindung, und daß er diesem Konflikt wahrscheinlich nicht aus dem Weg gehen kann, egal, wie er sich entscheidet. »Ich kann und will Ihnen nicht sagen, was richtig wäre in Ihrer Situation. Was ich Ihnen anbieten kann, wäre, sich diesen inneren Konflikt näher anzuschauen, der sich in dem äußeren Konflikt spiegelt. Eine Therapie gäbe Ihnen die Möglichkeit, sich selbst mit Ihren beiden Bedürfnissen, nach Sex und nach Geborgenheit, deutlicher zu spüren und anzunehmen.« Markus reagiert eher zögerlich auf meinen Vorschlag und kommt immer wieder auf die Frage zurück, was er denn nun tun solle. Am Ende des Gesprächs bleibt offen, ob er sich auf mein Angebot, nach innen zu schauen, einlassen möchte. Ich habe nie wieder von ihm gehört.

In unseren Beziehungen erschaffen wir Situationen, die ganz genau unsere inneren Befindlichkeiten spiegeln. Manchmal ist das so offensichtlich, daß es von außen fast komisch wirkt. Aber ich weiß aus eigener Erfahrung, daß es überhaupt nicht komisch ist, selbst in einer solchen Konfliktsituation zu stecken, und daß es Zeit braucht, den Spiegel als Spiegel zu erkennen.

Warum verlieben sich so viele Menschen in jemanden, mit dem es früher oder später schwierig wird? In unseren Workshops haben wir nicht selten die Gelegenheit zu beobachten, wie Männer und Frauen zusammenfinden. Oft ahnen wir schon im Ansatz, in welche Schwierigkeiten die beiden nach der rosaroten Zeit kommen werden, weil beider Schatten für Außenstehende schon deutlich sichtbar sind, während sie sich noch im siebten Himmel wähnen. Da drängt sich die Erkenntnis auf, daß Menschen sich nicht zuletzt aufgrund der in Aussicht stehenden Schwierigkeiten und den darin liegenden Wachstumschancen wählen. Die anfängliche Verliebtheit scheint ein Trick der höheren Intelligenz zu sein, um den normalen Verstand auszuschalten, der vor den Schwierigkeiten hätte warnen können.

Annette, eine sehr sympathische, attraktive Frau um die Dreißig, hatte bisher noch nie in einer dauerhaften Beziehung gelebt. Sie sprach oft von ihrer Panik, vereinnahmt zu werden und ihre eigene Kraft zu verlieren, wenn sie sich fester an jemanden binden würde. Im ersten Workshop, den sie bei uns besuchte, war sie der Schwarm vieler Männer. Jochen fiel in der Gruppe zunächst kaum auf, er wirkte eher intellektuell, und im näheren Kontakt bekam man das Gefühl, subtil umgarnt zu werden. Es brauchte einen richtigen Ruck, um sich aus einem Gespräch mit ihm zu lösen. Er ließ keine Atempause ohne Worte. Sein Blick wirkte wie ein Bannstrahl. Als Annette sich in Jochen verliebte dachten wir: »Das kann doch nicht wahr sein.« Es war offensichtlich, daß die beiden mit ihren Verhaltensmustern schnell an ihre Schattenseiten rühren würden. Seine einnehmende Art und ihre Angst vor Vereinnahmung, wie würde das zusammen gehen? Es ging in der Tat nicht lange gut. Schon im nächsten Seminar, an dem wieder beide teilnahmen, schienen sie kaum mehr Notiz voneinander zu nehmen. Monate später verliebte sich Annette erneut. Mit diesem Mann ist sie nun seit einem Jahr zusammen. Sie erzählte uns, daß sie wieder vor ähnlichen Schwierigkeiten steht: Sie möchte öfter ohne ihn sein und er öfter mit ihr. Sie hat sich wieder jemanden gesucht, der sie mehr festhalten möchte als ihr lieb ist. Diesmal ist sie jedoch bereit, sich ihre Muster anzuschauen und dazubleiben.

Es ist ein hartnäckiger und folgenreicher Irrglaube, daß wir uns den Partner suchen, mit dem wir harmonieren, der uns am besten versteht und mit dem wir am leichtesten zusammenleben können. Solche Menschen werden vielleicht unsere Freunde, aber erstaunlicherweise verlieben wir uns nicht in sie. Wir verlieben uns in die Herausforderung. Partneranziehung folgt einer höheren Intelligenz als unserem Verstand oder unserem Harmoniebedürfnis. Aus einer gewissen Distanz sieht es so aus, als würden wir von Menschen angezogen, mit denen wir entscheidende Dinge lernen können. Um uns nicht gleich abzuschrecken, wird uns unsere neue Lernaufgabe in wunderbarer Verpackung überreicht, wir verlieben uns. Wir denken natürlich, daß wir uns verliebt haben, weil dieser Mensch so wunderbar ist oder so wunderbar zu uns paßt. Aber nach dem ersten Dämpfer fangen viele Menschen an, ihre Wahl in Frage zu stellen. Vielleicht war es doch nicht der oder die Richtige? Auf diese Weise verpassen wir immer wieder das Wesentliche, nämlich das, was uns ursprünglich angezogen hat: die Herausforderung. Wie viele Enttäuschungen müssen wir erleben, um in Betracht zu ziehen, daß wir im Zusammensein mit diesem Menschen etwas zu lernen haben? Wenn wir Beziehungen, und vor allem unsere eigene, aus diesem Blickwinkel betrachten, machen alle die Schwierigkeiten und Enttäuschungen plötzlich Sinn. Und wir begreifen auch, warum wir uns immer wieder einen Partner gesucht haben, der uns vor eine bestimmte Aufgabe stellt. Diese Aufgabe kann manchmal sehr schmerzhaft sein, denn bei dem, was wir lernen müssen, geht es meistens um die Heilung alter Wunden.

Gut erinnere ich mich noch an die Zeit, als ich mich nach einem Lebenspartner gesehnt habe. Irgendwann wollte ich es wissen und gab eine Kleinanzeige im Berliner Stadtmagazin auf. Ich bekam zehn Briefe, darunter einen, der von mir selbst hätte stammen können. Meine ganze Lebensphilosophie stand da auf vier langen Seiten. Ich war begeistert und das Treffen schnell vereinbart. Natürlich haben wir uns gut verstanden. Wir waren uns in allem einig, nicht zuletzt auch darin, daß der erotische Funke nicht so recht überspringen wollte. Wir hätten Freunde werden können, aber das war nicht, was ich suchte.

Also versuchte ich es mit dem Gegenteil: Vergiß die Lebensbeziehung und schau nur auf heute. Die neue Anzeige war schnell formuliert: »Suche Begegnung mit Sex und Herz, habe Sylvester noch nichts vor.« Eine einzige traurige Postkarte trudelte ein: »Habe auch Zeit und Lust. Tel. 1 23 45 67« Das war die Höhe, so zu antworten! Aber diesmal hatte ich keine (Aus)wahl. Ich rufe also an. Schon am Telefon häufen sich die Mißverständnisse. Ob ich eine Professionelle suche, fragt die etwas piepsige Frauenstimme am anderen Ende der Leitung. Mich trifft der Schlag, ich bekomme einen Schweißausbruch und bin froh, daß sie das nicht sehen kann. Was fällt der ein, sowas zu vermuten? Wir schaffen es dennoch bis zu einem Treffen – und was geschieht? Der Funke springt über, es prickelt am ganzen Körper, auch wenn wir tief nach Übereinstimmungen graben müssen. Wir waren 15 Monate lang zusammen, in denen eine Katastrophe die nächste jagte. Heftige Streits und Versöhnungen waren an der Tagesordnung. Aber unsere Liebe schien unverwüstlich, und ich möchte nichts von dem missen, was ich mit ihr erlebt habe.

Ich glaube, ich habe damals begriffen, daß wir uns in Partner verlieben, die uns vor eine Aufgabe stellen, und nicht in die, die uns eine bequeme Lösung anbieten. Deswegen ist es auch nicht möglich, sich willentlich zu verlieben. Hier ist tatsächlich höhere Intelligenz im Spiel. Sie konfrontiert uns mit den Themen, die in uns nach Heilung rufen. Und sie schickt uns die Partner, die alte, versteckte Wunden berühren, ans Licht holen und dadurch die Chance zur Heilung geben können.

Mit all dem möchte ich nicht sagen, daß wir unter unseren Beziehungen hauptsächlich leiden sollten. Es gibt Leute, die immer wieder dieselben Beziehungsdesaster inszenieren, darunter leiden und dies für spirituellen Fortschritt halten, nach dem Motto »Viel Leid – viel Wachstum«. Die Kunst zu Sein ist kein Masochismus. Schmerz höher zu bewerten als Freude und Lust ist nur die heroische Kehrseite der allgemein verbreiteten Schmerzvermeidung. Es ist völlig in Ordnung, sich eine wunderbare, erfüllende, reiche, lustvolle und befriedigende Beziehung zu wünschen. Schwierig und hinderlich wird dieser Wunsch erst dann, wenn wir darauf fixiert sind und nicht mehr offen für das, was wir hier und jetzt mit dem Partner, mit dem wir zusammen sind, zu lernen haben. Die Aufmerksamkeit für das Sein bringt uns immer wieder zu der Frage zurück: Was ist jetzt, hier und in mir? Was wird durch die Situation, die Begegnung oder die Beziehung, so wie sie ist, in mir eingeladen und herausgefordert?

Begegnungen sind Spiegel, Beziehungen sind Aufgaben. Selbst wenn wir das akzeptiert haben, haben wir möglicherweise noch niemanden gefunden, der unser Spiegel sein will oder dessen Herausforderung wir sein möchten. Vielleicht geraten wir immer wieder »zufällig« an jemanden, der zu weit weg wohnt, bereits fest liiert ist oder eine Katzenallergie hat, während wir selbst ohne Katzen nicht leben können. Was dann?

Spätestens wenn sich derartige Zufälle häufen, können wir davon ausgehen, daß hier ein unbewußtes inneres Muster Regie führt. Wieder ist unsere Bereitschaft, nach innen zu schauen, gefordert. Oft verändert sich ein solches Muster, wenn wir seinen Sinn verstanden haben und aufhören, uns darüber zu beklagen.

Waltraud, eine Klientin, suchte sich immer wieder Liebhaber, die anderweitig gebunden waren und deswegen nicht zuviel von ihr wollten. Sie hatte Angst, von einem Mann in ihrer Freiheit eingeschränkt zu werden. Daher kamen ihr die verheirateten Männer ganz gelegen. Ihr Verstand redete ihr ein, daß diese Form von Beziehungen genau das sei, was sie brauchte. Auf einer tieferen Ebene fühlte sie sich jedoch zunehmend frustriert, wußte aber lange Zeit nicht warum. Waltraud liebte die Bestätigung, die sie von den verschiedenen Männern bekam, aber sie fand keine Ruhe. Erst als sie dieser inneren Unruhe mehr Raum gab, entdeckte sie darin eine tiefe Sehnsucht nach Verbindlichkeit, nach einem gemeinsamen Weg mit einem Partner. Dies zuzugeben kostet sie viel Mut und stellt ihr Selbstbild als emanzipierte Frau, die auch allein durchkommt, in Frage. Plötzlich spürte sie eine lang vergessene Angst vor Abhängigkeit, und dieses Gefühl haßte sie noch mehr als die Angst vor dem Verlust ihrer Freiheit.

Wenn wir die tieferen Motive verstehen, aus denen heraus wir unbewußt immer wieder bestimmte Situationen anziehen und anderen aus dem Weg gehen, haben wir größere Chancen, unser Schicksal selbst in die Hand zu nehmen. Wir müssen unseren inneren Konflikt nicht mehr blind ausagieren, sondern können tiefer mit dem in Resonanz gehen, was wir wirklich brauchen und suchen. Wir können anfangen, die Qualitäten in uns zu entwickeln, die wir unserem Traumpartner zuschreiben. Wir können unsere eigene Liebesfähigkeit erweitern und selbst zu einem Traumpartner werden, anstatt auf immer und ewig nach ihm Ausschau zu halten. Auf diese Weise laden wir einen Partner ein, in unser Leben zu treten. Von einem bestimmten Punkt an braucht es dann allerdings das Loslassen[7]. Wir können den Partner nicht herbeizwingen. Auch Alleinsein ist ein Spiegel. Vielleicht spiegelt er uns unsere innere Leere, vielleicht unsere Blindheit, vielleicht fordert er uns heraus, für uns selbst gut genug zu sein. Vielleicht geht es auch einfach um das Loslassen unserer Fixierung auf etwas, was von außen kommt. Oft stehen wir damit der Erfüllung unserer tieferen Wünsche selbst im Weg.

Oft habe ich mir gewünscht, in einem Tantraworkshop die Frau meines Lebens kennenzulernen – und wurde enttäuscht. Diesmal nahm ich mir vor, die Erwartung loszulassen. Am Tagungsort angekommen war ich auch noch krank. Die Nase lief, und ich sah verquollen und schrecklich aus. Die letzten noch vorhandenen Erwartungen schwanden. Und genau diesmal geschah es. Ich verliebte mich in Nutan. Treffsicher hatte ich die Frau ausgesucht, die am weitesten von meinem Wohnort Berlin weg wohnte, in Bern. Zwei Buchstaben, aber tausend Kilometer Entfernung. Vielleicht war das nötig, um weiter loszulassen und nicht sofort in die Falle meiner Erwartungshaltungen zu tappen.

Brauchen wir also nur loszulassen, damit unsere Wünsche erfüllt werden? Einen solchen Trick würde unser kleines Ich liebend gern in sein Repertoire aufnehmen. Wenn wir unseren Wunsch wirklich loslassen, nicht nur als Trick, dann gibt es keinen Wunsch mehr. Es gibt keine Trennung mehr zwischen dem, der sich etwas wünscht, und der Welt, die die Wünsche erfüllen könnte. Was uns widerfährt steht in einem inneren Zusammenhang zu uns. Wir sind nicht Opfer unserer Umstände, die Umstände sind vielmehr ein Spiegel unseres Innenlebens. Es gibt keine vom Beobachter unabhängige Außenwelt, und so gesehen sind Begegnungen wertvolle Wegweiser – nach innen. Die Schlüssel für unsere Welt, wie wir sie sehen und erleben, liegen in unserem Inneren. Wir können keine allzu großen Veränderungen in unserem Liebesleben erwarten, solange wir uns nicht nach innen wenden und das Wesen lieben lernen, das wir dort finden.

5.
Selbstliebe – eine Entdeckungsreise

Wie kann ich annehmen,
was ich noch gar nicht kenne?

»Eigenlob stinkt« wurde mir als Kind oft entgegengehalten, wenn ich etwas Positives über mich selbst gesagt hatte. Heutzutage gilt Selbstliebe als nicht mehr ganz so anstößig. Immer häufiger hört man, sich selbst zu lieben sei die Voraussetzung dafür, einen anderen Menschen zu lieben. Selbst von den Kanzeln christlicher Kirchen wird die Aufforderung Jesu »Liebe deinen Nächsten wie dich selbst« immer öfter in diesem Sinne interpretiert.

Aber was bedeutet es überhaupt, sich selbst zu lieben? Heißt das, daß wir jetzt einfach zu all unseren Schwächen und Fehlern »stehen« und uns nicht weiter darum zu kümmern brauchen? Heißt es, daß wir eigentlich überhaupt niemanden brauchen, weil wir in uns selbst schon vollkommen sind? Heißt es, daß wir die schönsten Orgasmen sowieso mit uns selbst erleben und deswegen keinen Grund mehr haben, uns auf die Kompliziertheit sexueller Begegnungen einzulassen? All diese Varianten vermeintlicher Selbstliebe und noch viele mehr sind mir schon begegnet.

In bestimmten psychospirituellen Kreisen ist der als Selbstliebe verkleidete Egoismus schon so weit fortgeschritten, daß er eine Gegenbewegung auf den Plan gerufen hat, in der postuliert wird: Glück findet allein, wer sich ganz für andere aufzuopfern bereit ist. Ein Rekordpublikum schaut gerührt und gebannt zu, wie sich Jack und Rose im Kinofilm »Titanic« wechselseitig unter Einsatz des eigenen Lebens retten und Jack noch im Sterben bekennt, daß sie kennengelernt zu haben auch mit dem Tod nicht zu hoch bezahlt ist. Aber was wäre wohl aus den beiden Helden geworden, hätte er ebenfalls überlebt? Die vielleicht größte Herausforderung für die Liebe ist der Alltag. Der Regisseur wußte sehr wohl, daß der Beziehungsalltag wenig für die romantischen Sehnsüchte eines Rekordpublikums hergegeben hätte. Also mußte einer sterben. Aber was ist mit uns, die wir unsere Liebe leben möchten? Wenn Liebe »Sein-Lassen« bedeutet (s. Seite 44), wie kann ich damit bei mir selbst anfangen? Wie kann ich mich mit meinen Gefühlen und Gedanken, mit meinen Befindlichkeiten und Phantasien sein lassen?

Wut ist ein Thema, an dem die Komplexität des Sein-Lassen deutlich wird. Was kann ich tun, wenn mich jemand wütend macht? Lasse ich mich selbst sein, indem ich meine Wut hemmungslos zum Ausdruck bringe? Lasse ich dann auch den anderen sein oder unterdrücke ich ihn mit meiner Wut? Wie kann ich jemanden sein lassen, der mich wütend macht, ohne mich selbst zu unterdrücken?

Entweder ich oder er, entweder sie oder ich. Das scheint die einzige Alternative zu seint, wenn es kracht. Was soll ich da »sein lassen«? Wenn ich wütend bin, stehe ich auch immer wieder vor genau dieser Frage, ratlos. Bis mir irgendwann einfällt, daß es darum geht, mich in meiner Wut anzunehmen. Ich atme also in meine Wut, in mein pochendes Herz, in meinen Adrenalinschub sozusagen, und in diesem Moment merke ich, daß ich mit der Wut nicht unbedingt etwas machen muß. Sie verändert ihre Qualität, sobald ich bereit bin, sie richtig zu spüren. Mir wird bewußt, daß das zwanghafte Losschreien oder das beleidigte Zurückziehen nur ein Flucht aus der Wut ist. Ich will die Wut nicht spüren. Ich will sie loswerden. Sobald ich jedoch in meiner Wut angekommen bin, entspannt sich etwas tief in mir. Plötzlich habe ich meine Wahlmöglichkeiten und meine Handlungsfähigkeit zurück. Ich muß die Wut nicht unbedingt hinunterschlucken, ich muß sie nicht ausagieren, ich kann schauen und wählen, auf welche Weise ich sie hier und jetzt zum Ausdruck bringen möchte oder auch nicht.

Die meisten Menschen haben keine Vorstellung davon, was es bedeuten könnte, die eigene Wut dasein zu lassen, ohne sie zwanghaft auszuagieren und ohne sie zu unterdrücken. Die meisten von uns haben Wut ausschließlich als Machtinstrument erfahren, als etwas, womit man andere bestrafen, kontrollieren, einschüchtern oder manipulieren kann. Unsere eigene kindliche Wut wurde unterdrückt mit Sätzen wie: »Hör jetzt auf zu brüllen, sonst gebe ich dir einen Grund dafür.« Kaum einem von uns wurde gezeigt, wie man Wut voll und ganz zum Ausdruck bringen kann, ohne sie gegen jemanden einzusetzen. Daher unterdrücken die meisten Menschen ihre Wut solange es geht, und wenn sie dann doch herausplatzt, sind sie selbst so von ihr überwältigt, daß sie keinerlei Bewußtsein mehr in diesem Gefühl haben.

Doch was spreche ich von anderen, mir selbst geht es ja auch oft so. Bevor ich überhaupt merke, daß ich wütend bin, durchlaufe ich verschiedene Stadien. Ich werde überflutet von vernichtenden Gedanken, ich möchte mich rächen, ich bin voller Beschuldigung und Selbstgerechtigkeit bis hin zu dem Gedanken: »Mit dir möchte ich nie wieder etwas zu tun haben!« Oft genug bleibe ich lange in einer solchen schwarzen Wolke hängen.

Wenn ich dann aber merke, daß mein ganzer Körper zittert und bebt und daß ich wütend bin, entspannt sich etwas in mir. Im bewußten, körperlichen Erleben meiner Wut bekomme ich die Regie über mich zurück und manchmal stelle ich dann fest, daß Wut ein kraftvoller Zustand ist, der sich sogar angenehm anfühlt und den zu erlauben befreiend sein kann.

Aus der Bereitschaft, die Wut bewußt zu erleben, ergibt sich eine neue Möglichkeit, die Wut auszudrücken. Wut, die der Wütende voll bewußt in Besitz hat, die er als sein eigenes Gefühl begreift und in Verantwortung für sich selbst zum Ausdruck bringt, ist in sich selbst befriedigend. Sie wirkt sich in der Begegnung ganz anders aus. Sie wirkt wie ein reinigendes Gewitter, danach ist die Luft wieder klar.

Das Unterscheiden zwischen befreiender und einengender Wut ist im Prinzip sehr einfach, braucht aber praktisch einige Erfahrung. Im ersten Fall hat die wütende Person die Fähigkeit, auch in der Wut bewußt zu bleiben und sich selbst darin zu lieben. Eine solche Wut ist nicht vernichtend, ihr Ausdruck kann befreiend sein. Im zweiten Fall kann die Person die eigene Wut nicht ertragen und setzt deswegen alles daran, den anderen dahin zu bekommen, daß er oder sie nie wieder das tut, was die Wut ausgelöst hat. Manche setzen ihre Wut als Einschüchterung ein, indem sie dem anderen zum Beispiel bedrohlich nahe kommen, so daß dieser nicht weiß, ob Gewalt droht. Andere mimen das arme Opfer, dem übel mitgespielt wurde. Wieder andere strafen mit Rückzug nach dem Motto »Wenn du so bist, liebe ich dich nicht mehr«. Die aus derart manipulativen Interaktionen entstehenden Beziehungsverwicklungen kennen wir alle. Die Wurzel dafür ist die mangelnde Akzeptanz für das ursprüngliche Gefühl, das in uns berührt wurde.

Sich selbst anzunehmen ist leichter gesagt als getan. Wir können nur das in uns sein lassen, was wir bewußt wahrnehmen, fühlen und spüren. Selbstliebe ist keine statische Angelegenheit. Es ist unmöglich, ein für alle Mal zu entscheiden, daß wir uns ab sofort selbst lieben. Sich selbst zu lieben braucht nämlich die Bereitschaft, sich selbst wirklich kennenzulernen. Und diese Bereitschaft fängt da an, wo wir anerkennen, in welchem Ausmaß wir uns möglicherweise selbst noch nicht kennen. Jedes entschiedene »Das würde ich doch niemals tun«, das wir einem anderen Menschen voller Verurteilung entgegenhalten, zeugt vom Gegenteil. Woher wollen wir das wissen? Haben wir unsere eigenen Abgründe wirklich jemals kennengelernt?

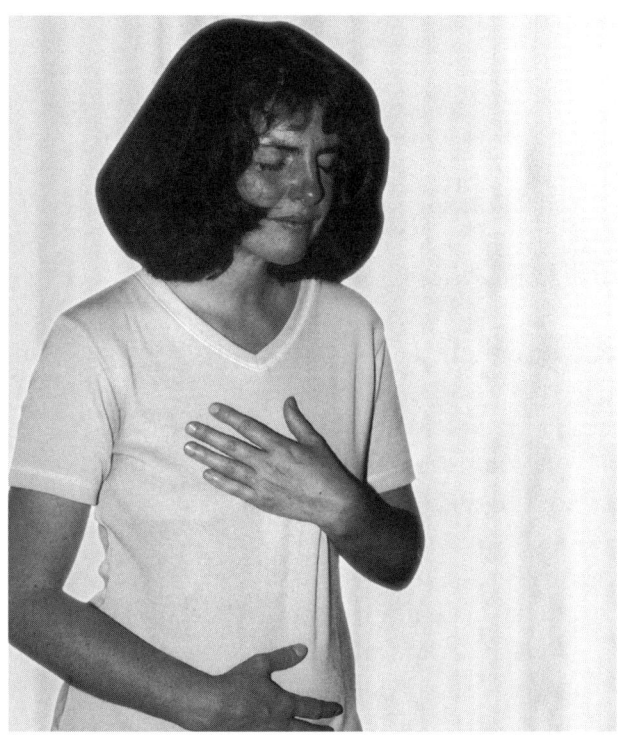

Auch die bereits erwähnten Affirmationen sind oft nicht viel mehr als ein rosafarbener Schleier über Bereichen der eigenen Psyche, denen wir dadurch zu entkommen glauben. Auch wenn wir uns noch so oft einreden, daß wir liebenswert, kraftvoll, selbstbewußt, attraktiv und was sonst noch alles seien, solange wir uns unseren tief versteckten Selbsthaß, unsere latente Unzufriedenheit, unsere unbewußten Glaubenssätze, daß wir eben nicht attraktiv, liebenswert und selbstbewußt sind, nicht wirklich zu Gemüte führen, ist die vermeintliche Selbstliebe nur ein bunter Deckel auf einem Topf mit gärenden und faulenden Stoffen und stinkenden Gasen. Die tiefe Alchimie der Selbstliebe setzt da ein, wo wir einen schonungslosen Blick auf uns selbst werfen, uns davon wirklich berühren lassen und in diesem Berührtsein die Entscheidung treffen, daß wir uns so sein lassen und annehmen, wie wir sind.

So wird inneres Blei zu Gold. Wer noch nie erlebt hat, wie sich seine meist verachteten Schattenseiten in wertvolle Qualitäten verwandeln können, den mutet es vielleicht wie Zauberei an. Der Prozeß der Transformation geschieht durch den bewußten Schritt mitten hinein in das Risiko, unsere ungeliebte Seite wirklich zu fühlen und zu erfahren. Ich erinnere mich an eine sehr schmerzhafte, aber nicht minder glückliche Erfahrung, die ich vor Jahren in einer zweimal zwölf Tage dauernden Therapiegruppe in Poona gemacht habe.

Die erste Hälfte der Gruppe war Primärtherapie. Es ging darum, tiefe Traumata aus der Kindheit ans Licht zu holen und zu verarbeiten.

Diese zwölf Tage waren schlicht die Hölle. Ich war so identifiziert mit meinem verletzten inneren Kind, daß ich kaum noch erkennen konnte, daß die Situation jetzt eine andere war. Ich habe die strafenden und unduldsamen Aspekte meiner Eltern voll auf die Therapeuten projiziert und kam mir vor wie im Gefängnis. Ich hielt die Therapeuten für Sadisten und Nieten, aber die Gruppe abzubrechen, wäre mir wie Selbstmord vorgekommen. Ich fühlte mich völlig lebensunfähig, also blieb ich.

Der zweite Teil der Gruppe, weitere zwölf Tage, war den Themen Liebe, Intimität und Beziehung gewidmet. Jetzt kam der nächste Schock. Ich spürte, wie ich gemieden wurde, meine Attraktivität bei den Frauen schien gleich null. Ich stürzte wieder in meinen inneren Keller, fing an zu begreifen, daß vor allem die Frauen in mir nur einen unattraktiven Waschlappen sahen, so wie sie mein inneres Kind erlebt hatten. Dann der Höhepunkt: Eine Frau kommt vor der ganzen Gruppe zögernd damit heraus, daß die Übung, die sie am Vortag mit mir gemacht hat, ziemlich unangenehm gewesen sei, sie habe mich nur aus Mitleid gewählt, wolle aber jetzt nicht länger mit mir sein. Sie sagt, sie ekelt sich vor mir. Mir ist hundeelend, aber ich sage nichts. Der Therapeut reagiert super. Er läßt nicht zu, daß sie ihren Müll einfach bei mir ablädt, sondern fordert sie auf, den ganzen Haß und den ganzen Ekel mir gegenüber offen zum Ausdruck zu bringen. Ich sitze einfach da und spüre mich, ohne zu reagieren. Ich sitze da, schwitze und spüre den Schmerz. Und ich erinnere mich daran, was ich in früheren Gruppen, vor allem bei Alan Lowen, gelernt habe: Wenn ich mich gegen derartige Angriffe verteidige, anstatt mich einfach davon berühren zu lassen, verletze ich mich selbst. Weil ich auf den Zug aufspringe, der gegen mich rollt, und selbst daran glaube oder mir indirekt bestätige, daß etwas mit mir nicht okay ist, obwohl ich mich äußerlich zur Wehr setze. Warum sollte ich mich sonst zur Wehr setzen? Wenn ich mich jedoch alles fühlen lasse und mich in diesem Fühlen innerlich annehme, kann nichts und niemand mich wirklich verletzen. In diesem Moment beschließe ich, mich selbst zu lieben, egal was die anderen jetzt von mir denken, egal wie schwach, weinerlich oder eklig ich sein mag.

Ihr Ausbruch wird immer heftiger. Nach und nach wird allen Beteiligten klar, daß ich Zielscheibe ihrer Projektionen bin, daß der Ekel in ihr nur darauf gewartet hat, ein Objekt zu finden. Während zuerst noch einige glauben, mich anfeuern zu müssen, damit ich mich wehre, oder andere in mir den Schwächling sehen, der nicht den Mumm hat, sich zu verteidigen, wird mehr und mehr klar, daß ich mich nicht wehren muß, weil es überhaupt nicht um mich geht. Tränen fließen mir über das Gesicht, aber in mir entspannt sich etwas, seit ich beschlossen habe, mich selbst in all dem anzunehmen. Ich nehme mich innerlich selbst in den Arm, und plötzlich werde ich von anderen umarmt. Ich kann es kaum glauben, gerade war ich noch der »Gruppenarsch«, und plötzlich bekomme ich die ersehnte Zuwendung, die ich jetzt gar nicht mehr so bitter nötig habe, weil ich sie mir selbst geben kann. Ich bin überwältigt davon, wie schnell meine Entscheidung, mich selbst anzunehmen, die Resonanz in der Gruppe auf mich völlig verändert. Mit meinem Geliebt-werden-Wollen, ohne mich selbst zu lieben, hatte ich alle in die Flucht geschlagen. In dem Moment, in dem ich mich selbst annnehme, ist die Tür wieder offen, und ich werde angenommen.

Die Erinnerung an diese Erfahrung gibt mir noch heute tiefes Vertrauen in die Tatsache, daß jeder von uns den Schlüssel für die Liebe selbst in der Hand hält. Es funktioniert jedoch nicht als Trick. Wer versucht, sich selbst anzunehmen, damit andere ihn annehmen, wird enttäuscht werden. Selbstliebe ist ein Prozeß, in dem es immer und immer wieder darum geht, sich selbst wahrzunehmen, zu spüren und anzunehmen. Andere Menschen sind in diesem Prozeß potentielle Helfer und Spiegel. Je mehr wir uns auf einen Kontakt einlassen, desto tiefer werden wir berührt, desto intensiver spüren wir uns selbst und desto grundlegender können wir uns selbst annehmen.

Leider ist das nicht die übliche Art, Beziehungen und Begegnungen zu sehen. Die meisten Menschen glauben, daß es etwas mit dem anderen zu tun hat, wenn ihnen in seinem Beisein unwohl ist. Die meisten Menschen meiden oder beschuldigen Personen, die unangenehme Aspekte in ihnen selbst berühren. Bis zu einem gewissen Punkt ist das nur zu verständlich, denn wer möchte schon gern mit Menschen zusammen sein, deren Gesellschaft keinen Spaß macht? Doch

was ist, wenn wir entdecken, daß wir uns immer wieder Leute aussuchen, die Gefühle in uns auslösen, die wir nicht mögen? Dann ist es an der Zeit hinzuschauen und festzustellen, was in uns selbst Aufmerksamkeit braucht. Wenn wir dazu nicht bereit sind, beginnt der Slalom durchs Leben, an allen Punkten vorbei, die unsere Wunden berühren könnten. Die Stangen in diesem Slalom werden immer dichter, bis wir am Ende ganz zum Stillstand kommen, weil jede weitere Bewegung uns an einem wunden Punkt berühren würde. Das klingt übertrieben oder absurd, aber dieser Slalom ist in unserer Kultur völlig normal und resultiert aus der Vermeidung von Schmerz und der Projektion von Schuld.

Sich selbst lieben zu lernen bedeutet auch, die Verantwortung für sich und die eigenen Gefühle zu übernehmen. Verantwortung verstehe ich vor allem als die Fähigkeit zu antworten. Verantwortungslos finde ich, etwas in die Welt zu setzen und dann mit der Antwort, die die Umwelt darauf gibt, nichts zu tun haben zu wollen. Auf diese Weise vermüllen wir unseren Planeten, indem wir für die Natur unverdaubare Abfälle irgendwo deponieren und glauben, der Müll sei damit aus der Welt. Die Antwort der Natur bekommen die nächsten Generationen. Genauso machen wir es mit unserem Körper und in unseren Beziehungen. Wir hören nicht auf die Antworten unseres Körpers. Wir brechen den offenen Dialog ab, wenn es in Beziehungen heikel wird. Wir haben nicht gelernt, gerade dann dazubleiben, wenn es brenzlig wird. Wir glauben, uns nur durch Abhauen aus der Situation retten zu können. Dieser Glaube macht uns verantwortungslos, der Glaube, daß es auf bestimmte Situationen oder auf bestimmte Menschen keine Antwort gäbe, in der wir uns authentisch zum Ausdruck bringen könnten. Je mehr wir uns selbst lieben, desto mehr wagen wir uns in die verborgenen Bereiche unserer Psyche, in denen die Antworten schlummern.

Krisen, Schicksalsschläge und Krankheiten bieten eine ganz besondere Chance, neu antworten und uns selbst noch tiefer lieben zu lernen. Für manche Menschen war eine lebensbedrohliche Krankheit die Gelegenheit, innezuhalten und sich liebevoll sich selbst zuzuwenden. Vor einer vielleicht noch größeren Herausforderung, uns selbst zu lieben, stehen wir, wenn wir verlassen werden. Diese Situation berührt unsere tiefsten Wunden und Selbstzweifel daran, daß wir liebenswert oder gut genug sind. Als ich zum ersten Mal von einer Frau verlassen wurde, dachte ich, das sei das Ende der Welt. Ich brauchte Jahre, um darüber hinwegzukommen. Und doch möchte ich diese Erfahrung nicht missen, denn sie hat die Tür zu meinem verlassenen inneren Kind geöffnet, und mir gezeigt, daß zumindest ich selbst für mich da sein kann.

Mindestens genauso wichtig war die Erfahrung, selbst jemanden zu verlassen und mich von einer mehrjährigen Liebesbeziehung zu trennen. Zu meiner Wahrheit zu stehen, daß ich die Beziehung nicht fortsetzen wollte, und mich nicht von dem Schmerz abzuschotten, den meine Freundin dabei fühlte, war heilsam für mich. Es brachte mir Einsichten darüber, wie oft mich meine Schuldgefühle regieren und nicht meine Wahrheit. Um meinen Schuldgefühlen zu entgehen, war ich bereit gewesen, alles Mögliche zu tun oder eben nicht zu tun, und das hatte die Beziehung von innen ausgehöhlt.

Ich weiß inzwischen, woher ich meine Schuldgefühle habe. Wenn ich mit meinen Eltern über Selbstliebe spreche, bekomme ich ihre Bedenken zu hören, daß die Menschen heutzutage nur noch an sich selbst denken und mehr und mehr zu Egoisten werden. Sie befürchten, daß zuviel Selbstliebe dazu führt, daß sich niemand mehr für den anderen interessiert, weil jeder sich selbst genug ist. Beide Befürchtungen sind gar nicht mal abwegig, aber für mich weisen sie darauf hin, daß die Selbstliebe noch nicht tief genug geht, um eine Basis für die Öffnung zum Du zu sein. Der Egoist hat Angst, übervorteilt zu werden, schielt ständig auf die Größe seines eigenen Kuchenstücks und meidet auf diese Weise emotionale Nähe. Der Selbstgenügsame schützt sich davor, seine Bedürftigkeit zu spüren, und rettet sich in ein risikoloses Alleinsein.

Zwischenmenschlicher Kontakt stellt immer ein Risiko dar. Wir müssen dieses Risiko meiden, weil und solange wir uns selbst nicht genug lieben. Wenn wir uns unserer eigenen Liebe sicher sind, können wir durchaus riskieren, übervorteilt zu werden oder auf unseren Bedürfnissen sitzenzubleiben. Wir haben immer noch uns selbst. Wenn wir uns selbst nicht lieben, kommt uns das wie ein schaler Ersatz vor. Wie eine Ersatzbefriedigung.

Der für viele Menschen nach wie vor heikelste Bereich der Selbstliebe ist die sexuelle Lust mit sich selbst. Jahrhunderte der Unterdrückung haben die Onanie geprägt, und sie geschieht trotz aller Aufklärung noch immer meistens heimlich und oft auch noch schamvoll. Viele sexuelle Probleme haben ihren Ursprung in mangelnder sexueller Sensibilität für den eigenen Körper, und diese hat mit der Art und Weise zu tun, wie wir uns selbst befriedigen. Moritz erzählt:

»Ich habe schon mit dreizehn angefangen zu onanieren, aber immer heimlich und immer darauf bedacht, daß meine Mutter keine verräterischen Flecken entdeckt. Ich tat es oft, aber immer schnell schnell, denn ich konnte mein Zimmer nicht abschließen. Ich hatte auch Bilder von nackten Frauen gesammelt, die ich gut in meinem Schreibtisch versteckt hielt. Eines Tages waren sie weg. Ich suchte wie verrückt, aber sie waren weg. Ich traute mich nicht, meine Mutter zu fragen, obwohl nur sie sie weggenommen haben konnte. Sie ließ sich nichts anmerken. Ich merke manchmal heute noch, trotz Tantragruppen und vieler neuer Erfahrungen, daß es mir schwerfällt, in meiner Lust zu entspannen, weil dieses Schnell-schnell so tief in mir verankert ist. Ich komme manchmal zu schnell, und ich glaube, daß das damit zu tun hat.«

Klara berichtet: »Ich habe Selbstbefriedigung erst mit fünfundzwanzig entdeckt. Vorher habe ich immer einen Widerwillen dagegen gehabt. Der war stärker als meine Neugier. Da unten faßt man sich einfach nicht an, höchstens zum Waschen. Mit fünfundzwanzig traf ich Damian, und der war regelrecht entsetzt darüber, daß ich mich selbst nie sexuell berührte. Wir waren total ineinander verliebt, und er genoß es, mich anzutörnen, zu massieren, zu stimulieren. Manchmal, wenn er merkte, daß sich bei mir nichts tat, fragte er mich, wie ich es gern hätte. Und ich mußte ihm und mir eingestehen, daß ich es nicht wußte. Ich kannte meinen Körper kaum. Durch seine Ermutigung fing ich an, mich selbst zu erforschen. Eine völlig neue Welt öffnete sich für mich.«

Ist sexuelle Selbstliebe eine Art Notdurft-Verrichtung oder nehmen wir uns viel Zeit dafür und lieben unseren ganzen Körper? Empfinden wir sie als einen schlechten Ersatz für »richtigen Sex« oder würden wir unseren Partner vielleicht sogar an unserer sexuellen Selbstliebe teilhaben lassen? Oder sind wir so fixiert auf unsere eigene Stimulation, daß es uns kein Partner mehr recht machen kann? Solche Fragen können helfen, näher hinzuschauen und hinzuspüren, wieweit wir uns selbst als sexuelles Wesen wirklich lieben.

Als ich in der Berliner Männerberatungsstelle einen Vortrag über Selbstliebe hielt, waren einige der anwesenden Männer sehr überrascht, als ich auf Selbstbefriedigung zu sprechen kam. Sie sagten, sie wären niemals auf die Idee gekommen, Onanie als einen Ausdruck von Liebe für sich selbst zu erfahren. Bei anderen Männern war es genau umgekehrt. Sie wären nie auf die Idee gekommen, daß es noch andere Möglichkeiten geben könnte, sich selbst Zuwendung zu schenken. Sie hatten damit gerechnet, daß es in dem Vortrag um Techniken der Masturbation ginge.

Dieses eher amüsante Beispiel verweist auf einen weniger amüsanten Hintergrund: die Spaltung von Sex und Herz. Liebevolle sexuelle Selbstliebe kann ein wesentlicher Schritt in Richtung Heilung sein und uns helfen, uns wirklich voll und ganz anzunehmen wie wir sind, als sinnliche, liebesbegabte und sexuelle Wesen (siehe hierzu auch die Anregungen im Übungsteil).

Wenn wir uns soweit spüren und annehmen, daß alle Gefühle in uns sein dürfen, was könnte uns dann davon abhalten, diesen inneren Reichtum mit anderen zu teilen? Im Grunde unseres Wesens möchten wir anderen nah sein, berühren und berührt werden, uns austauschen und uns mitteilen. Wenn wir uns wirklich selbst lieben, entdecken wir auch den Kern unseres Wesens und lieben andere so wie uns selbst.

Hingegen ist es fast unmöglich, sich von anderen geliebt zu fühlen, ohne sich selbst zu lieben. Wenn wir uns selbst nicht lieben, fällt empfangene Liebe wie in ein Faß ohne Boden. Früher oder später wird die andere Person aufhören, dir ihre Liebe zu schenken, wenn du sie nicht annehmen kannst. Und wie solltest du sie annehmen können, wenn du tief in dir davon überzeugt bist, daß etwas Fundamentales mit dir nicht in Ordnung ist? Der oder die müßte dumm sein, dich zu lieben. Selbstliebe ist die Basis für Liebe. Andererseits sind die Liebe, die wir in Begegnungen und Beziehungen erleben, und noch mehr die Hindernisse, denen wir dort begegnen, eine permanente Einladung zur Selbstliebe. Wenn wir uns wirklich auf andere Menschen einlassen, nehmen die Lektionen in Sachen Liebe kaum ein Ende. Die Verliebtheitsphase ist nur ein Vorgeschmack. Dann kommen die Lektionen. Und wenn eine Beziehung reif ist, öffnet sich möglicherweise ein Raum jenseits aller Lektionen. Beziehung muß nicht nur Arbeit sein. Aber bis dahin ist es manchmal ein weiter Weg.

6.
Die Achterbahn der Gefühle

Vom Bewerten zum Fühlen

Menschen sind fähig, eine ungeheure Vielfalt an Emotionen zu empfinden. Doch leider werden wir, zumindest in unserer westlichen Kultur, von Geburt an darauf trainiert, unsere Gefühle unter Kontrolle zu halten und zu unterdrücken, was dazu geführt hat, daß wir im Umgang mit Gefühlen nicht besonders »einfühlsam« sind.

Das vielleicht verhängnisvollste Mißverständnis besteht in der Ansicht, daß es gute und schlechte Gefühle gibt. Wenn wir jemanden fragen »Wie geht es dir?« bekommen wir in aller Regel die Antwort »gut« oder »schlecht«, vielleicht noch »mittelmäßig«. Den meisten Menschen ist nicht bewußt, daß sie damit gar nichts über ihren Gefühlszustand ausgesagt haben, sondern nur darüber, wie sie ihre aktuellen Gefühle bewerten. Viele Menschen, die eine Therapie machen wollen oder sich für Seminare interessieren, möchten »sich besser fühlen«. Besser fühlen ist doppeldeutig. Heißt es, besser das zu fühlen, was an Gefühlen da ist, im Sinne von »Ich möchte mich deutlicher spüren« oder heißt es »Ich möchte etwas anderes fühlen als ich gerade fühle«?

Werner ist Teilnehmer an einem unserer Kurse, in dem es darum geht, Sex und Herz deutlicher wahrzunehmen und wieder miteinander zu verbinden. »In meinem Becken spüre ich total viel Lust, aber im Herzen fühle ich mich schlecht«, sagt er in einer Runde nach einer entsprechenden Übung. »Wie fühlt sich dieses Schlecht an?« frage ich ihn. »Nimm dir etwas Zeit, in deinen Brustkorb hineinzuatmen und hineinzuspüren«, ermuntere ich ihn noch einmal, »und laß dich überraschen, was auftaucht. Vielleicht fühlt es sich taub an oder dumpf oder traurig oder bedrückt oder leicht und leer . . .?« »Wie ein dumpfer Druck«, sagt er nach einer Pause. »Und ist es okay, das zu fühlen?« frage ich. Ich bekomme keine Antwort, aber Werners Gesicht sieht so aus, als denke er intensiv darüber nach.

»Ich bin zu sehr im Herzen, dafür spüre ich im Becken gar nichts«, sagt Isabel nach einer Weile. »Ich bin hier, um endlich meine Lust zu entdecken, aber bis jetzt ist da nichts los.« »Wie fühlt sich dieses Gar nichts an?« frage ich sie. Sie schaut mich etwas verständnislos an, als hätte ich gerade den größten Blödsinn gefragt. »Gib dir einen Moment, um in dein Becken hineinzuspüren, mitten in dieses Gar nichts hinein«, lade ich sie ein, »ist es wie taub oder dumpf oder verspannt...?« »Ich spüre einfach nichts«, sagt sie nach einer langen Pause, »am ehesten noch wie taub.«

Einen halben Tag später berichtet Isabel: »Seit der letzten Übung spüre ich eine schmerzhafte Verspannung im Unterleib. Kann es sein, daß das von der Übung kommt? Habe ich etwas falsch gemacht?« Du wolltest etwas fühlen, jetzt fühlst du was«, provoziere ich sie ein bißchen. Sie lacht und merkt tatsächlich erst jetzt, daß sie schon wieder dabei ist, ihre Gefühle im Becken abzuschneiden oder zu unterdrücken. »Dann ist es ja ein Fortschritt, wenn ich jetzt Schmerz fühle«, sagt sie mit einer Mischung aus Sarkasmus und Erleichterung. »Ja genau! Oft sind es alte, als unangenehm empfundene Gefühle, die wieder auftauchen, wenn wir unsere Aufmerksamkeit und Empfindsamkeit in die gefühllosen Regionen zurückbringen. Warum sonst hätten wir uns von unseren Gefühlen trennen sollen, wenn sie uns alle nur angenehm waren?« füge ich hinzu.

Die meisten Menschen haben, wie Werner und Isabel, eine ziemlich klare Vorstellung davon, was sie gern fühlen möchten und was nicht. Das einzige Problem: Es funktioniert nicht. Viele Menschen nehmen ihre Gefühle kaum wahr, und wenn ein Gefühl dann doch einmal so heftig wird, daß sie nicht umhinkönnen, es wahrzunehmen, sind sie schon damit beschäftigt, sich zu fragen, wie sie es wieder reduzieren können, oft sogar dann, wenn das Gefühl eigentlich angenehm ist. Die meisten tun das, ohne es zu merken, weil ihnen eine innere Instanz unbewußt befiehlt: »Gefühl unerwünscht, alles tun, um das Gefühl runterzudrücken!« Hinter dieser Instanz stehen die Bewertungen unserer Gefühle, die wir von unseren Eltern und unserer näheren Umgebung mitbekommen und verinnerlicht haben. Oft genug können wir gar nicht mehr unterscheiden zwischen dem eigentlichen Gefühl und der Bewertung. Noch bevor wir wirklich hinspüren können, hat der innere Kontrolleur schon dafür gesorgt, daß wir Muskeln anspannen und die Atmung flach halten, um das Gefühl abzuschwächen. Wir alle haben

Angst, uns unseren Gefühlen hinzugeben, denn das könnte bedeuten, daß wir die Kontrolle verlieren.

Gefühle zu bewerten ist selbstschädigend. Es zerstört unsere Fähigkeit, zu unserem inneren Wohlbefinden zurückzukehren. Gefühle werden unerträglich, wenn wir sie nicht haben wollen oder glauben, sie nicht haben zu dürfen. Vor allem hilft es nicht wirklich, Gefühle nicht haben zu wollen, denn damit bringen wir sie nicht zum Verschwinden. Wir drängen sie höchstens ins Unterbewußte ab und verkapseln sie im Körper, wo sie dann unbemerkt Energie an sich binden und unsere Le-

bendigkeit einschränken. Unsere Eltern wußten in der Regel nicht, was sie taten, wenn sie uns ermahnten: »Hör endlich auf, wütend zu sein« oder »Du brauchst nicht traurig zu sein« oder »Hab keine Angst« oder »Ein Indianer kennt keinen Schmerz.« Mit all diesen vielleicht gut gemeinten Sätzen wurde unser Vertrauen in unsere Gefühle untergraben, so als seien sie unnötig, unpassend oder einfach schlecht. Wir haben also versucht, diese Gefühle loszuwerden und haben uns damit zu unserem eigenen Feind gemacht.

Genauso wie es nicht möglich ist, ein Gefühl durch eine negative Bewertung zu eliminieren, ist es auch nicht möglich, Gefühle zu haben, einfach weil wir sie gern haben wollen. Gefühle funktionieren nach anderen Gesetzmäßigkeiten als der Verstand, sie sind eng mit unserem Körper verbunden und unserer Wahrheit meist näher als unser Verstand. Gefühle dem Verstand zu unterwerfen macht ungefähr genauso viel Sinn wie einen Vogel in der Hand zu halten und sich zu wundern, daß er nicht fliegt.

Wenn wir traurig sind und gleichzeitig denken, wir sollten aber nicht traurig sein oder es zumindest nicht zeigen und damit unsere Tränen zurückhalten, ist das viel unangenehmer, als wenn wir uns endlich erlauben zu weinen. Das Gefühl zu erlauben und loszulassen ist sehr befreiend. Dennoch haben viele Menschen Angst, daß sie Sklaven ihrer Gefühle werden, wenn sie diese nicht mehr kontrollieren. Sie befürchten, daß die Angst, die Wut oder die Trauer niemals enden wird, wenn sie sich ihr ganz überlassen. Das genaue Gegenteil ist der Fall. Je mehr wir gegen ein Gefühl ankämpfen und es unterdrücken, desto länger halten wir es in uns fest.

Gefühle sind spontane Energiebewegungen im Körper, die wir entweder fühlen oder unterdrücken. Eine andere Möglichkeit gibt es nicht. Alle Gefühle, die wir im Laufe unseres Lebens nicht gefühlt, sondern unterdrückt haben, harren irgendwo in unserem Körper der Dinge, die da kommen werden. Aus der Gesamtheit unseres erlernten Umgangs mit Gefühlen bildet sich das heraus, was als oft schmeichelhaft als Persönlichkeit oder Charakter bezeichnet wird. Wilhelm Reich nannte es wesentlich treffender »Charakterpanzer«[8], denn das, was wir aus unseren Gefühlen gemacht haben, hat oft viel Ähnlichkeit mit einem Schutzschild oder gar einer ganzen Ritterrüstung, mit der wir uns gegen weitere »Gefühlsangriffe« schützen.

Die meisten Menschen versuchen, die vermeintlich schlechten Gefühle loszuwerden und die vermeintlich guten zu verstärken. Wenn wir jedoch verstanden haben, wie das »Loswerden« der Gefühle vonstatten geht, nämlich durch Abkapseln im Körper, wird uns plötzlich auch klar, warum das nicht funktionieren kann. Indem wir Gefühle wie Trauer, Wut oder Angst unterdrücken, reduzieren wir auch unsere Fähigkeit, Freude, Lust oder Liebe zu empfinden. Die Energie ist in den unterdrückten Gefühlen gebunden und fehlt unserer Lebendigkeit. Manche Körpertherapeuten sind der Ansicht, daß wir etwa neunzig Prozent unserer Energie damit verschwenden, unerwünschte Gefühle in Schach zu halten. Wenn wir sehen, mit wieviel Elan Kinder den ganzen Tag durch die Gegend springen und wie vergleichsweise träge wir Erwachsenen uns durchs Leben schleppen, erkennen wir vielleicht, daß uns etwas abhanden gekommen ist, nicht nur im natürlichen Prozeß des Alterns, sondern auch, weil wir eine ganze Menge unterdrückter Gefühle mit uns herumschleppen. An Kindern, die im einen Moment noch bitterlich weinen und im nächsten freudig lachen, sehen wir auch, wie schnell sich ein Gefühl in ein anderes verwandeln kann, wie nah sogenannte gute und schlechte Gefühle beieinander liegen und daß wir die einen nicht ohne die anderen haben können.

Wenn wir Lust und Liebe intensiv erleben möchten, müssen wir alle unsere Gefühle wieder annehmen lernen. Das ist leichter gesagt als getan, denn unsere negativen Bewertungen von Gefühlen haben sich längst als reflexartige Reaktionsmuster im Körper etabliert. Sobald sich ein lange abgewehrtes Gefühl auch nur von Ferne in uns meldet, verflacht sich unsere Atmung oder spannen sich die Muskeln an.

Zu Beginn eines jeden offenen Workshops, den wir geben, ist deutlich sichtbar, daß kaum jemand tief atmet. Eine neue Situation macht unsicher oder ängstlich, und Unsicherheit und Angst stehen in der Bewertungsskala der meisten Menschen ganz weit unten. Anstatt die Angst zu fühlen, atmen wir weniger. Vielen fällt überhaupt nicht auf, daß sie flach atmen. Es fühlt sich gewohnt, ja selbstverständlich an. Im weiteren Gruppenverlauf ergeben sich immer wieder Situationen wie diese:

Ich habe eine Übung angekündigt, die einigen Teilnehmern angst macht: das offene Mitteilen eigener Wünsche bezüglich Sex und Herz. Plötzlich scheint die Luft im Raum zu stehen, weil keiner mehr tief atmet. »Atmet noch jemand?« frage ich. Spontanes Gelächter und ein großes Aufatmen. Die angekündigte Übung ist nur noch halb so wild.

Das Aufatmen geschieht wie von selbst, weil plötzlich allen bewußt wird, daß sie die Luft angehalten haben. Allein dieses Bewußtsein reicht aus, um den Atem freizusetzen. Atmest du noch, liebe Leserin, lieber Leser?

Mit den Gefühlen ist es genauso. Es braucht unsere Aufmerksamkeit in dem Moment, in dem wir das Gefühl reflexartig anhalten, indem wir flach atmen oder Muskeln anspannen, um bewußt loszulassen und damit dem Gefühl Raum zu geben.

Es sind aber nicht nur die unbewußten Körperreflexe, mit denen wir hochkommende Gefühle in Schach halten, sondern auch die alten Überzeugungen und Glaubenssätze, die uns davor warnen, ein ungeliebtes Gefühl zu erlauben. Diese Glaubenssätze sind oft das nächste, was ins Bewußtsein drängt, wenn wir uns zum Beispiel atmen lassen, anstatt den Atem anzuhalten, und damit den gewohnten Körperreflex ausschalten. Dann kann es sein, daß sich eine innere Stimme meldet, die uns zuflüstert: »Fang jetzt bloß nicht an zu weinen«, »Reiß dich gefälligst zusammen« oder »Hab keine Angst.« Es können auch Sätze sein wie »Wenn ich wütend werde, lassen mich die anderen allein«, »Wenn ich jetzt meine Angst zeige, lachen mich die anderen aus« oder »Wenn ich jetzt weine, halten mich die anderen für einen Weichling«. Es braucht dann unsere ganze Achtsamkeit, diese Sätze wahrzunehmen und uns darüber bewußt zu werden, daß es Sätze sind, die wir irgendwann verinnerlicht haben. Jetzt haben wir die Wahl, ihnen Glauben zu schenken und Folge zu leisten oder eine neue Entscheidung zu treffen.

Die Erlaubnis zu fühlen und unsere Bewußtheit in jedem gegebenen Moment sind für das Erleben unserer alltäglichen Gefühle letztendlich sehr viel wichtiger als bestimmte Übungen, die zum Beispiel in der Bioenergetik entwickelt wurden, um alte Gefühle wieder erlebbar zu machen.

Eines Tages kommt Bernd in die Therapiesitzung und berichtet von einem Bioenergetik-Wochenende: »Wir haben eine tolle Übung gemacht, mit Strampeln auf einer Matratze! Ich habe soviel gefühlt wie nie zuvor. Eine halbe Stunde lang habe ich geweint, das ist mir noch nie passiert. Ich bin darüber sehr happy.« Er will jetzt in der Sitzung diese Übung wiederholen. Ich bin einverstanden. Bernd fängt also an zu strampeln, er strampelt, strampelt und strampelt. Ich lasse ihn. Ich forciere nichts, aber ich bremse ihn auch nicht. Nach etwa zwanzig Minuten wird sein Strampeln immer wütender, dann bricht er plötzlich in Tränen aus. Für mich gibt es gar nicht viel zu tun, ich bin einfach da und begleite ihn mit meiner Anwesenheit. Am Ende der Stunde berichtet Bernd, daß es nicht so intensiv war wie im Workshop, und außerdem habe es diesmal viel länger gedauert, bis er mit seinen Gefühlen in Kontakt kam.

Eine Woche später will er wieder dasselbe. Unerbittlich strampelt er seinen Gefühlen entgegen und braucht diesmal doppelt so lange, um überhaupt etwas zu fühlen. Am Ende fühlt er sich ausgelaugt und ziemlich frustriert. »Die Übung funktioniert nicht mehr«, stellt er lapidar fest. »Wie fühlst du dich jetzt?« frage ich. »Enttäuscht und traurig«, gibt er zurück, und ich ermutige ihn, diese Gefühle zu fühlen, ganz ohne Übung. »Ich will aber wieder diese tiefe Trauer spüren, nicht diesen ganz unspektakulären Frust, den habe ich jeden Tag«, sagt er trotzig, und wir müssen beide lachen.

Fühlen fängt bei dem an, was jetzt ist. Sich in Gefühle hineinzumanövrieren funktioniert immer nur kurz- bis mittelfristig. Martha berichtet aus einem Workshop:

»Ich fühlte mich so grauenvoll. Allen schien es gut zu gehen, nur mir nicht. Ich stand in der Mitte unserer Kleingruppe, drei Menschen berührten mich liebevoll, und ich fühlte mich nur kalt und verspannt. Ich konnte nichts annehmen. Je länger das dauerte, desto schlimmer wurde es. Ich bekam Schuldgefühle, daß ich all diese liebevolle Zuwendung nicht annehmen konnte. Am liebsten wäre ich schreiend davongerannt. Dann kam Nutan vorbei und flüsterte mir ins Ohr: »Laß die ganze Anspannung, die ganze Angst, so dasein wie sie ist. Du brauchst nicht anders zu sein als du bist!« Im nächsten Moment brachen eine Trauer und ein Schmerz aus mir hervor, das war unglaublich. Es war, als ob sich die Schleusen plötzlich geöffnet hätten. Ich hatte mich immer so angestrengt, um geliebt zu werden, und dann konnte ich die Liebe überhaupt nicht annehmen. Es war so unglaublich befreiend, mich so verspannt und kalt sein zu lassen, und plötzlich war alles anders. Plötzlich konnte ich die ganze Wärme fühlen, die für mich da war. Das war überwältigend!«

Manche Teilnehmer in unseren Gruppen, die einschlägige Vorerfahrungen aus der Bioenergetik oder anderen Therapierichtungen haben, in denen Gefühle in stundenlanger, enorm anstrengender Körperarbeit »weichgekocht« werden, sind überrascht, wieviel Öffnung stattfinden kann, ohne daß etwas forciert wird. Wann immer ich merke, daß ich mich anstrenge, damit sich jemand öffnen möge, fällt mir der Satz ein: »To make people happen is hard work, to let people happen is fun!«[9]

Das sogenannte »Puschen«, also das Provozieren oder sogar Erzwingen von Gefühlen, auch gegen innere Widerstände, ist heute zum Glück nicht mehr so sehr in Mode wie in den siebziger und frühen achtziger Jahren. Es ist nicht heilsam. Auch viele Bioenergetiker wenden ihre

Übungen heute in einem anderen Kontext an. Dafür sind mehr und mehr Methoden in Mode gekommen, die alle Probleme nur für eine reine Bewußtseinsfrage halten und glauben, um den manchmal mühsamen Prozeß des Wieder-fühlen-Lernens herumzukommen. Viele Kurse versprechen den großen Durchbruch in drei, fünf oder sieben Tagen. Es gibt solche Durchbrüche auf der Ebene des Bewußtseins, zum Beispiel, wenn uns plötzlich klar wird, wie unsere eigenen Glaubenssätze unser Leben steuern. Auf der Ebene der Gefühle braucht der Prozeß länger, und zwar ganz einfach deswegen, weil sich unsere festgehaltenen Gefühle tief in die Materie unseres Körpers eingegraben haben.

Die Basis, von der aus wir unsere Gefühle neu entdecken können, ist der Körper, und Körperarbeit kann erheblich dazu beitragen, sich mehr zu spüren, solange sie achtsam und bewußt an den Punkt führt, an dem wir die Wahl haben, ein Gefühl zu stoppen oder zu erlauben.

Wenn wir anfangen, uns mehr Gefühle zu erlauben, wird der bis dahin vielleicht eher graue Alltag zu einer »Achterbahn der Gefühle«. Die Fahrt in dieser Achterbahn macht vielen Menschen zunächst angst, und es ist sehr hilfreich, die Geschwindigkeit dosieren zu lernen, um nicht von den Schienen geworfen zu werden. Wenn wir jedoch bei der Talfahrt in die vermeintlich schlechten Gefühle nicht ganz so fest auf die Bremse treten und noch genügend Schwung für das nächste Gefühlshoch haben, macht die Fahrt mehr und mehr Spaß.

Die schwierigste Phase ist meist die, in der wir schon ahnen, daß es gleich bergab geht. Es kann sein, daß wir eine latente Trauer, Wut oder Angst verspüren, und je nachdem, wie sehr wir mit diesen Gefühlen im Hader sind, bremsen wir unsere Lebendigkeit. Mit durchgetretener Bremse kann die Talfahrt dann sehr lange dauern, und im Extremfall sind wir unten wie tot. Leer. Depressiv.

Daß das Festhalten eines Gefühls viel unangenehmer ist als das Loslassen, wissen die meisten von uns aus eigener Erfahrung. Aber viele Menschen haben auch Angst, daß sie ihre Gefühle nicht mehr steuern können, wenn sie sie einmal zugelassen haben. Sie befürchten, im Supermarkt loszuheulen, vor dem Vorgesetzen herumzuschreien oder sonstwie unangemessen zu reagieren. Und in der Tat, wenn wir unsere Gefühle lange unterdrückt haben und dann anfangen sie zu erlauben, sind sie oft viel heftiger als es der Situation angemessen wäre. Daher ist es meist nicht möglich, Gefühle einfach von heute auf morgen zu erlauben. Es geht vielmehr darum, den eigenen Gefühlen vertrauen zu lernen, sie leben zu lassen und sich selbst mit diesen Gefühlen anzunehmen, und das ist ein Lernprozeß. Die Gefühle in einem sicheren und geschützten Rahmen in voller Kraft zu fühlen und ausdrücken zu können ist ein wichtiger Teil dieses Prozesses. Wenn wir diese Möglichkeit haben, brauchen wir nicht immer gleich loszuschreien, wenn wir wütend sind, oder loszuheulen, wenn wir traurig sind, sondern können die Gefühle spüren und sich in uns bewegen lassen, bis es sicher genug ist, sie auszudrücken. Paradoxerweise brauchen unsere Gefühle immer weniger Ausdruck, je mehr Raum wir ihnen in uns selbst geben, Raum, um sie zu fühlen und anzunehmen.

Eine verbreitete Falle auf dem Weg, sich mit den Gefühlen anzufreunden, ist der Versuch, sie »rauszulassen«, um sie damit loszuwerden. Ich erlebe manchmal Leute in unseren Gruppen, die in dieser Richtung eine Art Therapieschaden mit sich herumtragen.

Zarah hat gelernt, Gefühle exzessiv zum Ausdruck zu bringen. Sie kann schlagen, toben, schreien und bitterlich weinen, und das tut sie auch von Zeit zu Zeit. Aber jedesmal, wenn doch wieder ein altes unangenehmes Gefühl hochkommt, ist sie entsetzt: »Jetzt schlage ich schon seit Jahren auf irgendwelchen Kissen herum, um den Haß auf meine Mutter loszuwerden, und ich hasse sie immer noch«, ruft sie in einem unserer Workshops ziemlich erschöpft und verzweifelt. »Ich habe keinen Bock mehr darauf.«

In der Tat bringt das bloße »Rauslassen« von Gefühlen gar nichts, außer vielleicht einer kurzfristigen Entspannung. Worauf es ankommt ist, sich mit den Gefühlen anzufreunden. Doch davon ist Zarah offensichtlich weit entfernt. Das ist für sich genommen nur zu verständlich. Wer mag schon seinen Haß? Die Illusion, das bloße Ausdrücken würde sie von diesen Gefühlen befreien, hält sie viel länger darin gefangen, als nötig wäre.

Gefühle verschwinden oft in dem Moment, in dem wir sie annehmen und uns innerlich voll und ganz in sie hinein entspannen, bis wir nichts das Geringste mehr daran verändern müssen. In diesem Moment, und keine Minute früher, verlassen sie uns oder werden unsere Freunde.

»Eines Abends kam Milarepa[10] vom Brennholzsammeln in seine Höhle zurück und entdeckte, daß sie voller Dämonen war. Sie kochten sein Essen, lasen seine Bücher und schliefen in seinem Bett. Sie hatten den Laden übernommen. Und obwohl er das Gefühl hatte, daß sie nur Projektionen seines Geistes waren, die ganzen unerwünschten Anteile seines Selbst, wußte er nicht, wie er sie loswerden konnte.

Also lehrte er sie zunächst das Dharma[11]. Er saß auf einem Sitz, der etwas höher war als der ihre, und erzählte ihnen, daß alle eins sind. Er redete über Mitgefühl und über Shunyata[12] und darüber, daß Gift Medizin ist. Aber nichts passierte. Die Dämonen waren immer noch da. Dann verlor er die Geduld, wurde wütend und stürzte sich auf sie. Sie lachten ihn aus. Schließlich gab er auf, setzte sich einfach auf den Boden und sagte: ›Ich werde nicht weggehen, und es sieht so aus, als würdet ihr auch nicht weggehen. Dann werden wir eben zusammen hier leben.‹ Daraufhin verschwanden alle Dämonen, bis auf einen. Milarepa sagte: ›Dieser ist wohl besonders bösartig.‹ Er wußte nicht, was er tun sollte. Also gab er noch mehr auf. Er ging zu dem Dämon, legte sich in sein Maul und sagte: ›Friß mich ruhig auf, wenn du willst.‹ Da verschwand auch dieser Dämon.«[13]

Diese Geschichte zeigt auf anschauliche Weise, wie wir unsere ungeliebten Seiten dadurch verwandeln, daß wir einfach mit ihnen sind.

Jedes Gefühl hat eine eigene sehr wertvolle Qualität, die sich uns erst erschließt, wenn wir uns mit dem Gefühl angefreundet haben. Trauer verbindet uns mit unserer Tiefe, Wut mit unserer Kraft und unseren animalischen Instinkten. Angst kann uns helfen, hier und jetzt voll anwesend zu sein. Sie kann sich sogar in eine lustvolle Aufregung verwandeln, wenn wir uns in sie hinein entspannen, anstatt uns zu verkrampfen. Viele Menschen erleben Angst als lähmend, aber es ist nicht die Angst, die lähmt, sondern unser Glaube, daß wir die Angst überwinden müssen, um das tun zu können, wovor wir Angst haben.

Thomas erzählt, daß er gern einmal ganz allein in die Berge fahren würde, den ganzen Tag wandern, die Natur genießen und auf einer einsamen Lichtung im Wald übernachten. »Hoffentlich bringt mich die Therapie hier eines Tages soweit, daß ich keine Angst mehr davor habe«, sagt er und schaut mich erwartungsvoll an. Ich soll jetzt vermutlich sagen, ob die Therapie das bringt oder nicht. Also gut: »Du brauchst nicht zu warten. Wenn du bereit bist, deiner Angst zu begegnen, kannst du heute Abend in die Berge fahren und deine Angst erforschen. Vielleicht sitzt du dort zähneklappernd, knieschlotternd und triefend vor Schweiß. Wäre das kein lohnendes Abenteuer?« Thomas ist offensichtlich verwirrt, mit dieser Antwort hat er nicht gerechnet. »Und was soll das bringen?« fragt er. »Nichts, ich dachte nur, du würdest gern allein in die Berge fahren, und ich glaube, wenn du wartest, bis du keine Angst mehr davor hast, kannst du lange warten«, entgegne ich. Schweigen. Nach einer langen Pause sagt Thomas: »Ich soll also mit meiner Angst da hoch fahren? Auf die Idee wäre ich, glaube ich, nie gekommen. Da ist eine total starke Stimme in mir, die sagt: ›Es ist nicht okay, Angst zu haben.‹ Ich schäme mich so dafür.« Tränen kullern aus seinen Augen. »Dich mit deiner Angst zu konfrontieren und dich mit ihr anzufreunden ist tausendmal wertvoller als die Angst vor ein paar Tagen in den Bergen zu verlieren. Deine Angst wird sich dann einfach ein neues Objekt suchen. Wenn deine Angst dasein darf, gibt dir das die Freiheit zu tun, was immer du tun willst, ob du Angst davor hast oder nicht.« In Thomas Trauer mischt sich Erleichterung: »Mein Gott, ich bin mein ganzes Leben vor meiner Angst davongelaufen. Es hat etwas Tröstliches, wenn die Angst dasein darf.«

Wie oft denken wir: »Wenn ich keine Angst hätte, würde ich eine Frau ansprechen, die mir gefällt, . . . würde ich meinen Chef um mehr Gehalt bitten, . . . würde ich . . .«? Angst ist wirklich nicht sehr beliebt. Ich habe sie gehaßt, aber ich bin sie in all den Therapien nie losgeworden. Erst als ich nicht mehr dagegen ankämpfte und aufhörte, mich selbst als Feigling zu verurteilen, hat sich etwas in mir entspannt. Angst wird gern als der große Gegenspieler der Liebe bezeichnet. Das halte ich für ein Mißverständnis. Es stimmt, daß viele Menschen scheinbar aus Angst zu den größten Verbrechen fähig sind. Es stimmt aber auch, daß Menschen ohne Angst vielleicht noch größere Verbrechen begehen. Soldaten wird die Angst abtrainiert, damit sie zum Töten in der Lage sind. Umweltsünder haben vermutlich kaum Angst, wenn sie giftige Chemikalien in die Flüsse leiten. Ich wünschte mir, sie hätten mehr Angst, genau wie die Politiker, die Kriege anzetteln. All diesen Menschen ist gemeinsam, daß sie ihre Angst als Gegner sehen, daß sie nicht bereit sind, ihre eigene Angst zu fühlen und anzunehmen. Kein Mann verprügelt seine Frau, weil er Angst hat, daß sie geht. Er hat zwar Angst, daß sie geht, aber das ist nicht der Grund für die Gewalt. Der eigentliche Grund ist sein Verhältnis zu seiner Angst. Er verprügelt seine Frau sozusagen stellvertretend für seine eigene Angst, die er nicht zu fühlen bereit ist und deswegen vernichten möchte. Da er die Angst nicht verprügeln kann, verprügelt er die Frau, die ihm angst macht.

Angst wird erst zum Gegenspieler der Liebe, wenn wir sie ablehnen, wenn wir sie nicht dasein lassen. Das gilt übrigens für alles, was wir nicht dasein lassen: Wut, Trauer, Einsamkeit, ja sogar Freude oder Lust. Wann immer wir etwas nicht fühlen wollen, trennen wir uns innerlich von dem, was ist, und diese Trennung führt uns weg von der Liebe. Wenn wir sexuelle Lust spüren, innerlich jedoch im Hader damit sind, weil wir uns vielleicht dafür schämen, führt diese Lust nicht zur Liebe. Wenn wir wütend sind und diese Wut unterdrücken, weil wir glauben, sie sei nicht angemessen, trennt uns die Wut von der Liebe. Selbst die Abwesenheit von Gefühlen, die absolute Gefühllosigkeit, will gefühlt und angenommen werden. Beate hat das erlebt:

»Bei mir lag der Höhepunkt des Workshops in der ›Hölle‹. Es war für mich das Schlimmste, was ich je erfahren habe – unerträglicher noch als meine Begegnung mit dem verschlingenden Monster – und zwar meine Gefühllosigkeit. Alles war zu ertragen, irgendwie, Wut, Trauer, Angst und so weiter, dies alles war immerhin lebendig, aber die völlige Gefühllosigkeit war der Tod. Bar jeden Gefühls zu sein heißt lebendig tot sein. Ich stand da, starr, kalt, tot. Rings um mich war ein Schreien, Toben, Weinen, mit den Füßen Stampfen. Ich konnte nichts tun. Es war leer in mir, völlige Leere. Plötzlich fühlte ich einen Schrei in mir. Möchte ihm helfen herauszukommen, ihn forcieren. Ich kann nichts tun. Nur beobachten. Warten. Auf einmal bricht der Schrei hervor, mühelos bin ich der Schrei, ich schreie nicht, ich bin es. Unglaublich. Dann breche ich in Tränen aus. Weine ein wenig, halte plötzlich inne, da ich mit Erstaunen beobachte, wie das Weinen nicht mehr stimmt (eine alte Gewohnheit von mir, drin steckenzubleiben), sondern sich eine unerhörte Freude, ein totales Lebendigsein in mir ausbreitet. Ich lebe! Gestorben, zu neuem Leben erwacht.

Immer häufiger kann ich mich nun beobachten, wie ich in einem Gefühl, einer Gefühlsregung verharre, weil es eine so bekannte Reaktion ist, die aber mit dem eigentlichen momentanen Empfinden überhaupt nichts zu tun hat. Versuche nun immer mehr, dem ersten Impuls nicht nachzugeben, sondern einfach mal abzuwarten und zu beobachten.«

Die innere Achtsamkeit ist der Schlüssel, mit dem wir die Liebe in jeder Situation, in jedem Gefühl, erschließen können. Liebe ist selbst kein Gefühl, obwohl wir meistens sehr viel fühlen, wenn wir lieben. Was Gefühle in Liebe verwandelt ist unser inneres Einverstandensein mit unserem Gefühl, unser Ja zu dem, was ist. Auf diese Weise können uns auch Gefühle wie Trauer, Wut oder sogar Einsamkeit in die Liebe führen, wenn und soweit wir uns mit diesen Gefühlen einverstanden sein lassen. Aus dieser Perspektive heraus mutet es wie eine göttliche Komödie an, wenn Menschen unentwegt bestimmten Gefühlen hinterherlaufen in dem Glauben, diese Gefühle seien die Liebe selbst. Dabei ist die Liebe längst da. Sie liegt in dem Ja zu dem, was wir hier und jetzt gerade fühlen. Aus dieser Sicht wird einmal mehr verständlich, warum wir uns am ehesten dann verlieben, wenn wir es am wenigsten erwarten oder nötig haben, nämlich dann, wenn wir uns hineinentspannen in das, was gerade ist, und die Suche loslassen.

Es gibt einen fundamentalen Unterschied zwischen Gefühlen, die aus der Situation hier und jetzt entstehen, und Gefühlen, die wir schon lange in uns tragen und die hier und jetzt aktiviert werden. Letztere bezeichne ich als Kellergefühle, denn sie sind wie in einem Keller abgelegt und warten nur darauf, irgendwann ans Licht zu kommen. Gefühle sind ihrem Wesen nach immer frisch, sie verändern sich in jedem

Moment und bringen uns in Kontakt mit dem Hier und Jetzt und verbinden uns mit unserer Umgebung. Kellergefühle sind abgespeicherte Gefühle aus der Vergangenheit, die wir damals nicht gelebt und ausgedrückt haben. Wenn wir in eine Situation geraten, die einer früheren Situation ähnelt oder uns ähnlich berührt, wird dieses alte Gefühl in uns reaktiviert. Wenn wir Kellergefühle haben, fühlen wir uns von unserer Umwelt abgeschnitten. Es gibt noch eine Reihe weiterer Kriterien, anhand derer wir schnell zwischen aktuellen und reaktivierten Gefühlen unterscheiden können.[14]

Aktuelle Gefühle	*Kellergefühle*
sind gegenwartsbezogen	stammen aus der Vergangenheit
sind situationsbezogen	sind der Situation nicht angemessen
sind verbindend	sind trennend
sind frisch	werden oft wiederholt
bewegen sich weiter	hängen fest
sind erfrischend	sind erschöpfend
erfüllen uns	überwältigen uns
sind mit dem Herzen verbunden	sind mit dem Verstand verbunden
führen nach innen	verleiten zur Projektion
führen in die Verantwortung	verführen zur Beschuldigung
machen verletzlich und erreichbar	stören den aktuellen Kontakt
wecken das Bewußtsein für hier und jetzt	trüben das Bewußtsein für hier und jetzt

In Beziehungen ist es enorm hilfreich, zwischen aktuellen und gespeicherten Gefühlen unterscheiden zu können. Wenn unser Partner alte Gefühle in uns berührt und wir dies nicht merken (was in den allermeisten Beziehungen der Regelfall ist), versuchen wir hier und jetzt etwas zu klären, was mit dem Hier und Jetzt gar nichts oder nur wenig zu tun hat. Streit, Frust und Mißverständnisse sind vorprogrammiert, weil wir etwas auf einer Ebene suchen, auf der wir niemals fündig werden können.

Kellergefühle zeichnen sich auch dadurch aus, daß sie, bezogen auf die aktuelle Situation, unverhältnismäßig stark sind. Überschwemmt von Kellergefühlen bombardieren viele Menschen ihren Partner mit Beschuldigungen, die dieser gar nicht annehmen kann. Es gibt nur einen Weg heraus aus den Kellergefühlen und hinein in das aktuelle Gefühl. Der erste Schritt auf diesem Weg besteht darin, die Beschuldigungen hier und jetzt zurückzunehmen und die Gefühle, die wir als aus der Vergangenheit stammend erkannt haben, nicht länger am Partner abzureagieren. Statt dessen treffen wir die Entscheidung, uns nach innen zu wenden und uns auf diese Gefühle einzulassen. Dies können wir tun, indem wir uns jetzt das fühlen lassen, was wir damals nicht haben fühlen können oder wollen. Vielleicht gehen wir in den Nebenraum, bewegen unseren Körper und lassen uns von diesen alten Gefühlen überschwemmen. Vielleicht kommen Tränen, vielleicht wütende Schreie, vielleicht ein Zittern vor Angst. Je mehr wir bereit sind, die Realität dieser Gefühle hier und jetzt anzunehmen, desto mehr verhalten sich die Kellergefühle wie alle anderen Gefühle auch: Sie werden beweglich, kommen und gehen und machen neuen Gefühlen Platz. Wir haben sie aus dem Keller ans Licht geholt, und damit verlieren sie ihre isolierende, deprimierende oder überschwemmende Qualität.

Das setzt allerdings einige Erfahrung voraus, und die meisten Menschen brauchen sehr lange, bis sie in der Lage sind, ihre Kellergefühle zu reintegrieren. Der erste Schritt ist allerdings sehr oft entscheidend, wenn es darum geht, eine Beziehungskrise abzuwenden: mir selbst und meinem Partner einzugestehen, daß ich gerade von alten Gefühlen überschwemmt worden bin. Er öffnet den Weg zurück zu den aktuellen Gefühlen und damit zur Verbundenheit hier und jetzt. Die Kellergefühle sind damit noch nicht erlöst, aber ich kann mich später darum kümmern, anstatt sie an meinem Partner auszuagieren.

Wenn wir unsere Gefühle nicht mehr bewerten, sie mehr und mehr annehmen und mit ihnen Achterbahn fahren, wenn wir immer besser zwischen aktuellen Gefühlen und Kellergefühlen unterscheiden können, dann bleibt immer noch die Frage, wie wir sie ganz konkret leben können, besonders, wenn es einmal richtig heftig wird. Wie können wir unsere Gefühle auf heilsame Weise leben und zum Ausdruck bringen?

In der Frage steckt die Angst vor Kontrollverlust. Gefühle zuzulassen ist ja schön und gut, aber der Verstand möchte sie doch jederzeit stoppen können. Solange wir noch innerlich unter dem Druck alter Gefühle stehen, ist Kontrolle durchaus hilfreich. Doch je mehr wir mit unseren Gefühlen im Fluß sind, desto besser regulieren sie sich selbst. An Gefühlen gibt es im Kern nichts, womit umzugehen wäre. Gefühle sind. Sie wollen da sein und gefühlt werden. Gefühle zu fühlen heißt nicht unbedingt, sie auch auszudrücken. Der Zwang, Gefühle ausdrücken zu müssen, kommt daher, daß wir in uns zu wenig Platz haben, um sie einfach zu fühlen. Dann fließen sie sofort über, wenn wir sie nicht mehr unterdrücken.

Ich komme auf das Beispiel Wut zurück. Wut wird oft mit Gewalt verwechselt. Gewalt ist jedoch eine Folge davon, daß wir die eigene Wut nicht annehmen und deswegen entweder vernichten oder zum Schweigen bringen, was uns wütend macht, wie am Beispiel vom prügelnden Ehemann (Seite 84) zu sehen war. Frauen sind meist auf andere und weniger offensichtliche Weise gewalttätig. Sie strafen mit Liebes- oder Sexentzug, spielen das Opfer oder die ahnungslose Unschuld, während sie ihren Mann ganz gezielt zur Weißglut bringen. Dahinter liegt die gleiche Intention wie bei offener Gewalt: Macht über den anderen Menschen gewinnen, damit er oder sie nicht mehr tut, was uns wütend macht. Für manche Menschen ist es eine geradezu bahnbrechende Erfahrung, in einem sicheren und geschützten Rahmen einen Wutanfall voll auszuleben und danach in lauter mitfühlende, unverletzte Gesichter zu blicken.

Georg nimmt zum zweiten Mal zusammen mit seiner Freundin Sabine an einem unserer Workshops teil und möchte lernen, seine Wut auf eine ungefährliche Art auszudrücken. Er berichtet, wie er sich tot fühlt, wenn er seine Wut unterdrückt. Wenn er sie rausläßt, wird es gefährlich. Beim letzten Mal kam es zu einer Schlägerei, die er sehr bereut hat. Georg ist bereit, seine Wut zu erforschen, und Sabine ist bereit, sich als Projektionsfläche zur Verfügung zu stellen. Wir arrangieren ein sicheres Umfeld aus Matratzen und Kissen, die beiden sitzen sich in zwei Metern Abstand gegenüber. Mit meiner Unterstützung fängt Georg an, ein Kissen über den Kopf auf die Matratze zu schlagen, Nutan sitzt hinter Sabine und gibt ihr Unterstützung, alle Gefühle dasein zu lassen, ohne zu reagieren. Zuerst ist das Kissenschlagen noch etwas mechanisch, aber langsam kocht die Wut hoch. »Benutze auch Töne und Worte, die hochkommen«, sage ich zu Georg, und in diesem Moment bricht eine abgrundtiefe, rasende Wut aus ihm hervor. »Du Schwein«, brüllt er, »du hast mich ständig am Gängelband gehalten, den Pimpf aus mir gemacht. Wenn ich geil war, hast du mich hingehalten, und wenn nicht, hast du dich über meine mangelnde Männlichkeit beklagt. Ich hasse dich!« Sturzbäche von Tränen und ein durchdringender Schrei dringen aus seinem Körper. Die Gruppe starrt gebannt auf das Geschehen, einige Teilnehmer fangen an zu weinen, manche schmiegen sich voller Angst aneinander. Ich ermutige sie, zu atmen und wirklich zu spüren, was dieser Gefühlsausbruch in jedem einzelnen berührt. Georg tobt und schreit und heult und jammert abwechselnd und alles durcheinander. »Du bist wie meine Mutter«, brüllt er außer sich vor Wut, »die hat mich auch schon immer gehänselt und mich nicht für voll genommen. Aber zum Ausheulen war ich immer gut genug.« Voller Verzweiflung bricht Georg zusammen. Ich ermutige ihn nach einer Weile, die Augen zu öffnen und Sabine in die Augen zu schauen. Sabine zittert am ganzen Körper und hat Tränen in den Augen. »Ich bin froh, daß du deine Wut gezeigt hast, auch wenn sie mich erschüttert. Aber so habe ich viel weniger Angst als wenn sie immer nur drohend im Raum schwebt.« Im ganzen Raum ist zu spüren, wie die Energie schmilzt. Auch Georg laufen Tränen über das Gesicht, langsam beruhigt sich sein Atem, und er sagt: »Ich habe es immer gehaßt, wenn du zu mir gesagt hast, ich würde nur meine Mutter in dir sehen. Aber jetzt habe ich es deutlich gespürt. Plötzlich saß echt meine Mutter vor mir.« »Wie fühlst du dich jetzt?« frage ich ihn. »Erleichtert«, gibt er strahlend zurück und fällt Sabine um den Hals. Auch ich habe Tränen im Gesicht, so sehr berührt mich die Liebe zwischen den beiden, die jetzt wieder spürbar ist.

Im Umgang mit Trauer tun sich die meisten Menschen nicht weniger schwer, obwohl Trauer weniger in offene Gewalt umschlägt, sondern eher in subtile Manipulation. »Ich Armer« ist eines der Spiele, die gespielt werden, um die Trauer oder den Schmerz nicht ganz zuzulassen. Der Gefühlsausdruck bekommt etwas Demonstratives und löst kein Mitgefühl aus, sondern läßt erstaunlich kalt.

Manfred nahm an einem unserer Jahrestrainings teil. Oft saß er apathisch oder depressiv in der Ecke, so als wolle er mit niemandem etwas zu tun haben. Am Anfang gingen immer wieder andere Gruppenteilnehmer auf ihn zu. Er ließ sich eine Weile auf den Kontakt ein, um dann nach der nächsten für ihn schwierigen Situation wieder in der Ecke zu sitzen. Nach und nach wurde er immer mehr gemieden, bis er sich darauf verlegte, subtil damit zu drohen, die Gruppe zu verlassen. Sofort hatte er noch mal die Aufmerksamkeit, die er sich insgeheim wünschte, aber auch das hielt nicht lange. Eines Tages platzt jemandem der Kragen: »Seht her, wie schlecht es mir geht, und ihr seid schuld daran! Ihr seid schuld, wenn ich so in der Ecke sitze. Das strahlst du ständig aus. Ich kann es nicht mehr mit ansehen, dein Scheißspiel!« »Ich kann ja gehen, wenn ihr mich nicht so wollt wie ich bin«, gibt Manfred trotzig zurück. »Das ist genau das, was mich auch so nervt«, brüllt eine Teilnehmerin ihn an. »Deine ständige Drohung abzuhauen, wenn wir uns nicht genug um dich kümmern.« Jetzt dreht Manfred auf: »Was soll ich denn tun? Bei jeder Übung, wenn Partnerwahl angesagt ist, bin ich der letzte, der gewählt wird. Ich halte das nicht mehr aus!« Manfred fängt an zu weinen, und es ist das erste Mal, daß sein Weinen die Herzen berührt. Eine Weile weint er bitterlich. Dann bitte ich ihn, die Augen zu öffnen und sich umzuschauen. Er schaut sich um und wird immer wieder von Wellen von Schmerz überwältigt. Dann schaut er wieder. Er sieht in lauter mitfühlende Gesichter.

Nach dieser Begebenheit veränderte sich Manfreds Verhalten allmählich. Er rutschte zwar immer mal wieder in sein altes »Ich Armer«-Muster, aber eines Tages konnte er selbst darüber lachen.

Das dazu passende Gegenmuster ist das des allzeit bereiten Helfers. Solche Menschen warten nur darauf, daß jemand ein Problem zu haben scheint, um sofort wie ein Ambulanzwagen herbeizueilen und ihre Hilfe geradezu aufzudrängen.

Wir beginnen in unseren Workshops jeden Tag mit einer Meditationsstunde, in der alle Teilnehmer aufgefordert werden, mit sich allein zu sein. Während der »Labyrinth-Meditation«[15] fängt Angelika lauthals an zu weinen. Sofort bricht eine andere Frau, Marianne, ihre Meditation ab, um zu ihr zu eilen und sie in den Arm zu nehmen. In der späteren Aussprache stellt sich heraus, daß Angelika das Zu-Hilfe-Eilen von Marianne wie einen Dämpfer empfunden hat, als sei es nicht in Ordnung zu weinen. Da erst merkt Marianne, daß sie tatsächlich nicht aus Mitgefühl zu ihr gegangen war, sondern weil sie ihre eigene Trauer, die durch das Weinen berührt wurde, nicht fühlen wollte.

Opfer und Helfer sind Rollen, die uns von authentischen Gefühlen abhalten. Sie passen aufeinander wie Topf und Deckel, ihre Interaktion ist jedoch von einem heilsamen Ausdruck der Gefühle weit entfernt.

Das Ausdrücken von Gefühlen verbindet uns nur dann, wenn wir damit nichts erzwingen oder erschleichen wollen. Neben dem Bewerten von Gefühlen ist die Manipulation mit Gefühlen das, was unsere Gefühlswelt nachhaltig vergiftet hat (siehe auch Kapitel 7). Manche Menschen sind einfach nicht mehr in der Lage, zwischen einem echten und authentischen Gefühlsausdruck und dem manipulativen Einsetzen von Gefühlen zu unterscheiden. Wenn Frauen Tränen kullern lassen, um Mitleid oder Schuldgefühle zu provozieren, oder Männer einen Wutanfall bekommen, um ihre Frauen einzuschüchtern, dann ist das Manipulation. Ein solcher Ausdruck von Gefühlen ist immer unbefriedigend für alle Beteiligten, auch wenn er oberflächlich erfolgreich ist. Im Innern wissen wir genau, daß die Zuwendung oder der Respekt, die wir auf diese Weise bekommen haben, erschlichen sind und uns nicht wirklich nähren. Das Verhängnisvollste am manipulativen Einsatz von Gefühlen ist jedoch, daß er das Vertrauen in Gefühle generell untergräbt. Wir werden nie verstehen, warum das Ausdrücken unserer Gefühle uns manchmal von anderen Menschen trennt, statt uns mit ihnen zu verbinden, solange wir nicht merken, wann und wie wir unsere Gefühle benutzen, anstatt sie einfach leben zu lassen.

Als Kinder haben wir alles getan, was in unserer Macht stand, um Aufmerksamkeit zu bekommen. Dazu gehörte auch das Manipulieren unserer Eltern mit Gefühlsausbrüchen. Was damals möglicherweise überlebenswichtig war, steht uns jetzt im Weg, wenn wir tiefer lieben lernen möchten. Je sensibler und freier wir mit unseren Gefühlen umgehen lernen, desto deutlicher »riechen« wir manipulativ eingesetzte Gefühle zehn Kilometer gegen den Wind. Sie berühren uns nicht im Herzen, sondern fühlen sich wie tot an. Wie wohltuend ist dagegen der freie Fluß der Gefühle, die ohne Absicht, ohne Ziel und ohne Zwang geäußert werden. Wenn ein Mensch traurig ist und weint, ohne etwas dafür zur erwarten, kann das wie ein Geschenk sein, das auch unser Herz berührt. Je mehr wir unsere eigenen Gefühle fühlen und sie angenommen haben, desto mehr können wir auch andere in ihren Gefühlen sein lassen, und desto früher merken wir, wo und wie wir uns selbst zurückhalten und dadurch von unserer Lebendigkeit und tieferen Wahrheit abschneiden. Gefühle sind wie Wasser. Sie halten uns im Fluß, und wie alles Wasser früher oder später in den großen Ozean zurückkehrt, führen uns unsere Gefühle zurück zur Liebe, sofern wir sie nicht einsperren und konservieren. »Dein Körper führt dich zu deinen Gefühlen, deine Gefühle führen dich zu deiner Seele, deine Seele führt dich zum Sein.«[16]

7.
Wunschlos glücklich?

*Wünsche erlauben – Wünsche zum Ausdruck bringen –
Wünsche loslassen*

Unser Umgang mit Wünschen ist ein weiterer Schlüssel auf dem Weg zu mehr Lust und Liebe. Wünsche haben etwas Geheimnisvolles. Barbara, eine Frau Mitte fünfzig, erinnert sich:

»Als Kind war ich manchmal bei meiner Oma zu Besuch. Dort gab es einen Wunschstein. Wenn man den in die Hand nahm, durfte man sich alles wünschen. Meine Oma ermahnte mich immer, mir nur gute Dinge zu wünschen, aber manchmal nahm ich heimlich den Stein und wünschte mir alles, was mir nur einfiel: kiloweise Eiskrem, neue Rollschuhe, eine kleine Schwester, ein Jahr schulfrei. Manchmal verfiel ich in einen richtigen Wunschrausch. Als ich eines Tages meinen Eltern davon erzählte, lachten sie mich aus. »Oma hat dir wieder mal einen Bären aufgebunden!« Ich schwieg entsetzt, in meinem Kopf ratterten die Gedanken. Ich beschloß, nie wieder jemandem von meinen geheimen Ausflügen ins Land der Wünsche zu erzählen.«

Kinder können sich das Blaue vom Himmel herunterwünschen und all ihre Energie einsetzen, um das Gewünschte zu bekommen. Eltern, die davon manchmal schlicht überfordert sind, bringen ihren Kindern vielleicht bei, bescheidener zu werden und ihre Wünsche zu bedenken, bevor sie sie äußern. Manche halten ihren Kindern lange Vorträge, warum es nicht in Ordnung ist, sich so viel zu wünschen, anstatt einfach nein zu sagen. Wir alle kennen das aus unserer eigenen Kindheit und haben daraus gelernt, daß das Wünschen eine heikle Angelegenheit ist. Viele unserer Wünsche haben wir uns einfach abgeschminkt, und nicht wenige von uns haben sogar den Kontakt mit ihrem Lebenstraum verloren und damit ihre tiefste Motivation zu leben und zu wachsen.

Wenn wir uns vor diesem inneren Hintergrund dann doch mal einen Wunsch erlauben, fühlt sich seine Nichterfüllung oder Zurückweisung wie eine Vernichtung an. Wir glauben, daß es so weh tut, weil unser Wunsch nicht erfüllt wurde, aber das ist ein großer Irrtum. Was wirklich und viel mehr schmerzt, ist die Tatsache, daß wir das Nein als »Ich hätte diesen Wunsch gar nicht haben sollen« interpretieren.

Ich kann mich noch sehr gut an den Beginn meiner Pubertät erinnern, als die ersten erotischen Wünsche auftauchten. Ich war auf einer Jungenschule. Gelegenheiten, mit Mädchen in Kontakt zu kommen, ergaben sich also eher selten: im Schwimmverein, in der Tanzstunde und auf den sporadischen Klassenfesten, zu denen immer eine Mädchenklasse der Nachbarschule eingeladen wurde. Es gab immer Mädchen, zu denen ich mich hingezogen fühlte, aber ich hatte panische Angst, auf sie zuzugehen und mich mit diesen Wünschen zu zeigen.

Erst viel später begriff ich, daß ich weniger Angst davor hatte, daß meine Wünsche nicht erfüllt würden. Wirklich Angst hatte ich vor dem, was ein Nein für mich bedeutete: »Was fällt dir überhaupt ein, sowas von mir zu wollen? Du Schwein!« Niemand hatte mir bestätigt, daß erotische Wünsche und Phantasien völlig natürlich und in Ordnung sind, auch wenn sie nicht erfüllt werden. Der einzig mögliche Weg, meine Wünsche bestätigt zu finden, schien also zu sein, sie erfüllt zu bekommen. Gleichzeitig geriet ich von der anderen Seite unter Druck, denn es gehörte einfach zum guten Ton, eine Freundin zu haben und damit zu prahlen. Wünsche zu haben und zu äußern war also gefährlich und sie nicht zu haben war genauso gefährlich. Auch das war ein Grund, verlacht oder nicht ernst genommen zu werden.

Als Erwachsene erleben wir unsere Wünsche meist nicht mehr in dieser stürmischen Form, sondern haben uns auf einem mehr oder minder bescheidenen Niveau damit arrangiert. Die meisten Menschen haben ihre Wünsche auf sozial akzeptierte Ziele verlagert, in erster Linie auf Konsum. Männer kaufen ein schnittiges Auto, das mit erotischen Anspielungen beworben wird, Frauen ein edles Parfum, das mit dem Versprechen unwiderstehlicher Anziehung über die Ladentheke geht. Die Intensität unserer Lebendigkeit geht dabei verloren.

Was die Teilnahme an einem Tantraseminar für viele Frauen und Männer enorm heikel und brisant macht, ist die Tatsache, daß die Erfüllung sehnlicher und vielleicht lang verschütteter Wünsche damit in den Bereich des Möglichen kommt. Wünsche nach liebevoller Berührung, nach Angenommensein, nach prickelnder Erotik und Intimität, nach authentischer Begegnung und sprudelnder Lebendigkeit werden nicht nur angerührt, sondern oft auch zeitweilig erfüllt. Und mit dieser Möglichkeit der Erfüllung bricht das ganze Kartenhaus mühsam arrangierter Kompromisse und Halbherzigkeiten zusammen. Nach oben kommen die Ängste, daß die Unersättlichkeit, die Gier, die fast brennende Lust auf Lust oder die nahezu schmerzhafte Sehnsucht nach Liebe nicht in Ordnung seien.

Unser Verhältnis zu den eigenen Wünschen spiegelt sich in unserem Umgang mit den Wünschen anderer. Wenn wir glauben, ein Nein nicht verkraften zu können, haben wir selbst Angst, nein zu sagen, wenn ein Wunsch an uns herangetragen wird, den wir nicht erfüllen wollen. Vor allem Frauen, aber auch viele Männer haben die Tendenz, ihre eigenen Grenzen zu mißachten, um nicht zu riskieren, daß die abgewiesene Person letztlich gar nichts mehr von ihnen wissen will. Andere greifen auf die Strategie ihrer Eltern zurück und rechtfertigen sich für das Nein oder reden dem Gegenüber ein, daß dieser Wunsch unangemessen sei. Wirkliche Intimität ist nur an einem Ort zu finden, nämlich in der Wahrheit. Wahrheit hat in einer Begegnung immer zwei Seiten, deine Wahrheit und meine Wahrheit. Wenn du dir etwas von mir wünschst, was ich nicht bereit bin zu geben, dann nehme ich mich selbst an, indem ich nein sage. Dich nehme ich an, indem ich dir zeige, daß es dennoch in Ordnung ist, diesen Wunsch zu haben und ihn mir gegenüber zu äußern. Vielleicht tut es mir leid, daß ich dir den Wunsch nicht erfüllen kann, vielleicht schmerzt dich mein Nein. Indem wir diese Gefühle, die durch das Aussprechen unserer Wahrheiten berührt sind, miteinander teilen, entsteht Nähe und Intimität.

In unseren Gruppen machen wir manchmal eine sehr einfache Übung. Die Teilnehmer gehen im Raum herum, bleiben von Zeit zu Zeit vor jemandem stehen und äußern einen beliebigen Wunsch: »Ich möchte mit dir auf eine einsame Insel, ich möchte mit dir essen gehen, ich möchte tausend Mark von dir, ich möchte, daß du mich in den Arm nimmst, mich heiratest, mit mir schläfst, mit mir Pferde stehlen gehst...« Die andere Person hört nur zu und sagt »danke«, sonst nichts, keine Antwort, kein Ja und kein Nein. In diesem Spiel wird der Fokus von einer möglichen Antwort auf das pure Äußern des Wunsches und die damit zusammenhängenden Gefühle verlagert. Manche kommen dabei ziemlich ins Schwitzen oder haben mit Scham und Schuldgefühlen zu kämpfen. Aber früher oder später ist es befreiend, sich die Hindernisse anzuschauen, mit denen wir unsere eigenen Wünsche zurückweisen, und uns selbst so anzunehmen wie wir nun mal sind, mit all den Schuldgefühlen, der Scham, der Schüchternheit, dem Stolz oder was auch immer da sein mag.

Je bewußter wir uns unsere Wünsche anschauen und sie annehmen, desto seltener werden wir unbewußt versuchen, andere zur Erfüllung unserer Wünsche zu manipulieren. Wir haben als Kinder Strategien gelernt, um zu dem zu kommen, was wir wollten. Wir haben die Schwachstellen unserer Eltern und Erziehungspersonen herausgefunden und haben gelernt, sie für uns auszunutzen. Diese – inzwischen meist unbewußten – Verhaltensweisen sind uns vertraut. Daher ist es nicht leicht, sie aufzugeben, selbst wenn sie nicht mehr funktionieren. Die Alternative zum Manipulieren fühlt sich immer wie ein größeres Risiko an, aber genau dieses Risiko ist einer der wertvollsten Wegweiser zum echten und authentischen Äußern von Wünschen. Jemanden offen und direkt zu bitten »Nimmst du mich bitte ein paar Minuten in den Arm?« oder zu sagen »Ich würde gern die Nacht mit dir verbringen« oder »Kannst du mir fünfzig Mark leihen?« oder was immer wir uns gerade wünschen, kann sich vorher anfühlen wie der Gang zum Schafott. Aber wenn wir unseren Wunsch wirklich klar und deutlich und ohne weitere Hintergedanken oder subtilen Druck zum Ausdruck bringen, haben wir gute Chancen, eine ehrliche Antwort zu bekommen. Natürlich kann es passieren daß wir mit unserem Wunsch an jemanden geraten, der oder die nicht Nein sagen kann (weil das vielleicht das Letzte war, was im Elternhaus dieser Person geduldet wurde). Dann bekommen wir ein halbherziges Ja. Der nächste Schritt ins Risiko hinein würde dann bedeuten, diese Wahrnehmung mitzuteilen: »Dein Ja fühlt sich halbherzig an, willst du mir wirklich Geld leihen?« Es dauert manchmal ein Weilchen, bis sich unsere Wahrnehmung umgestellt hat, weg vom ständigen Ausloten der Chancen auf Erfüllung unserer Wünsche, hin zum einfachen Erkennen dessen, was hier und jetzt geschieht.

Viele Menschen kommen zum Tantra mit der Hoffnung, daß dort endlich ihre Wünsche nach Lust und Liebe erfüllt werden. Aus dem gleichen Grund haben viele Angst davor, denn wenn die Erfüllung unserer Wünsche in Reichweite kommt, nähern wir uns auch wieder dem Schmerz der vielen zurückgewiesenen und nicht angenommenen

Wünsche, den wir in uns gespeichert haben. Tantra hat aber weder etwas mit der Erfüllung unserer Wünsche zu tun noch mit ihrer Nichterfüllung. Das Leben sorgt schon von ganz allein dafür, daß manche unserer Wünsche erfüllt werden und andere nicht. Manchmal begreifen wir viel später, daß die Nichterfüllung eines Wunsches nur zu unserem Besten war.

Die Kunst des Seins lehrt uns, mit allem zu sein, was ist. Unsere Wünsche sind da, also lernen wir, mit unseren Wünschen zu sein. Manchmal werden sie erfüllt, manchmal nicht. Die Kunst ist, mit beidem zu sein, beides zu spüren, in beidem bewußt und lebendig zu bleiben. Paradoxerweise wird es dadurch leichter, Wünsche zu äußern, die dann manchmal sogar in Erfüllung gehen.

In einem unserer Jahrestrainings sagte eine Frau gleich in der Eröffnungsrunde: »Ich bin hier, um meinen Traummann zu treffen.« Sie sah aus, als meinte sie das ernst, schien aber gleichzeitig sehr vergnügt. In der Schlußrunde des Trainings, ein Jahr später, verkündete sie, daß sie ihren Traummann gefunden habe. Er sitze neben ihr, und in vier Wochen würden sie zusammenziehen. Wir alle wußten, daß sie nicht den romantischen Idealmann meinte, sondern den realen aus Fleisch und Blut, mit dem sie durch Höhen und Tiefen gehen würde, aber der bereit war, sich auf sie einzulassen. Wir hatten bereits einige ihrer Höhen und Tiefen miterlebt. Und wir alle konnten uns nicht des Eindrucks erwehren, daß das herzerfrischende und mutige Äußern ihres Wunsches vor einem Jahr die Tür zu seiner Erfüllung geöffnet hatte.

Mit dem Wünschen ist es wie mit dem Loslassen. Es funktioniert nicht als Trick. Loslassen ist Loslassen, und Loslassen um etwas zu bekommen ist ein subtiles Festhalten. Wünsche zu erlauben, auszudrücken und loszulassen ist eine Kunst, die uns tief mit uns selbst und mit der Intelligenz der Existenz verbindet. »Du bekommst nicht immer, was du willst, aber immer, was du brauchst.« Dieser esoterische Grundsatz macht es mir manchmal leichter, etwas loszulassen. Dennoch, es bleibt ein Risiko zu wünschen, die Wünsche auszudrücken und die Antwort zu hören und zu spüren: das Risiko, uns selbst auch in ungeliebten Gefühlen wiederzufinden, das Risiko des Lebendigseins.

Das tantrische Wunschritual, eine Partnerübung, bietet eine schöne Möglichkeit, die Kraft und Unschuld des Wünschens neu zu ent-

decken. Die Partner wünschen sich etwas voneinander oder erfüllen die Wünsche des anderen, jeweils abwechselnd und für einen vorher festgelegten Zeitraum. Einer ist also König oder Königin, der andere Diener oder Dienerin. Doch nicht nur das Wünschen, auch das Dienen will gelernt sein.

In einem meiner ersten Tantrakurse dauerte ein Wunschritual sechzehn Stunden und ging durch die ganze Nacht. Jeder hatte acht Stunden, um sich etwas zu wünschen, und acht Stunden um zu dienen. Ich war zuerst Diener, aber es fiel mir nicht leicht, dieser Frau zu dienen, der ich vor dem Ritual kaum begegnet war. Sie verlangte immer verrücktere Dinge von mir, als wolle sie mich auf die Probe stellen. Ich konnte einfach nicht nein sagen, obwohl das von der Struktur der Übung her durchaus möglich gewesen wäre. Zum Höhepunkt kam es dann bei dem nächtlichen Spaziergang, den sie sich gewünscht hatte. In entschiedenem Tonfall sagte sie zu mir: »Leg dich da vorn hin, ich komme gleich nach.« Dabei deutete sie in eine dunkle Ecke neben einer Hütte, wo ein Misthaufen lag. Ich schaute sie fassungslos an, aber sie wiederholte ihre Aufforderung: »Leg dich dort hin! Worauf wartest du?« Ich traute mich nicht zu widersprechen und legte mich in den Misthaufen. Sie kam näher und lachte schallend: »Das ist ja ein Misthaufen. Das habe ich gar nicht gesehen. Und da legst du dich rein?« Sie prustete vor Lachen, aber ich fand das überhaupt nicht komisch: »Sag bloß, du hast das nicht gesehen?« schnauze ich sie an. Mir ist total schlecht, und langsam begreife ich, daß sie den Misthaufen anscheinend wirklich nicht gesehen hat. Ich bin wütend auf sie, aber noch mehr auf mich selbst, weil ich so treudoof da hineingestapft bin, ohne etwas zu sagen.

Grenzen setzen zu können ist eine wesentliche Voraussetzung für den Umgang mit den Wünschen anderer. In unseren Gruppen unterstützen wir die Teilnehmer vor allem darin, die eigenen Grenzen bewußter wahrzunehmen und zu respektieren. Manchen fällt das Dienen schwerer, anderen das Wünschen. Sie haben das Gefühl, jetzt besonders kreativ und einfallsreich sein zu müssen. Michael hat diese Schwelle überwunden und das Wünschen für sich neu entdeckt:

»Am Anfang kam ich in Streß, alle meine Wünsche in zwei Stunden packen zu müssen, und dann wieder, daß mir gar nichts einfällt.

Aber als ich erst mal angefangen hatte, flossen die Wünsche von allein. Ich ließ mir die Füße massieren, eine erotische Geschichte aus Tausendundeiner Nacht erzählen, mich mit edlen Früchten verwöhnen ... Monika hat meine Wünsche mit so viel Hingabe erfüllt, daß mir immer wieder die Tränen kamen. Als ich einen Wunsch äußerte, den sie nicht erfüllen wollte, hat sie mir das so liebevoll und mit so viel Charme beigebracht, daß es überhaupt keine Enttäuschung war. Ich war einfach glücklich, meine Wünsche äußern zu dürfen, sie frei fließen zu lassen, und dann war es fast egal, was Monika daraus machte.

Als ich dann Diener war, wollte ich es besonders gut machen. Das hat mich anfangs etwas verkrampft. Aber Monika war auch eine sehr einfühlsame Königin. Sie wünschte sich die verrücktesten Sachen, aber immer mit Respekt und Wertschätzung für mich und meine Dienste. Es ist schwer zu sagen, was schöner war. Es war auch sehr beglückend, ihre Wünsche zu erfüllen. Zum Abschuß des Rituals lagen wir einfach still zusammen. Es war eine süße, eine gleichzeitig ruhige und doch intensive Stille zwischen uns, wie ich sie selten erlebt habe. Himmlisch.«

Wenn ein sehnlicher Wunsch in Erfüllung geht, wähnen wir uns eine Weile wirklich glücklich. Vielleicht liegt das weniger daran, daß der Wunsch erfüllt wurde, sondern mehr daran, daß wir plötzlich wunschlos sind. Manche Menschen, die es mit der Erleuchtung besonders eilig haben, versuchen, sich das Wünschen möglichst schnell abzugewöhnen. Aber wie können wir etwas loslassen, von dem wir gar nicht wissen, daß und wie wir daran hängen? Wünsche zu unterdrücken oder sie sich nicht einzugestehen macht nicht wunschlos glücklich. Der tantrische Weg führt durch das Wünschen hindurch. Auch Buddha ist einen weiten Weg gegangen, bis er in der Lage war, loszulassen und einfach zu sein. Und auf diesem Weg gab es einige Hindernisse.

Hindernissen begegnen wir meistens dann, wenn wir uns tiefer auf jemanden einlassen oder einlassen wollen. In konkreten, leibhaftigen Beziehungen mit anderen Menschen und am direktesten in einer Liebesbeziehung werden wir damit konfrontiert, wo und wie wir uns selbst und andere noch nicht sein lassen. Plötzlich finden wir uns in Beziehungsmustern und Verstrickungen wieder, haben Mühe, unser Bedürfnis nach Freiheit und Verbindlichkeit zusammenzubringen oder unsere ganze Wahrheit in der Beziehung mitzuteilen und zu leben.

Dritter Teil

Hindernisse aus dem Weg räumen

8.
Polarisierungen erkennen und lösen
Von Verstrickung und Beschuldigung zu Verantwortung

Der Umgang mit unseren – bewußten oder unbewußten – Wünschen und Sehnsüchten und mit unseren Enttäuschungen ist die vielleicht größte und schwierigste Herausforderung in Liebesbeziehungen. Um unerfüllte Wünsche und Bedürfnisse herum konstellieren sich die meisten unserer manchmal hartnäckigen Beziehungsmuster, mit denen wir der Liebe im Weg stehen. Am Anfang liest uns der Partner vielleicht noch alle Wünsche von den Lippen ab, und wir sind im siebenten Himmel. Wir fühlen uns so reich beschenkt, daß wir die Wünsche unseres Partners ebenfalls gern und ohne Mühe erfüllen. Dieser Zustand hält jedoch nicht ewig an, und nicht selten kippt die ganze Beziehungsdynamik nach den ersten Enttäuschungen um.

Als ich Nutan kennenlernte, wetteiferten wir beide darum, wer den anderen zum Essen einladen durfte. Wir benutzten jeden nur möglichen Trick, um die Rechnung für den anderen bezahlen zu dürfen. Eines Tages bestand Nutan besonders lange darauf, meine Einladung nicht schon wieder annehmen zu können, und ich gab nach: »Also wenn du unbedingt willst, dann bezahle halt die Rechnung.« Ich war mir nicht bewußt, daß ich damit die unausgesprochenen Regeln verletzt hatte. Von da an war es aus mit dem Wettstreit um Großzügigkeit beim gegenseitigen Einladen. Und nicht nur das. Plötzlich, wir konnten es selbst kaum fassen, achteten wir beide darauf, nicht übervorteilt zu werden. Aus der Generosität war Kleinlichkeit geworden, oder, genauer gesagt, unsere überspielte und latent schon lange vorhandene Kleinlichkeit wurde sichtbar.

Dies ist nur ein kleines, vielleicht belangloses Beispiel, aber es steht symbolisch für das, was in vielen Beziehungen nach der Anfangsphase geschieht. Statt großzügig zu sein schaut jeder ganz genau, ob und wie weit er zu seinem Recht kommt. Statt »Was kann ich ihm (oder ihr) geben?« kommen plötzlich Fragen wie »Bekomme ich auch genug Zärt-lichkeit?« › »Bekomme ich den Sex, den ich brauche?« oder »Gibt sie (oder er) mir, was mir zusteht?« Kleinlichkeit ist die verborgen gehal-tene Kehrseite der Großzügigkeit. Wunscherfüllung wird Pflichterfül-lung, bis hin zu den sprichwörtlichen ehelichen Pflichten. Wenn Be-ziehungen in diese Phase eintreten, etabliert sich über kurz oder lang ein Beziehungsmuster, das ich Polarisierung nenne. Innerhalb eines solchen Musters sieht es dann immer mehr so aus, als hätten die Part-ner grundlegend unterschiedliche oder sogar gegensätzliche Bedürf-nisse. Wenn wir es nicht schaffen, Licht in das Dunkel dieser Muster zu bringen, nimmt das Drama ungehindert seinen Lauf. Ein wenig ist schon gewonnen, wenn die tieferen Konflikte zur Sprache kommen und die Polarisierung nicht nur über Kleinigkeiten wie »Hast du schon wieder deine Socken liegengelassen?!« oder »Warum kaufst du immer den Käse, den ich nicht mag?!« ausgetragen werden. »Er will Sex, sie will Liebe« ist ein klassisches Dilemma, in dem viele Paare feststecken – und nicht wenige scheitern daran.

Joachim und Petra kamen völlig in diese Dynamik verstrickt zu uns in Paartherapie. Sie beschuldigte ihn, daß jede Berührung gleich zum Sex führen müsse. Er beschuldigte sie, sich sexuell zu verweigern, um ihn am Gängelband ihrer Launen zu halten. Beide waren fest davon überzeugt, daß der andere endlich von seiner starren Position herunterkommen müsse, und riefen uns quasi als Zeugen oder Richter für ihren Konflikt auf. Aber keiner von beiden war in der Lage oder bereit, auch nur einen Zentimeter auf den Partner zuzugehen.

Hinter einer solchen Stagnation steckt immer eine Polarisierung um ein Thema herum, in diesem Fall um das Thema Sex und Herz. Diese Kon-stellation ist besonders häufig, denn unsere Kultur hat Sex und Herz brutal voneinander gespalten. Pornographie auf der einen und kirchli-che Moral auf der anderen Seite sind Symptome dieser Spaltung. Das führt dazu, daß wir glauben, uns zwischen Sex und Herz entscheiden zu müssen, und mit dieser Entscheidung, wie immer sie auch ausfällt, müssen wir etwas in uns verleugnen.

Vor kurzem besuchte ich eine Erotikmesse mit dem verheißungsvollen Titel »Paradies of love«, der – wohl eher unfreiwillig – schon in der englisch-deutschen Schreibweise Halbherzigkeit verriet. »Hoffentlich kennt mich keiner«, dachte ich, während ich fünfunddreißig Mark Eintritt hinblätterte, um meine Schamgefühle gleich darauf selbst zu beschwichtigen: »Falls mich doch jemand kennt, kann ich ja sagen, daß ich mir das aus rein beruflichen Gründen anschauen will.« Männer, Paare und ganz wenige einzelne Frauen wandelten bei lauter Musik durch die dunklen Gänge, in denen sich Stände mit Pornovideos, Sexspielzeugen, erotischer Unterwäsche und Intimschmuck aneinanderreihten. In einem abgeteilten Areal wurde eine »Solo-Orgasmusshow« gezeigt. Auf einem speziellen »Orgasmusstuhl« räkelte sich eine Frau mit lasziven Bewegungen hin und her, lutschte an einem Stahlphallus, zog sich nach und nach bis auf die hochhackigen Schuhe aus, führte sich einen Plastikpenis in die Vagina ein, ritt eine Weile darauf herum, und vorbei war die Show. Das Gesicht der Frau wirkte die ganze Zeit eher angestrengt, ihr Lächeln und die verführerische Mine hatten etwas Gequältes. Von orgastischen Gefühlen schien sie weit entfernt. Trotzdem spürte ich eine leicht lustvolle Wirkung im Becken, während sich mein Herz eher angespannt ängstlich anfühlte und mein Kopf ein bißchen dumpf. Ich ging noch eine Weile durch die Gänge und verfolgte dann noch eine Stripteaseshow auf der großen Bühne, in der eine ähnlich abgetrennte Erotik zum Besten gegeben wurde. Leicht erotisiert und zugleich irgendwie leer verließ ich die Messe.

Obwohl weniger tabuisiert und in die Schmuddelecke abgedrängt, wird auch die Liebe in unserer Kultur ähnlich inszeniert wie der Sex. Auch wenn wir uns eine Herzschmerzschnulze im Kino anschauen, können wir uns fragen, ob wir in der Lage sind, unsere Tränen fließen zu lassen, ohne uns zu verstecken oder dafür rechtfertigen zu müssen. Kann ich anerkennen, daß ein Kinofilm mich tief im Herzen berührt, auch wenn die Story eher platt ist? Je plumper die Sexshow oder die Romanze, desto schneller kommen wir mit unseren Bewertungssystemen und mit der Spaltung zwischen Sex und Herz in Kontakt.

Die Spaltung zwischen Sex und Herz wirkt sich sehr direkt auf unsere Beziehungen aus, sehr oft in Form der Polarisierung. Männer identifizieren sich in der Regel eher mit ihren sexuellen Empfindungen, Frauen mehr mit ihren Gefühlen im Bereich des Herzens. Armin fragt sich:

»Warum wollen Frauen immer gleich eine Beziehung anfangen? Es ist doch viel natürlicher, erstmal auszuprobieren, wie es sexuell klappt. ›Du willst dich nicht einlassen‹, bekomme ich zu hören, aber das ist doch Quatsch. Ich will nur nicht die Katze im Sack kaufen. Wenn ich weiß, daß ich mit einer Frau sexuell nicht verhungere, daß es vielleicht sogar abgefahren und geil sein darf, dann bin ich auch bereit, mich einzulassen. Dann kann ich sehr treu sein. Aber warum treu sein, bevor ich weiß, auf was ich mich überhaupt einlasse?«

Das verletzte innere Kind

Solange beide Partner bereit sind, sich ihre gegenseitigen Wünsche zu erfüllen, ist Polarisierung kein Problem, im Gegenteil. Wenn die Dynamik jedoch umkippt, und das ist in aller Regel nur eine Frage der Zeit, wird es schwierig. Natürlich will die Frau nicht nur Liebe und der Mann nicht nur Sex. Das ist lediglich das Zerrbild. Beide wollen im tiefsten Inneren beides. Aber die Frau muß oft zuerst Liebe spüren, bevor sie zu einen sexuellen Kontakt bereit ist, und der Mann muß sich oft zuerst sexuell angenommen fühlen, bevor er in der Lage ist, sein Herz zu öffnen. Diesen Unterschied zu sehen und zugleich anzuerkennen, daß letztlich beide beides wollen, ist für Paare, die in ihrem Konflikt um Liebe und Sex feststecken, ein wichtiger erster Schritt.

Der zweite Schritt beinhaltet die Frage, warum beide so sehr auf die Erfüllung ihres eigenen Wunsches fixiert sind, bevor sie auf den anderen zugehen können. Hinter dem Wunsch nach Liebe oder Sex liegen meist tiefe Verletzungen, die wieder spürbar werden, wenn der Wunsch nicht erfüllt wird. Die Verliebtheitsphase hat die Erfüllung der Wünsche in Reichweite gebracht und sie zeitweilig sogar verwirklicht. Dies hat beide Partner sensibilisiert und sozusagen den Schleier der Resignation gelüftet, der über den Wünschen lag und verhinderte, daß die darunter verborgenen alten Verletzungen sich ständig schmerzhaft bemerkbar machten. Jetzt liegen die Wünsche frei, und wenn sie plötzlich enttäuscht werden, bricht auch der Schmerz wieder hervor.

Um dies zu verstehen, müssen wir uns bewußt machen, daß in jedem von uns ein inneres Kind wohnt, das alle Erfahrungen aus unserer Kindheit gespeichert hat und das über eine enorme Überlebenskraft verfügt. Wie oft es auch enttäuscht worden sein mag, es hält die Sehnsucht in uns wach, irgendwann so angenommen zu werden, wie wir sind. Wenn wir uns verlieben, erwacht unser inneres Kind und schöpft neue Hoffnung. Daher ist es kein Wunder, daß sich Verliebte oft wie Kinder benehmen. Wenn dann die Enttäuschung kommt, bricht sie mit voller Wucht über das ungeschützte innere Kind herein, und das kann sich anfühlen, als würden wir bei lebendigem Leib in der Hölle gebraten.

In dem eingangs erwähnten Beispiel wurde Petra nach und nach klar, daß ihre panische Angst vor Sex daher kam, daß ihr Vater den Kontakt ständig übergriffig sexualisiert hatte. Als Kind hatte sie die Zuwendung und Aufmerksamkeit des Vaters so dringend gebraucht, daß sie nicht den Mut gehabt hatte, Grenzen zu setzen. Sie hatte – vielleicht zu Recht – befürchtet, daß sich der Vater dann nicht mehr für sie interessieren würde. Dieser ganze Schmerz brach jetzt mit Joachim wieder auf und machte klar, warum sie seine bedingungslose Liebe und Zuneigung so dringend brauchte, bevor sie zum Sex bereit war. Joachim kam dahinter, daß er panische Angst vor Intimität hat. Seine Mutter hatte ihn oft gedemütigt, wenn er schwach war. Sie hatte sich an ihm dafür gerächt, daß sie sich gegen ihren Mann nicht durchsetzen konnte. Vor diesem Hintergrund ist völlig klar, daß Joachim sexuell und als Mann bestätigt werden möchte, bevor er bereit ist, sein Herz zu öffnen und damit verletzlich zu werden.

Wenn wir in einer Partnerschaft polarisiert sind, reagieren wir zwanghaft auf alles, was der Partner vorgibt, und sind nicht frei, wir selbst zu sein. Deswegen ist es so wichtig, Polarisierungen zu erkennen und zu durchschauen. Mindestens ebenso verbreitet wie die Polarisierung um Sex und Herz ist die Polarisierung um das Thema Nähe und Distanz. Auch hier wünscht sich natürlich jeder eine ausgewogene Balance zwischen beidem. Das größte Hindernis, mit dem Paare, die in einer Polarisierung gefangen sind, zu kämpfen haben, ist die Angst, dem anderen entgegenzukommen, obwohl sich genau dadurch die Situation ent-

spannen könnte und der andere uns womöglich auch entgegenkäme. Statt dessen halten wir an der Angst fest, und es fehlt die Beweglichkeit, Neues auszuprobieren. Vielleicht kippt die Dynamik plötzlich um: Sie möchte jetzt mehr Freiheit und er mehr Nähe. Je öfter das in einer Beziehung passiert, desto besser, denn nach und nach wird dadurch transparent, daß jede Polarisierung ein Muster ist, in dem einer A sagt und der andere B. Wenn plötzlich der erste B sagt, wird der zweite A sagen, denn letztlich wollen beide eine Balance zwischen A und B, und wenn einer sein Gewicht auf Schale A legt, fühlt sich der andere genötigt, sein Gewicht auf Schale B zu legen.

Früher wollte ich immer mindestens zwanzig Minuten vor Abfahrt eines Zuges am Bahnhof sein. Nutan fand das übertrieben. Sie ließ sich immer Zeit bis zum letzten Drücker und war sicher, ich würde schon dafür sorgen, daß wir den Zug nicht verpassen. Je mehr ich meine Zwanghaftigkeit in diesem Punkt verlor, desto später kamen wir zum Bahnhof, bis wir eines Tages in der allerletzten Minute ankamen und den Zug fast verpaßt hätten. Plötzlich fing Nutan an, sich um unsere Pünktlichkeit zu kümmern. Je mehr ich das spürte (und lange Zeit war ich mir dessen nicht bewußt!), desto mehr ließ ich mir nun Zeit und verließ mich darauf, daß Nutan schon dafür sorgen würde, daß wir pünktlich genug sind. Als wir irgendwann merkten, daß wir einfach unser Muster ausgetauscht hatten, konnten wir beide darüber lachen.

Ein ganz banales Beispiel. Fast unnötig zu sagen, daß ich eine Mutter hatte, die schon als Kind mit den Schuhen in der Hand dem Schulbus hinterherlief und einen Vater, der am liebsten drei Stunden vor Abflug am Flughafen war. Bei Nutan war die elterliche Konstellation nicht unähnlich. Wir tragen beide einen überpünktlichen und einen eher nachlässigen Anteil in uns. In der Polarisierung projizieren wir einen Teil auf unseren Partner und identifizieren uns mit dem anderen. Normalerweise reicht es aus, sich das bewußt zu machen, um aus der Polarisierung auszubrechen. Wenn beide Partner beide Seiten sowohl in sich selbst als auch im anderen sehen können, sind sie in der Lage, miteinander statt gegeneinander zu kommunizieren.

Beim Thema Nähe und Distanz ist es meistens brisanter, weil auch in diesem Bereich unsere inneren Kinder sehr verletzt sind. Wann immer wir in einer Beziehung keinen Spielraum mehr haben, können wir sicher sein, daß unser inneres Kind maßgeblich daran beteiligt ist. Die meisten Menschen wurden in ihrer Kindheit entweder mit Nähe erdrückt, beispielsweise von einer überbesorgten Mutter, die sie keinen Schritt allein gehen ließ. Oder sie wurden emotional vernachlässigt, weil selten jemand einfach auf liebevolle Weise Zeit mit ihnen verbracht hat. Oft haben wir als Kinder beides erlebt, aber bei den meisten Menschen sitzt eine der beiden Verletzungen tiefer und bestimmt ihr Muster in Beziehungen.

Wir alle haben bewußt oder unbewußt die Hoffnung, genauer gesagt, unser inneres Kind hat die Hoffnung, daß unser Liebespartner es anders macht als unsere Eltern. Das Mädchen, das vom Vater nie Beachtung fand, sucht den Mann, der viel Zeit mit ihr verbringen möchte. Der von Nähe erdrückte Junge sucht die Frau, die ihn frei läßt. Aber erstaunlicherweise landen die meisten dann doch wieder in Beziehungen, in denen der Partner das Trauma der Kindheit aufs Neue berührt.

Walter ist von seiner Mutter materiell immer bestens versorgt worden, aber emotional war sie kalt und unerreichbar gewesen. Mit der Trennung von ihrem Mann hatte sie ihr Herz verschlossen, und das hatte auch der Sohn zu spüren bekommen. Jetzt lebt Walter mit einer Frau, die es sehr schätzt, daß sie von ihm materiell gut versorgt wird. Sie liebt den Luxus, den er ihr bietet, aber gefühlsmäßig orientiert sie sich woanders hin. Sie besucht Tanzkurse und hat viele Freunde. Manchmal kommt es Walter vor, als sei ihr gemeinsames Zuhause für sie nur eine Tankstelle. »Ich fühle mich manchmal wie der letzte Depp! Ich arbeite die ganze Woche über, und sie vergnügt sich in Kursen an der Volkshochschule, macht alle möglichen Fortbildungen, die aber nie zu etwas führen. Es käme ihr nicht in den Sinn, selbst für ihren Unterhalt aufzukommen. Aber wenn ich ihr nah sein möchte oder wenn ich ein Gespräch über unsere Beziehung anfange, weicht sie aus. Ich lasse mich immer wieder austricksen und falle auf ihre abenteuerlichen Ausreden herein. Womöglich hat sie schon längst einen anderen Lover.« In der Therapie öffnet er sich langsam für den Schmerz, den er empfindet, weil er ihr nie wirklich nah sein kann. Er entdeckt, daß er sich eine Situation geschaffen hat, in der sich genau die gleiche kalte Atmosphäre wie bei seiner Mutter wiederholt.

Auf einer tieferen Ebene suchen wir uns nicht den Partner, der unsere Verletzungen schont, sondern jemanden, der uns daran erinnert, daß wir in diesem Bereich Heilung brauchen (siehe Kapitel 4). Solange wir das nicht anerkennen, befinden wir uns in einer »Ko-Abhängigkeit«[17]. Unser Partner ist das Suchtmittel, das uns immer weniger befriedigt. Wir beschuldigen ihn immer mehr und bekommen immer weniger. Koabhängige Beziehungen eskalieren früher oder später in immer heftigeren Streitereien oder münden in eine halbtote, resignierte Beziehung auf emotionaler Sparflamme. Oft ist es für den Partner, der mehr Nähe sucht, leichter, die Abhängigkeit anzuerkennen. Er leidet meistens auch viel offensichtlicher. Der Partner, der seine Freiheit einklagt, kann lange in der Illusion leben, daß er selbst eigentlich kein Problem hat und nur seine Partnerin endlich ihre Abhängigkeit vom ihm klären muß. Er selbst fühlt sich unabhängig, ist aber in Wirklichkeit »anti-abhängig«. Er ist meilenweit sowohl von seinem eigenen Schmerz entfernt als auch von der Erkenntnis, daß er panische Angst vor Nähe hat, aber sie zugleich tief ersehnt. Seine höhere Intelligenz sucht ihm Partner, die ihn immer wieder mit diesem Thema verbinden, indem sie seinem verdrängten Wunsch nach Nähe Ausdruck verleihen.

Die Polarisierung zu erkennen und anzunehmen, daß letztlich beide beides wollen, ist der erste Schritt aus dem Dilemma. Im Verstehen, daß unsere aktuelle festgefahrene Beziehung ein altes Trauma wiederholt, liegt der zweite Schritt. Der dritte und entscheidende Schritt besteht darin, die Heilung nicht von außen, also vom Partner zu erwarten, sondern selbst Verantwortung für unsere Wunden zu übernehmen. Beziehungen sind überfordert, wenn damit hauptsächlich die eigenen Bedürfnisse befriedigt werden sollen. Es ist immer das innere Kind, das sich ausgehungert anfühlt und das verzweifelt, wenn es nicht bekommt, was es so dringend braucht. Diese Verzweiflung hat in der Regel nicht viel mit dem aktuellen Partner zu tun, auch wenn es sehr überzeugend danach aussieht. Der Partner ist lediglich der Katalysator für die Nachricht, daß unser inneres Kind Aufmerksamkeit braucht. Wenn wir eine wirklich freie und erfüllende Liebesbeziehung leben wollen, müssen wir bereit sein zu akzeptieren, daß uns ein Partner niemals das geben kann, was wir glauben so dringend zu benötigen. Die meisten Menschen brauchen mehrere Beziehungen, um diese Lektion zu lernen. Erst wenn wir auch vom dritten, vierten oder fünften Partner auf Dauer nicht das bekommen, was wir so dringend herbeisehnen, sind wir vielleicht bereit loszulassen und den Blick nach innen zu wenden. Es braucht Übung, in Momenten größter Verzweiflung den Partner aus der Verantwortung zu entlassen und sich selbst um sein inneres Kind zu kümmern. Das ist der entscheidende Punkt: Es gibt nur einen Menschen, der immer für unser inneres Kind dasein kann, der es liebevoll annehmen und ihm all den Spielraum geben kann, den es braucht. Das sind wir selbst. Und wir müssen erst noch lernen, was unser inneres Kind braucht und wie wir mit ihm sein können, denn das hat uns niemand vorgemacht.

110

Manuela, eine Frau von Mitte dreißig, spricht in einer Therapiesitzung mit ihrem inneren Kind, der kleinen Manuela.

Manuela: »Wie geht es dir?«

Kleine Manuela (*schweigt*)

Manuela: »Ich möchte mit dir sprechen. Warum antwortest du nicht?«

Kleine M.: »Laß mich in Ruhe!«

Manuela: »Das tut mir weh, wenn du nicht mit mir sprechen möchtest.«

Kleine M. (*aufgebracht*): »Was meinst du, wie weh mir das tut, wenn du dich nie nie nie um mich kümmerst?«

Manuela: »Das stimmt, das kann ich verstehen. Gibst du mir nochmal eine Chance?«

Kleine M. (*wird sehr traurig*): »Am liebsten würde ich dich auf den Mond schießen. Aber ich wünsche mir so sehr, daß du für mich da bist. Versprichst du mir, daß du mich nie wieder verläßt?«

Manuela (*schnappt nach Luft*): »O je, ich glaube, soviel Vertrauen habe ich zu mir selbst nicht. Aber ich möchte bestimmte Zeiten reservieren, in denen ich dann wirklich für dich da bin.«

Kleine M. (*etwas enttäuscht*): »Was bleibt mir denn schon anderes übrig. Du bestimmst ja sowieso, was passiert.«

Manuela: »Ich mag dich, auch wenn ich dich manchmal an die Wand klatschen könnte, wenn du so trotzig bist.«

Kleine M.: »Selber trotzig!«

Manuela (*lacht*): »Nein, du trotzig!«

Kleine M. (*grinst*): »Nein, du trotzig!«

Oft gibt es viele innere Widerstände zu überwinden, bis wir bereit sind, wirklich Zeit mit unserem inneren Kind zu verbringen. Manchem ist es auch ein bißchen peinlich.

In einem Kurs, den ich an der Volkshochschule zum Thema »Inneres Kind« hielt, bat ich die Teilnehmer, zum nächsten Termin ein Stofftier mitzubringen. Manche berichteten, daß sie das Tierchen gut in der Tasche versteckt hätten, um nicht ausgelacht zu werden. Sabine: »Ich habe es sogar vor meinen eigenen Kindern versteckt. Ich spiele gern mit, wenn sie mit ihren Stofftierchen spielen, aber sie für mich selbst mitzunehmen, also ich habe mich wirklich geschämt.« Im Kursraum wurden dann langsam und vorsichtig der Löwe, die Katze, der Hund, der Teddy und das Eichhörnchen ausgepackt. Manche hatten sich extra eines gekauft. Klaus:

»Ich stand im Kaufhaus und hatte schon diesen kleinen süßen Elefanten in der Hand. Aber fast hätte ich ihn wieder weggelegt. Gerade rechtzeitig fiel mir ein, daß die Verkäuferin ja nicht weiß, daß ich ihn für mich kaufen will. Also habe ich ihn ganz cool gekauft. Innerlich habe ich geschlottert. Es ist albern, ich weiß, aber es ist so.«

Je mehr wir selbst für unser inneres Kind da sind und es annehmen, wie es ist, desto leichter fällt es meist auch unserem Partner, die Wünsche unseres inneren Kindes zu erfüllen. Der Partner spürt, daß er den Wunsch nicht erfüllen muß und auch ein Nein akzeptiert würde. Das gibt Spielraum. Ohne Raum für das innere Kind wird jede Partnerschaft auf Dauer entweder emotional arm oder die Streitigkeiten eskalieren.

Das Destruktivste, was Partner tun können, ist, ständig darüber zu debattieren, ob sie zusammenbleiben wollen oder nicht. Trennungsdrohungen sind meistens Teil eines Machtkampfes, der aufgrund einer Polarisierung tobt: »Wenn sich unser Sexleben nicht grundlegend ändert, suche ich mir jemand anderen« oder »Wenn du nicht bereit bist, wirklich für mich da zu sein, wenn es mir schlecht geht, sehe ich keine Basis mehr für unsere Beziehung.« Es verführerisch, solche Drohungen auszusprechen, weil sie ihre Wirkung auf den Partner meistens nicht verfehlen. Sie machen Druck, vielleicht kommt der Partner uns sogar kurzfristig entgegen und gelobt Besserung. Ich habe allerdings noch nie erlebt, daß sich dadurch wirklich etwas zum Besseren gewendet hat. Im Angesicht von Machtkampf und Bedrohung wächst kein Vertrauen. Unser inneres Kind fühlt sich zu Tode bedroht, und in aller Regel sind wir in einer solchen Situation nicht in der Lage, gut für uns selbst zu sorgen. Es ist dann nämlich nicht mehr möglich zu unterscheiden, welche Ängste alt sind und welche aus der aktuellen Situation kommen.

Beziehungen, die nicht zumindest für eine gewisse Zeit außer Frage stehen, nannte Alan Lowen einmal »Ob-Beziehungen«. In solchen Beziehungen lauert hinter jeder schwierigen Situation die Frage, ob die Partner zusammen bleiben wollen oder nicht, und diese Belastung hält kaum eine Beziehung auf Dauer aus. Die inneren Kinder verschließen sich, und die Beziehung verliert an emotionaler Tiefe, auch und manchmal sogar gerade dann, wenn die drohende Trennung die sexuelle Attraktion zeitweilig noch einmal steigert. Häufiger ist es jedoch so, daß auch die sexuelle Lust nachläßt, und nicht selten provoziert der schleichende Prozeß des Sich-Verschließens die Trennung, die bewußt herbeizuführen die Partner nicht den Mut hatten. Damit wir Verantwortung für unser inneres Kind übernehmen können, brauchen wir Vereinbarungen und Verbindlichkeiten, die uns innerlich Raum dafür geben (siehe Kapitel 9). Vania erzählt von ihrer Beziehung mit Franz:

»Wir haben uns lange Zeit mit der Frage zum Narren gehalten, ob wir zueinander passen. Die Liebe war da, aber oft hatten wir einfach sehr unterschiedliche Interessen. Ich wollte wandern, Franz wollte auf dem Balkon in der Sonne liegen. Ich wollte mit Freunden zusammen sein, er zog unsere Zweisamkeit vor. Und immer wenn sich so eine Situation ergab, brachte einer von uns die Frage ins Spiel, ob es denn überhaupt Sinn macht, daß wir zusammen sind. Irgendwann hat uns ein Freund damit konfrontiert, daß ihn unser Hin und Her nervt und wir doch endlich mal entscheiden sollten, ob wir zusammen sind und bleiben oder nicht. Zuerst waren wir beide etwas brüskiert, nach dem Motto: »Was fällt dem ein; das ist doch wohl unser Ding!« Aber es ließ uns nicht los, und wir beschlossen schließlich, die Beziehung ein Jahr lang nicht in Frage zu stellen. Ich kann nur sagen, ich hätte nicht gedacht, was das ausmacht. Plötzlich waren all die unterschiedlichen Interessen unwichtig, mal machten wir was zusammen und mal nicht. Das stand nicht mehr zwischen uns.«

Wenn das »Ob« nicht ständig zur Diskussion steht, leben wir in einer »Wie-Beziehung«, in der wir gemeinsam wirklich in die Tiefe gehen können. Das »Ob« steht außer Frage, und das erleichtert das Erkunden des »Wie« unserer Lust und Liebe. Eine solche Beziehung gibt Raum, all unsere Empfindungen und Gefühle zu entdecken und zu erleben und sie zum Wohle aller Beteiligten zum Ausdruck zu bringen.

9.
Schnell einen Zaun drum herum?

Wie Liebe verbindlich und frei sein kann

Wenn sich zwei Menschen für eine Partnerschaft entschieden haben, geht das eigentliche Abenteuer erst los. Ich kenne nichts, was mich emotional so herausfordert wie eine Liebesbeziehung. Nutan bringt mich immer wieder an meine Grenzen. Das ist manchmal stimulierend, manchmal aber auch nicht so angenehm. Je näher die Beziehung, desto öfter »drücken wir unsere Knöpfe«[18], berühren auch unsere wunden Punkte, wecken unsere unerfüllten Wünsche und Sehnsüchte. Was brauchen wir, um davor nicht davonlaufen zu müssen?

Welchen Rahmen und welche Verbindlichkeit braucht eine Liebesbeziehung, damit die Liebe immer wieder eine Chance hat? Wieviel Freiheit ist nötig und möglich, damit jeder seine Einzigartigkeit bewahren und entwickeln kann? Welchen Raum brauchen unsere Gefühle? Wie können wir offen genug sein, um Platz für die Spontaneität unserer Gefühle zu haben, und gleichzeitig so verbindlich, daß unser inneres Kind sich sicher genug fühlt, die Gefühle überhaupt zuzulassen?

Wie wir mit unseren Gefühlen umgehen (siehe Kapitel 6), ist auch für das Thema Freiheit und Verbindlichkeit entscheidend. Gefühle bringen Tiefe in unsere Begegnungen und Beziehungen. Gefühle verbinden und machen uns zu sozialen Lebewesen. Gefühle können aber auch so heftig sein, daß wir vor ihnen davonlaufen. Gefühle können uns so sehr Angst machen, daß wir enge Kontakte meiden, um wieder zur Ruhe zu kommen. Manchmal fühlen wir uns aber auch isoliert und einsam und erleben diese Gefühle überhaupt nicht als verbindend.

Wie können wir der Wahrheit unserer Gefühle Raum geben und gleichzeitig für unseren Partner nah und erreichbar sein? Viele Menschen erleben das als Widerspruch. Sie sehen gerade in langfristigen Beziehungen nur die Alternative, Kompromisse zu schließen und die wahren Gefühle und Neigungen teilweise zu verstecken – oder offen und ehrlich zu sein und damit Streit und Verletzungen zu riskieren. Am krassesten und bedrohlichsten stellt sich diese Alternative dar, wenn es um die Frage geht, wie weit sich ein Paar auch auf enge oder gar erotische Außenkontakte einläßt. An dieser Frage sind zahllose Beziehungen zerbrochen. Das Thema sexuelle Treue oder Freiheit ist Auslöser für erbitterte Kämpfe und ideologisch-moralische Auseinandersetzungen. Was steckt dahinter?

Daniela ist verzweifelt. Ihr Partner Michael hat sich in eine andere Frau, Martina, verliebt und möchte seine Gefühle mit ihr ausleben. Er möchte aber auch mit Daniela zusammen bleiben und beteuert, wie sehr er sie noch immer liebt. Sie kann es nicht fassen, hat schlaflose Nächte und fühlt sich tief deprimiert. Sie spürt, daß sie sich nicht mehr wirklich für Michael öffnen kann, weil ihr ständig Martina in den Sinn kommt. Das quält sie noch mehr als sein »Fremdgehen«. Wenn er sie liebevoll anschaut, denkt sie: »Ob er Martina auch so anschaut?« Gleichzeitig macht sie sich selbst Vorwürfe, weil sie so eifersüchtig ist, und fragt sich, ob sie ihn überhaupt wirklich liebt, wenn sie ihn nicht auch frei lassen kann. Ratlos sitzt sie vor mir und weiß nicht weiter. Ich frage sie: »Hast du Michael das alles schon einmal so erzählt wie du es jetzt mir erzählst?« Daniela: »Das würde alles nur noch schlimmer machen und ihn geradewegs in die Arme der anderen treiben. Er fühlt sich so schon eingeengt genug, weil ich so leide. Er kann das nicht gut aushalten.«

Dieses Beispiel zeigt auf sehr anschauliche Weise, wie wir uns durch den Umgang mit unseren Gefühlen von unserem Partner trennen. Die Gefühle selbst sind verbindend, Gefühle können niemals trennend sein. Weder Eifersucht noch Einsamkeit oder Scham sind trennend. Was uns trennt ist unsere Entscheidung, diese Gefühle nicht mit dem anderen zu teilen, meistens, weil wir uns selbst darin nicht akzeptieren können. Wie berührend kann es sein, wenn jemand offen und ehrlich von seiner Einsamkeit spricht und die dazugehörigen Gefühle der Trauer oder Sehnsucht zuläßt. Mitgeteilte Einsamkeit kann Herzen öffnen und schafft Verbindung. Die Isolation ist nicht die Folge eines Gefühls, sondern die Folge davon, daß wir uns aktiv von diesem Gefühl und von unseren Mitmenschen abschneiden. Es ist unsere Wahl, ob wir uns mit unserer Eifersucht, Trauer, Angst oder Wut ins stille Kämmerlein zurückziehen oder uns damit zeigen und Kontakt aufnehmen. Allerdings wird diese Wahl oft unbewußt getroffen, und wir erleben den Rückzug und die Isolation wie einen inneren Zwang.

Wenn wir uns nicht zurückziehen, sondern uns anderen Menschen mit unseren Gefühlen zumuten, bleibt die Frage, wie die anderen darauf reagieren. Gefühle sind ansteckend. Wenn eine Person ein intensives Gefühl erlaubt und zeigt, spüren die Menschen in ihrer unmittelbaren Umgebung eine intensive emotionale Resonanz. Es muß nicht unbedingt immer dasselbe Gefühl sein. Manchmal ist es auch ein völlig anderes. Wenn jemand in unserer Nähe weint, kann uns das ebenfalls traurig machen, aber auch wütend oder ängstlich. Auf jeden Fall werden auch wir etwas fühlen, es sei denn, wir sind völlig verschlossen. Gefühle senden starke Schwingungen aus, denen wir uns nur entziehen können, wenn wir unsere innere Resonanz unterdrücken.

Würde Daniela ihre Gefühle zulassen und sie Michael zeigen, dann würde auch er etwas spüren, möglicherweise etwas, das er nicht gern spürt. Vielleicht fühlt er sich eingeengt, ist traurig oder seine Schuldgefühle werden berührt. Kann er dann die Verantwortung für seine Gefühle übernehmen und sich damit zeigen, ohne seine Partnerin zu beschuldigen? Die verbindende Natur von Gefühlen, ihre »Verbindlichkeit«, bewirkt nicht, daß jeder unsere Gefühle willkommen heißt. Im Gegenteil, gerade weil Gefühle so ansteckend sind, hängt unsere Fähigkeit, die Gefühle anderer dasein zu lassen, völlig davon ab, inwieweit wir unsere eigenen Gefühle annehmen können.

Vielen Menschen macht Wut Angst. Wäre es dann in Ordnung, Angst zu haben, dann wäre es auch in Ordnung, daß andere wütend sind. Wenn ich meine Angst haben kann, muß ich nicht gleich davonrennen, mich innerlich verschließen oder zurückbrüllen, nur um meine Angst nicht zu spüren. Viele Menschen macht die Trauer anderer ebenfalls traurig. Wenn es für dich in Ordnung ist, traurig zu sein, brauchst du dich nicht von der trauernden Person abzuwenden. Auch mußt du nicht gleich wie ein Ambulanzwagen zu der trauernden Person eilen, um sie davon zu überzeugen, daß alles wieder gut wird und die Trauer völlig unnötig ist. Das kann vordergründig nach Trostspenden aussehen, ist aber oft nur der Versuch, sich vor der eigenen Trauer zu retten.

Wenn wir das ganze Spektrum unserer eigenen Gefühle akzeptieren, kann uns kaum etwas davon abhalten, anderen Menschen so zu begegnen, wie sie sind und fühlen. Wir stellen fest, daß uns unsere emotionale Resonanz mit jedem anderen Menschen verbindet. Wenn unsere Gefühle jedoch ständig nur auf Sparflamme vor sich hinköcheln und bestimmte Gefühle generell vermieden werden, bewegen wir uns auf einem Slalomkurs durch die Landschaft emotionaler Begegnungen und Beziehungen. Dann sind wir gezwungen, jeden Menschen zu meiden, der ein Gefühl in uns berührt, das wir nicht haben wollen. Je mehr ungeliebte Gefühle wir in uns tragen, desto mehr andere Menschen müssen wir meiden. Unsere Offenheit oder Verschlossenheit gegenüber unseren Mitmenschen ist ein direkter Spiegel für unser Verhältnis zu unseren Gefühlen. Ein Reichtum an Gefühlen, die wir annehmen können, bedeutet auch ein Reichtum an Begegnungsmöglichkeiten. Die manchmal verzweifelte Suche nach dem einen Menschen unter Millionen, der uns versteht und annimmt, oder das verzweifelte Festhalten an dem einen Menschen, von dem wir uns überhaupt je geliebt gefühlt haben, ist ein Spiegel dafür, wie vielen Aspekten in uns wir nicht begegnen möchten. Wenn ich mich selbst nicht mag, erscheint mir die Welt kalt, unfreundlich und abweisend. Wenn ich mich selbst annehme, sieht plötzlich alles viel freundlicher aus. Die innere Schwingung der Liebe für uns selbst verbindet uns mit den Herzen anderer Menschen. Wenn wir uns selbst lieben, fallen wir nicht so schnell auf die coole und gefühllose Fassade herein, hinter der sich so viele verstecken. Martha berichtet von einem Workshop:

»Viele Jahre lang war ich depressiv. Ich empfand andere Menschen als abweisend. Ich war voller Haß auf eine Gesellschaft, die so kalte und abweisende Menschen produziert. Ich hatte keine Lust mehr zu leben. Irgendwie bin ich dann doch in diesen Workshop geraten. Es war so etwas wie der Mut der Verzweiflung. Ich dachte mir: ›Bevor du dich umbringst, kannst du ja auch noch das ausprobieren. Vielleicht ist ja ein Mensch dabei, der dich versteht.‹ Es war hart. Alle anderen schienen sich schnell nahe zu kommen; ich wurde mehr und mehr gemieden. Ich war drauf und dran abzureisen. Als ich das in der Gruppe mitteilen wollte, brüllte mich plötzlich ein Mann an: ›Du bist wie ein Felsblock! Du läßt überhaupt niemanden an dich ran! Und dann beklagst du dich, wir würden dich meiden. Zum Kotzen. Wie meine Mutter! Die hat auch immer dieses Spiel mit uns getrieben.‹ Er brüllte noch eine Weile weiter, dann fing er an zu weinen, weil er die Liebe seiner Mutter so sehr vermißt hatte und weil er sie trotz allem so sehr liebte. Plötzlich wurde mir etwas klar. Ich konnte ihn so gut verstehen. Ich haßte seine Mutter für das, was sie ihm angetan hatte. Und ich war genauso! Von einem auf den anderen Moment merkte ich, daß die ganze Kälte und Zurückweisung in mir war, nicht in den anderen. Ich fing an, das der Gruppe mitzuteilen, und plötzlich sah ich in lauter mitfühlende Gesichter. Das war der große Wendepunkt.«

Noch mehr als alle anderen Begegnungen braucht eine Liebesbeziehung einen Raum, in dem die wahren Gefühle mehr und mehr an die Oberfläche kommen und gezeigt werden können. Jeder Kompromiß auf der Ebene der Gefühle geht auf Kosten der Lebendigkeit und Verbundenheit, auch dann, wenn dadurch kurzfristig ein Streit vermieden wird. Das heißt nicht unbedingt, daß alle Gefühle hemmungslos und ohne Rücksicht auf den Partner ausgelebt werden müssen. Wenn wir uns wirklich nah sein wollen, brauchen wir den Mut, uns unsere Gefühle einzugestehen, so wie sie sind. Wenn wir das nicht gewohnt sind und erst anfangen, dem Partner unsere wahren Gefühle zu offenbaren, sind Krisen durchaus zu erwarten.

Eifersucht ist das vielleicht unerträglichste und qualvollste aller Gefühle. Der Eifersüchtige ähnelt einem Verhungernden, dem eine Rebe wohlschmeckender Trauben vor die Nase gehalten wird, die verschwindet, sobald er danach greifen will. Damit nicht genug. Gleich nebenan werden vor seinen Augen genüßlich die erlesensten Trauben verzehrt. Es ist nicht nur der Mangel an Liebe, Lust und Zuwendung, die den Eifersüchtigen quält, sondern auch die vermeintliche Nähe der ersehnten Befriedigung, die aber ausbleibt, weil sie einem anderen gewährt wird. Es vergeht wahrscheinlich kaum ein Tag, an dem nicht irgendwo auf der Welt jemand zum Mörder wird oder zumindest mit Mordgedanken spielt, wenn die Eifersucht mit voller Wucht zuschlägt. Manchmal machen uns schon kleine Dinge eifersüchtig:

Meine Freundin unterhält sich angeregt mit einem anderen Mann.

Eine gemeinsame Freundin begrüßt meinen Mann besonders herzlich und mich nur mit einer kleinen Handbewegung.

Auf einem Fest wird mein bester Freund von einer attraktiven Frau zum Tanz aufgefordert, auf die ich auch schon ein Auge geworfen habe, und die beiden amüsieren sich bestens.

Ich begegne einem alten Freund und stelle ihn meiner Freundin vor. Diese schaut ihm einen Moment »zu lang« in die Augen.

Mein Bruder und ich feiern gemeinsam Geburtstag, und er bekommt mehr Aufmerksamkeit als ich.

Der Übergang von der Eifersucht zum Neid ist fließend. Der andere hat etwas, das ich auch gern hätte, das mir aber irgendwie versperrt bleibt. Oft ist uns in solchen Situationen gar nicht bewußt, daß wir eifersüchtig sind. Wir spüren vielleicht nur, daß wir unzufrieden, nervös, ärgerlich oder deprimiert sind und den Kontakt zu den Menschen meiden, auf die wir eifersüchtig sind. Es ist nicht leicht, sich selbst die Eifersucht einzugestehen, und noch schwieriger ist es, sie offen zuzugeben. Eifersucht sieht nämlich häßlich aus, und wer zeigt sich schon gern von der häßlichen Seite? Wenn dann auch noch die Verantwortlichkeiten für die Gefühle verdreht werden, kann aus einem nichtigen Anlaß schnell ein großer Streit entstehen.

Thomas und Angelika sind zusammen auf eine Party gegangen. Er fühlt sich nicht besonders wohl, sie genießt das Fest. Zu allem Überfluß sieht er, wie sie mit einem anderen Mann, Stefan, flirtet. Er kaut an seinem Bierglas und rennt nervös auf und ab. Schließlich geht er zu ihr und sagt: »Ich fühle mich nicht wohl, ich möchte gern nach Hause.« »Geh nur, Liebster, ich bleibe noch ein bißchen. Es ist gerade so schön hier. Bis später.« Nach fünfzehn Minuten kommt er wieder auf sie zu. Sie fragt erstaunt: »Ach, du bist noch hier?« »Ja, ich möchte, daß du mitkommst. »Ich hab doch gesagt, ich möchte noch hierbleiben. Ich habe mich schon lange nicht mehr so wohl auf einem Fest gefühlt.« Thomas ist aufgebracht. »Dir ist es wohl egal, wie ich mich fühle. Du bist total rücksichtslos«, zischt er und rauscht davon. Jetzt fühlt sie sich auch nicht mehr wohl. Achselzuckend läßt sie Stefan stehen und rennt hinter Thomas her. »Du bist doch nur eifersüchtig. Aber dazu hast du echt keinen Grund. Ich habe keinerlei Ambitionen, mit Stefan etwas anzufangen.« »Und das soll ich dir glauben? Ich seh doch, wie ihr euch vergnügt und wie egal ich dir gerade bin. Dir ist es scheißegal, wie mies es mir gerade geht...«

Klingt das bekannt? Ich habe diese Situation schon in vielen Varianten erlebt, und zwar in allen drei Rollen. Der Eifersuchtsdreisatz sieht in diesem Beispiel so aus:

1. Der Eifersüchtige (Thomas) versucht, jemand anderen (Angelika) für seine Gefühle verantwortlich zu machen. Er weiß ja auch genau, daß es ihm besser ginge, wenn sie nicht mit einem anderen Mann flirten würde. Er verwechselt dabei Anlaß und Ursache. Sie berührt seine Gefühle, aber die Ursache seiner Empfindlichkeit liegt viel weiter zurück in seiner Geschichte.

2. Sie versucht ihm klar zu machen, daß er keinen Grund zur Eifersucht hat. Als »Opfer« der Eifersucht wehrt sie sich gegen die Beschuldigung, fühlt sich aber im Innern doch schuldig, weil ihr ebenfalls nicht klar ist, daß sie seine Gefühle zwar berührt, aber nicht verursacht hat. Aus dem Schuldgefühl heraus kann sie seine Gefühle nicht ertragen und will sie ihm ausreden.
3. Er fühlt sich mit seinem Gefühl nicht angenommen, was die Eifersucht nur noch schlimmer macht. Ihre Reaktion wirkt wie Wasser auf seine Mühle. Er fühlt sich negativ bestätigt und schickt noch ein paar Vorwürfe hinterher.

Der Ausweg aus diesem Dilemma ist im Prinzip einfach, erfordert aber in der Praxis ein hohes Maß an Bewußtheit und Bereitschaft, die Verantwortung für sich selbst zu übernehmen. In diesem Beispiel könnte das so aussehen:
1. Thomas erkennt an, daß er eifersüchtig ist, daß die Wurzeln dafür in ihm selbst und in seiner Geschichte liegen und daß Angelika die Eifersucht lediglich ausgelöst hat.
2. Sie erkennt an, daß sie die Eifersucht ausgelöst, aber nicht verursacht hat. Sie erkennt ebenfalls an, daß die Eifersucht Schuldgefühle in ihr berührt und eine Abwehr gegen diese Schuldgefühle auf den Plan ruft.
3. Beide übernehmen die Verantwortung dafür, daß Gefühle in ihnen berührt werden, die sie im Moment nicht annehmen können, und akzeptieren, daß es ihre eigene Aufgabe ist, diese Gefühle annehmen zu lernen. Im obigen Beispiel: Thomas widmet sich seinem Gefühl, verloren und verlassen zu sein. Angelika widmet sich ihren Schuldgefühlen.

Auf dieser Basis ist eine verständnisvolle Partnerschaft möglich. In der Praxis reagieren wir jedoch oft viel zu schnell auf ungeliebte Gefühle in uns. Wir geben uns keine Zeit, zu fühlen und bewußt wahrzunehmen, was da ist, bevor wir die erste Beschuldigung loslassen. Beschuldigungen verschaffen kurzfristig Erleichterung, führen jedoch langfristig zu Streit, Verwicklungen und Beziehungskatastrophen. Eine Art Selbstdisziplin ist notwendig, um der Versuchung zu widerstehen, den anderen zu beschuldigen anstatt selbst zu fühlen. In Situationen wie der oben angedeuteten mag das zu schaffen sein, aber wenn die Eifersucht mit voller Wucht über uns hereinbricht, ist es unrealistisch zu erwarten, daß wir sofort voll und ganz die Verantwortung dafür übernehmen. Um so wichtiger ist es, später, wenn die erste Welle der Qual abgeebbt ist, dafür einzustehen, daß wir den anderen mit unseren Beschuldigungen verletzt haben.

Eifersucht kann höllisch weh tun, und ich neige zu der Ansicht, daß nie wirklich geliebt hat, wer die Eifersucht nicht kennt. Wer niemals eifersüchtig war, hat sich vielleicht noch nie wirklich tief eingelassen, und er oder sie hört das bestimmt nicht gern. Aber stimmt auch der Umkehrschluß? Ist Eifersucht ein Indikator dafür, wie sehr wir jemanden lieben? Ich glaube nicht. Manche sehen in der Eifersucht ihres Partners eine Art Liebesbeweis. Eifersucht hat jedoch im Kern nichts mit Liebe zu tun, wohl aber mit unseren alten Verletzungen, die die Liebe an die Oberfläche bringt. Und Eifersucht läßt nicht nur ein Gefühl hochkommen, sondern fast die gesamte Palette unserer ungeliebten Gefühle. Sie kann enorm destruktive Züge annehmen, wenn wir sie nicht als unser eigenes Gefühl anerkennen und statt dessen all das vernichten wollen, was die Eifersucht in uns auslöst. Erst dann wird die Eifersucht zur sprichwörtlichen »Leidenschaft, die mit Eifer sucht, was Leiden schafft«.

Als Nutan und ich uns kennenlernten, wohnten wir tausend Kilometer voneinander entfernt, sie in Bern, ich in Berlin, und hatten beide noch andere Liebhaber. Aufgrund der großen räumlichen Distanz konnten wir uns das auch gut zugestehen. Im Nachhinein erscheint mir diese Konstellation sehr wertvoll, denn auf diese Weise machten wir unsere Erfahrungen mit Außenbeziehungen in einer Zeit, in der wir völlig ineinander verliebt waren. Wir haben erfahren, daß es kein Widerspruch sein muß, ineinander verliebt und dennoch offen für andere zu sein. Wir waren durchaus manchmal eifersüchtig, aber das war vergleichsweise einfach zu bewältigen. Hätten wir in der selben Stadt gewohnt, wäre es uns vermutlich nicht in den Sinn gekommen, in dieser Zeit auch noch anderen Menschen sexuell zu begegnen.

So geht es vielen Paaren. Seitensprünge und Außenbeziehungen kommen meistens erst dann ins Spiel, wenn es in der Partnerschaft kriselt, und die Kombination aus Krise und Seitensprung läßt sich weitaus schwieriger auf konstruktive Weise bewältigen. Am Anfang einer Beziehung gibt es keinen großen Drang zum Fremdgehen, alles ist noch neu, frisch, aufregend und zauberhaft. Und dennoch legen viele Paare bereits in dieser Phase den Grundstein für spätere Katastrophen.

Wenn ihre Gefühle erwidert werden, errichten die meisten Frischverliebten unbewußt sofort einen Zaun um sich herum. Sie flüstern sich zärtlich »Du gehörst jetzt ganz mir« oder »Ich bin dein« ins Ohr und ahnen nicht, was sie damit anrichten. Und unsere gesellschaftlichen Normen helfen da kräftig mit. Weil unsere Kultur so wenig Raum für Lust und Liebe bietet, ist es nicht weiter verwunderlich, daß die meisten frisch verliebten Paare einem weitverbreiteten Irrtum aufsitzen. Sie halten die Liebe und die erotische Anziehung zueinander für etwas Exklusives. Vielleicht glauben sie sogar, füreinander bestimmt zu sein, weil sich das Geschenk dieser Begegnung so außerordentlich anfühlt. Sie schwören sich ewige Treue und sind sich nicht bewußt, daß ihr eigentliches Motiv für diesen Schwur der Wunsch ist, den anderen festzuhalten, zu sichern, und zwar mitsamt den wunderbaren Gefühlen, die er oder sie hervorruft.

Jedes »Only you« mißversteht die Natur der Liebe. Jedes noch so lieb gemeinte Kompliment, mit dem man behauptet, »kein anderer kann mich jemals so antörnen wie du«, ist eine unbewußte Beleidigung für die Natur sexueller Anziehung. Wir leben in einem sexuellen Universum, das durchdrungen ist von erotischem Magnetismus und erotischer Elektrizität. Wir wären durchaus in der Lage, diese erotische Elektrizität jederzeit wahrzunehmen, wenn wir nicht so tief verwundet wären, daß wir nur in besonders seltenen Situationen Zugang dazu haben. Weil wir uns der Liebe gegenüber verschlossen haben, ist es so außergewöhnlich, wenn sie in unser Leben tritt. Liebe ist jedoch so universell vorhanden wie die Luft zum Atmen; sie ist das, was alles miteinander verbindet.

Beate hatte einen Workshop bei uns besucht und war begeistert. Sie genoß es, sich mehr zu spüren, besseren Zugang zu ihren Gefühlen zu haben, ihre Weiblichkeit und Erotik zu entfalten und anzunehmen. Eigentlich hätte sie glücklich über diese Entwicklung sein können, wenn da nicht die Auseinandersetzung mit ihrem Partner Friedrich gewesen wäre. Nach dem Kurs machte er ihr die Hölle heiß. Er erklärte ihr, sie sei einem großen Irrtum aufgesessen, Tantra sei eine Mogelpackung für Leute, die anders keine Lust und Liebe finden. Nach langem Streit und einigem Hin und Her ist er bereit, sich mit ihr zusammen zu einem Wochenende anzumelden. Beate ist froh, und wir sind gespannt, denn sie hat uns telefonisch über die Situation informiert. Im Workshop wird bald klar, daß Friedrich nicht wirklich bereit ist, sich auf die Gruppe einzulassen. Er macht die Übungen wie Dienst nach Vorschrift, sitzt oft demonstrativ gelangweilt in der Ecke und schweigt sich darüber aus, was in ihm vorgeht. Samstag mittag ist es soweit, er will abreisen und verläßt den Gruppenraum. Beate rennt ihm zunächst hinterher, aber sie kommt zurück und entscheidet sich zu bleiben, obwohl sie sehr traurig über seinen Ausstieg ist. Erst nach dem Workshop erfahren wir, was er ihr vorwirft: »Du kannst es nicht aushalten, wenn ich Affären mit anderen Frauen habe, aber was in den Gruppe abläuft, ist genauso nah und intim, auch wenn kein direkter sexueller Kontakt stattfindet. Ich fühle mich betrogen.«

In gewissem Sinn hat Friedrich den Nagel auf den Kopf getroffen. In Tantra-Seminaren wird erfahrbar, daß Liebe und Erotik absolut nichts Exklusives und Besonderes sind. Sie sind universell. Diese Erfahrung mag schockierend sein, stellt sie doch so manches Weltbild auf den Kopf und entzieht vielen Ehen und Liebesbeziehungen die Grundlage. Die vermeintliche Exklusivität, die Paare ihrer erotischen und liebevollen Verbindung zuschreiben, ist ein Spiegel unserer Verletzungen. Jede Begegnung ist einzigartig, Erotik ist bezaubernd, Kontakt von Herz zu Herz ist tief berührend und beglückend. Das kann auch so bleiben, wenn wir die Illusion loslassen, daß daran irgend etwas Besonderes wäre. Gäbe es da nicht die Angst, die eine solche Sicht der Dinge bereiten kann. Wenn mein Partner das, was er gerade mit mir erlebt, auch mit einer anderen Frau erleben könnte, ja sogar mit fast jeder Frau, warum sollte er dann bei mir bleiben? Es ist paradox, aber die Erkenntnis, daß Lust und Liebe universell sind, berührt zunächst unsere Angst vor Verlust, obwohl sie eigentlich für das Gegenteil spricht: Alles ist im Überfluß da. Auch diese Verkehrung ist ein Spiegel unserer Verletzungen, aus denen heraus wir die Welt durch die Brille des Mangels betrachten.

Philosophen, Moraltheologen, Biologen, Soziologen und Psychologen haben auf vielfältigste Art und Weise die ethische, soziale, biologische oder psychologische Notwendigkeit oder Überlegenheit der Ehe zu beweisen versucht. Die Begründungen reichen von fundamentalistischen Aussagen wie »Gott hat es so gewollt« bis zu eher pragmatischen Glaubenssätzen wie »Seitensprünge, Affären und Dreierbeziehungen gehen auf Dauer nie gut«. Modernere Theorien besagen, daß das innere Kind mit dem Fremdgehen des Partners nicht klar kommt oder daß wir mit Nebenbeziehungen immer vor etwas davon laufen. An all dem mag etwas dran sein, aber können wir uns einen unverstellten Blick darauf erlauben, daß Lust und Liebe potentiell zwischen allen Menschen vorhanden ist?

In manchen Kulturen, in denen freier mit Sexualität umgegangen wird, haben pubertierende Jugendliche genügend Raum, Erfahrungen mit dem anderen Geschlecht zu machen, bevor sie sich an einen Partner binden. Feste Bindungen entstehen dann nicht aus Verlustangst, sondern weil die beiden wirklich gut miteinander harmonieren. Nicht jeder Mensch, in den wir uns verlieben, ist auch ein passender Partner fürs Leben. Aber wenn wir keine Wahl haben, weil wir unser Herz nur alle paar Jahre für einen anderen Menschen öffnen, nehmen wir verständlicherweise die Person, die gerade da ist, wenn das Wunder der Herzöffnung geschieht. Es ist wie ein Griff nach dem Strohhalm.

Andere vermeiden die Katastrophe, bescheiden sich aber auch in der Liebe. Sie wählen einen Partner, mit dem sie im Alltag gut klar kommen, und verzichten auf die große Liebe.

Wieder andere wählen überhaupt niemanden und verharren auf der Ebene pubertären Ausprobierens. Diese Variante des Liebeslebens ist die Kehrseite des »Only You«. Gestern las ich in der Zeitschrift »Cosmopolitan«, daß Single-Frauen glücklicher seien als gemeinhin angenommen. In dem Artikel kam eine Frau zu Wort, die voll Stolz berichtete, wie sie am Morgen nach einer abgefahrenen erotischen Nacht ihren Liebhaber anschaut und froh ist, daß sie ihn bald wieder los ist. Ist das Glück?

Wenn Lust und Liebe universell sind, warum sollten wir uns dann überhaupt für jemanden entscheiden? Wir könnten doch auch vielfältige Kontakte genießen und uns ausschließlich von unseren Impulsen leiten lassen, ganz im Hier und Jetzt, ohne Gestern und Morgen. Käme das der Natur der Liebe nicht am nächsten?

Freiheit ist der eine Flügel der Liebe, Verbindlichkeit der andere. Bestimmte Qualitäten und Tiefen erfahren wir nur, wenn wir länger mit einem Menschen zusammen sind. Wenn wir diese Tiefen erleben möchten, bleibt uns nichts anderes übrig, als uns eines Tages für jemanden zu entscheiden. Das kann auf Zeit sein, es kann sein, »bis daß der Tod uns scheidet«, es kann sexuell ausschließlich sein oder offen für Nebenbeziehungen. Ich möchte das anhand der Beziehungspyramide verdeutlichen.

An der Basis dieser Pyramide ist Platz für unendlich viele Begegnungen. Wir können jeden Moment einem neuen Menschen begegnen. Unsere Alltagskontakte sind schon begrenzter, und je intensiver sie sind, desto weniger Platz haben wir für unendlich viele Begegnungen. Die Reihenfolge der Ebenen kann individuell variieren. Zum Beispiel kann die Familie weiter oben oder weiter unten angesiedelt sein, je nachdem, wie wichtig sie im Leben des Einzelnen ist. Unsere Kapazität ist nach oben hin mehr und mehr begrenzt. Wir können nicht jeden Menschen zum Freund haben. Wir können vielleicht mehrere Liebesbeziehungen eingehen, aber nicht mehrere Lebenspartner haben. Auf der vorletzten Ebene ist nur noch Platz für eine Person. Wir erleben diese Qualität nur, wenn wir uns für eine Person entscheiden und sagen: »Ich liebe dich und will mit dir leben. Ich habe mich für dich entschieden.« Darüber ist nur noch der Raum des Alleinseins, in dem kein anderer Mensch Platz hat.

Gefühle, erotische Anziehung und auch die individuell empfundene Liebe sind keine stabile Basis für eine Liebesbeziehung oder eine Lebenspartnerschaft. Gefühle sind ebenso veränderlich wie erotische Anziehung. Auch unsere Liebesfähigkeit hat ihre Grenzen. Wir tappen in eine Falle, wenn wir behaupten: »Ich habe mich für dich entschieden, weil du die liebenswerteste und erotischste Frau für mich bist« oder »Ich könnte nie einen anderen Mann so lieben wie dich.« Woher wollen wir das wissen? Im Gegenteil, was wir alle tief in uns wissen, ist, daß niemand so etwas versprechen kann, und damit ist unbewußt der Boden bereitet, auf dem Mißtrauen gedeihen kann.

Die umgekehrte Falle, in die viele Menschen tappen, weil sie die Erfahrung gemacht haben, daß Gefühle und Erotik instabil sind, ist die Überzeugung, Verbindlichkeit sei ganz und gar unmöglich. Damit wäre das Kind mit dem Bade ausgeschüttet. Verbindlichkeit in einer Partnerschaft wird ganz einfach dadurch möglich, daß wir uns entscheiden. Wenn Liebe und Lust universell sind, wenn es nur unsere inneren Barrieren sind, die uns den Blick darauf verstellen und uns von unserer sexuellen Natur abschneiden, warum sollten wir uns dann nicht für einen Menschen entscheiden können und es als unsere Aufgabe begreifen, Lust und Liebe immer wieder erfahrbar und lebendig werden zu lassen? Es klingt vielleicht unromantisch, aber wir könnten sagen: »Ich habe mich für dich entschieden. Es gibt keinen zwingenden Grund. Ich habe mich einfach dafür entschieden, mit dir die Lust und die Liebe immer wieder neu zu entdecken und alles in meiner Macht Stehende zu tun, um auftauchende Hindernisse aus dem Weg zu räumen.« Auf diese Weise versprechen wir nichts, was wir nicht auch halten könnten. Wir versprechen keine bestimmten Gefühle. Wir versprechen lediglich unsere Bereitschaft zu tun, was nötig ist, um die Liebe am Leben zu halten. Viele Paare sind noch gar nicht auf die Idee gekommen, daß Freiheit und Verbindlichkeit in der Liebe sich nicht ausschließen müssen.

Robert und Doris sind seit elf Jahren verheiratet, als sie an einem unserer Workshops teilnehmen. Ihre tiefe Verbindung ist auch von außen sofort zu spüren. Im Laufe des Workshops kommen sie in Schwierigkeiten. Doris genießt auch die Begegnungen mit anderen Männern, Robert wird zunehmend eifersüchtig. Er fühlt sich minderwertig, weil er die Begegnungen mit anderen Frauen nicht so genießen kann, er würde am liebsten alle Übungen mit Doris machen. Aber er will sie auch nicht einsperren. In einem Gespräch über die Situation wird deutlich, daß beide zwar voll und ganz zu ihrer Partnerschaft stehen, aber auch davor Angst haben, einer könnte sich in jemand anderen verlieben. Robert: »Was soll ich dann noch machen? Wenn Doris sich verliebt, wird sie mit dem anderen leben wollen. Ich habe einfach Angst, sie zu verlieren.« Ich frage sie: »Habt ihr irgendeine Vereinbarung für den Fall, daß einer sich verliebt?« Es stellt sich heraus, daß sie noch nie offen und konkret über dieses Thema gesprochen haben, weil die Trennungsangst ein solches Gespräch schon im Keim erstickt hätte.

Mit Hilfe von Vereinbarungen ist eine offener Austausch darüber möglich, wo wir auch außerhalb der Beziehung Lust und Liebe erleben. Das mag immer noch heikel sein, aber es bedroht das Fundament der Entscheidung füreinander nicht. Wenn wir keine Exklusivität versprochen haben, brauchen wir später auch keine vorzugaukeln. Wir müssen nicht vorgeben, daß uns keine andere Frau oder kein anderer Mann erotisch anzieht, und können uns sogar erlauben, uns zu verlieben, ohne deswegen die Beziehung in Frage stellen zu müssen.

Manche Paare schaffen es, vergleichsweise einfach mit dem sonst äußerst explosiven Thema Nebenbeziehungen umzugehen. Das Geheimnis dahinter ist, daß sich diese Paare für einen gemeinsamen Weg entschieden haben, obwohl sie anerkennen, daß Lust und Liebe universell sind und das auch sein dürfen. Ein Blick auf die Pyramide (Seite 125) macht deutlich, daß auf der Ebene der Lebenspartnerschaft nur Platz für diese beiden Menschen ist. Auf anderen Ebenen kann aber sehr wohl Platz für weitere sehr nahe Begegnungen sein. Aus dieser Perspektive wird die Liebe als eine gemeinsame Aufgabe verstanden, nicht als etwas, das vom anderen garantiert wird.

Über der Lebenspartnerschaft steht das Alleinsein. Auf dieser Ebene können wir die Verbundenheit mit allem, was existiert, in uns selbst entdecken, anstatt sie außerhalb, in Kontakten und Beziehungen zu suchen. Es ist der Raum der Meditation, in dem sich Einsamkeit in Alleinsein im Sinne von Mit-allem-eins-Sein verwandeln kann. Von hier aus kann sich die Pyramide wieder nach oben hin öffnen.

Die gesamte Existenz
Begegnungen als Ausdruck der Synchronizität
Spirituelle Heimat
Wahlfamilie
Spirituelle Weggefährten
tantrische sexuelle Begegnungen
Seelenpartnerschaft
Alleinsein

Andere Begegnungen müssen keineswegs weniger wichtig, weniger intensiv, weniger erotisch oder weniger liebevoll sein als unsere Paarbeziehung. Sie finden lediglich auf einer anderen Ebene statt. Auf allen Ebenen können wir lernen, mehr Lust und Liebe zu entwickeln; auf allen Ebenen können wir spirituell lernen und wachsen, müssen es aber nicht. Wenn wir uns dessen bewußt sind, können wir die Ebenen selbst wählen oder zumindest erkennen, auf welcher Ebene wir uns gerade bewegen.

Ob neben einer Lebenspartnerschaft noch Platz für weitere sexuelle Begegnungen ist, hängt von der jeweiligen Situation und von der Vereinbarung eines jeden Paares ab. Es macht jedoch einen großen Unterschied, ob sexuelle Ausschließlichkeit in freier Wahl vereinbart wird, zum Beispiel weil die Partner (oder auch nur einer) sexuelle Freiheit als zu brisant und schmerzhaft erleben oder damit ihre Nähe unterstützen wollen, oder ob sie mit dem Etikett »Treue« versehen als selbstverständlich und als Beweis der Liebe gilt. Wann immer wir in Liebesdingen zu wissen glauben, was richtig ist und was falsch, stehen wir dem einfachen Sein mit dem, was ist, im Wege und damit auch der Liebe selbst.

Treue hat, obwohl sie üblicherweise so definiert wird, nichts mit sexueller Ausschließlichkeit zu tun und bedeutet auch nicht, daß man nur einen einzigen Menschen lieben darf. Treue ist verwandt mit Vertrauen, und Vertrauen entsteht aus der beiderseitigen Bereitschaft, zu dem zu stehen, was versprochen und vereinbart wurde. Wenn Treue so verstanden wird, daß Lust und Liebe nur einem Partner entgegengebracht werden darf, ist Untreue vorprogrammiert, es sei denn, man schottet sich als Paar völlig von der Außenwelt ab.

Das heißt nicht, daß ich alle Lust und Liebe ausleben und wahllos mit jedem ins Bett springen muß. Aber es heißt, daß ich meine Impulse wahrnehmen kann, daß ich mir selbst eingestehen kann, daß es erotische Anziehung und Liebe gibt, überall auf der Welt. Wenn das nicht sein darf, machen sich Heuchelei und Heimlichkeiten breit, die nur allzuoft um das Thema Treue herum anzutreffen sind. Dem amerikanischen Präsidenten Bill Clinton haben wir die Erkenntnis zu verdanken, daß diese Dynamik auch nicht vor dem vermeintlich mächtigsten Mann der Welt halt macht. Wenn wir Treue nicht mehr selbstverständlich als sexuelle Ausschließlichkeit verstehen, sondern vielmehr als Ausdruck von Vertrauen, Offenheit und Verbindlichkeit, dann ist schon viel gewonnen.

Anton ist seit drei Jahren verheiratet. Er fühlt sich glücklich und zufrieden mit Maya. Nur ein Punkt macht ihm immer wieder zu schaffen. Er geht gern in Selbsterfahrungsgruppen und kommt dort anderen

Frauen manchmal sehr nahe. Schon einige Male hat er sich verliebt, aber auf mehr als ein bißchen Schmusen und Kuscheln hat er sich nie eingelassen. In einem unserer Workshops erzählt er: »Das wäre eigentlich alles in Ordnung so, ich will gar nicht mehr mit anderen Frauen. Aber ich kann mit Maya nicht darüber reden. Sie sagt einfach: ›Mach was du willst, aber ich will nichts davon wissen.‹ Als ich einmal doch etwas erzählt habe, ist sie ausgeflippt und hat eine Riesenszene gemacht. Seitdem ist das Thema endgültig tabu. In den Gruppen erlebe ich, wie normal und natürlich es ist, verschiedenen Leuten nahe zu kommen. Es geht gar nicht darum, miteinander in Bett zu gehen. Das kann ein Gespräch sein, ein Augenkontakt. Ich will doch kein Mönch sein, der keine Frau anschauen darf, wenn er aus dem Haus geht.«

Peter, ein anderer Teilnehmer, ist richtig aufgebracht: »Die hat dich ja ganz schön unter der Fuchtel. Ich werde schon wütend, wenn ich das nur höre.« Maria mischt sich auch ein: »Ich kann sie verstehen, sie hat einfach Angst. Sie denkt, wenn sie dir den kleinen Finger gibt, nimmst du die ganze Hand und hast immerzu irgendwelche Affären. Ich hatte mal so einen Freund. Der kam jede Woche stolz mit einer neuen Eroberung nach Hause. Irgendwann habe ich einfach zugemacht. Anton: »Aber das will ich gar nicht. Ich will einfach nur mit ihr darüber reden.« Maria: »Vielleicht gestehst du es dir nicht ein. Du wirkst auf mich so, als würdest du gern den Frauenheld spielen. Nur daß du Kreide gefressen hast und es dir nicht erlaubst, weil du ja treu sein möchtest.«

Das Gespräch in der Gruppe ging noch eine Weile weiter, kaum jemand blieb unbeteiligt. Das ist kein Wunder, denn das Thema ist extrem brisant. Zu schnell haben wir unsere Bewertungsmuster parat, wenn es um Treue und Freiheit geht. Aber wie soll erfahrbar werden, daß Liebe überall vorhanden ist, wenn sie eingezäunt wird, wo immer sie auftaucht, wenn sie verleugnet wird, sobald sie sich außerhalb der Zäune bewegt? Es ist ein Teufelskreis, der permanent einen Mangel an Liebe produziert. Aus dem ursprünglichen Mangel an Liebe und der Angst vor Verlust heraus werden Zäune gebaut und Heimlichkeiten provoziert. Die Zäune sorgen erneut für einen Mangel an Liebe und sind, wenn sie dann doch übertreten werden, oft auch für den Verlust verantwortlich.

Wieviel zwischenmenschlichen Reichtum könnten wir dem entgegensetzen, wenn wir in all unseren Begegnungen und Beziehungen für die Gegenwart der Liebe offen bleiben? Die meisten Menschen werden sich von dieser Vorstellung überfordert fühlen, und das ist einer der Gründe, warum wir oft zunächst einen geschützten Rahmen brauchen, um diese Vision am eigenen Leibe zu erforschen. Kathrin hat an einer Tantra-Feriengruppe teilgenommen und berichtet:

»Ich habe immer gewußt, daß Liebe nichts Ausschließliches ist. Ich hatte immer die Vision, daß es möglich sein muß, sich auf einen Menschen tief einzulassen und dennoch offen für andere zu bleiben. Aber draußen im Leben bin ich immer damit gestrandet. Entweder haben mein Partner und ich Affären benutzt, um uns gegenseitig unsere Unabhängigkeit zu beweisen, oder die Außenkontakte waren so ungleich verteilt, daß einer von uns beiden es nicht mehr ertrug. Hier, in diesem geschützten Rahmen habe ich entdeckt, daß es doch geht, daß Liebe und Freiheit sich nicht ausschließen, und daß es auch nichts mit Unverbindlichkeit zu tun hat. Aber ich habe noch keine Ahnung, wie ich das in meinem Leben umsetzen kann.«

Der Alltag, das Lust und Liebe verschlingende Monster, ist eine der größten Herausforderungen für Paare, die langfristig zusammen bleiben wollen. Wenn die beiden einen realistischen Blick dafür haben, was sie versprechen können und wollen und was nicht, ist es Zeit für Vereinbarungen. Vereinbarungen sind im besten Fall das Scharnier zwischen der Spontaneität von Lust und Liebe einerseits und Verbindlichkeit und Vertrauen andererseits. Im schlechtesten Fall sind sie ein Gefängnis.

Liebe ist universell, Lust ist universell, wir leben in einem sexuellen Universum. Warum sollten wir etwas so Unlebendiges und Unspontanes wie Vereinbarungen, Verträge oder Versprechen in unser Liebesleben bringen? Wenn wir Liebe als ein spontanes Geschehen begreifen, das kommt und geht, ohne daß wir es beeinflussen können, wäre es in der Tat glatter Unsinn, Liebe zu versprechen. Wenn wir jedoch davon ausgehen, daß wir selbst etwas für unsere Liebe tun können, sieht es schon anders aus.

Oft genug scheint es leichter, aus einer Beziehung auszubrechen als in ihr die Liebe neu zu beleben. Inzwischen haben sich die kulturellen Normen soweit verändert, daß längst nicht mehr alle Ehen bestehen bleiben, in denen die Liebe gestorben ist. Im Gegenteil, in weiten Kreisen der Gesellschaft hat sich nach dem Motto »Warum bleiben, wenn es schwierig wird?«die umgekehrte Norm etabliert. Eine neue Liebe verspricht neues Glück, und erst wenn wir des öfteren an ähnlichen Punkten kapitulieren mußten, wächst unsere Bereitschaft, genauer hinzuschauen, wovor wir eigentlich davonlaufen.

Das Dableiben allein kann natürlich auch keine Beziehung oder Ehe retten. Oft bekommen wir in unseren Gruppen sowohl von Frauen als auch von Männern zu hören: »Ich bin ja bereit und offen für eine lebendige, ehrliche und spirituelle Partnerschaft, aber mein Partner will nichts davon wissen.« Obwohl ich nicht glaube, daß auch nur eine solche Partnerschaft zufällig oder sinnlos ist, das heißt nicht auch für eine bestimmte Lernaufgabe gewählt wurde, stellt sich für viele die Frage: »Ist mein Dableiben nur ein Ausharren?« oder »Wäre Trennung wirklich ein Davonlaufen oder ein Loslassen?« Je tiefer wir uns darauf einlassen, die Dynamik unserer Beziehung zu verstehen und insbesondere, warum wir uns diesen Partner mit diesen Schwierigkeiten gewählt haben, desto deutlicher werden Antworten auf diese Fragen zutage treten. Rita hat sich lange damit beschäftigt:

»Ich war 25 Jahre lang verheiratet. Heute bin ich entsetzt darüber, daß ich es so lange ausgehalten habe, aber ich hatte einfach Angst. Ich wollte auch nicht erwachsen werden. Der Sex war miserabel. Mein Mann hing ständig vor dem Fernseher und es war so gut wie unmöglich, sich offen mit ihm auseinanderzusetzen. Es ist einfach, sich über all seine Macken zu beklagen, aber warum habe ich nicht eher den Absprung geschafft? Meine Freundinnen haben mir schon vor Jahren dazu geraten. Das Verrückte an der Geschichte ist, daß ich mir selbst all die Jahre kaum ernsthaft die Frage gestellt habe, ob ich mich trennen will.

Dann habe ich im Rahmen einer Familienaufstellung[19] begriffen, daß mein Mann für meinen von der Familie ausgestoßenen Großvater stand, dem ich die Treue hielt, indem ich bei meinem Mann blieb. Ich glaube, das war der entscheidende Impuls in Richtung Trennung. Gleichzeitig hatte ich aber auch so großes Mitgefühl mit Hans, daß ich laut weinen mußte. Es war, als hätte sich der Schleier gelüftet. Plötzlich konnte ich den liebenswerten Hans hinter all seinen Fassaden spüren.

Als ich von dem Seminar zurückkam, konnte ich zum ersten Mal offen mit ihm reden und zum ersten Mal schien er überhaupt zuzuhören, als ich über meine Gefühle sprach. Ich sagte ihm, daß ich mich von ihm trennen möchte, weil ich die Verantwortung für mich und nicht mehr für ihn übernehmen möchte. Ich sah, daß er zutiefst erschüttert war, daß er gern geweint hätte, aber zugleich weit davon entfernt war, sich das zu erlauben. Ich fand das schade, aber ich verurteilte ihn nicht mehr dafür. Ich sah klar, daß ich ihn nicht mehr retten wollte. Das ist sein Leben und ich lebe mein Leben. Es ist wirklich paradox, aber ich habe die Liebe zu meinem Mann in dem Moment wieder entdeckt, in dem ich gegangen bin. Und trotzdem war es richtig zu gehen. Es fühlte sich an, als hätte sich irgend etwas erfüllt.

Ein halbes Jahr nach der Trennung wurde mir klar, daß es nicht nur um meinen Großvater gegangen war. Ich hatte einen neuen Freund und erkannte plötzlich, wie sehr ich mich vor wirklicher Intimität schützte. Ich war manchmal so schweigsam, wie Hans es mit mir gewesen war. Es hat mich einiges an Überwindung gekostet, vor mir selbst zuzugeben, daß ich all die Jahre Hans die Schuld für alles in die Schuhe geschoben hatte. Jetzt erst merkte ich, wie verschüchtert ich innerlich war und wie sehr mich wirkliche Nähe erschreckte. Jetzt konnte ich sehen, warum ich Hans erst wieder lieben lernen mußte, bevor ich gehen konnte. Es ging darum, mich selbst lieben zu lernen, auch wenn ich verschlossen bin. Ich glaube, ohne diesen Schritt wäre die neue Partnerschaft mit Markus längst wieder in die Brüche gegangen.

Es spielt also keine Rolle, ob wir bleiben oder gehen. Die Aufgabe bleibt die gleiche: Unsere Wunden brauchen bewußte Aufmerksamkeit, dann können sie heilen. Partnerschaften werden nicht deshalb schwierig, weil die Partner nicht zusammen passen. Sie werden schwierig, weil sie alte Wunden an die Oberfläche bringen. Wenn wir darüber mit unserem Partner sprechen können, wird vieles leichter. Vereinbarungen können uns über die ungestümen Gewässer tragen, die die Beziehung überfluten, wenn alte Kellergefühle ans Licht kommen.

Nutan und ich haben uns in der Erforschung unserer Eifersucht und all der Gefühle, die Nebenbeziehungen auslösen können, zeitweilig ziemlich weit vorgewagt. Die Vereinbarung, daß wir uns nicht trennen und daß keiner den anderen verläßt, ohne daß wir das gemeinsam entscheiden, hat uns genügend Raum gegeben, um uns diese Gefühle anzuschauen.

Ich kann mich noch gut an Nächte erinnern, in denen Nutan nicht nach Hause kam und ich mich in meinem Bett wie ein verlassener Säugling fühlte. Aber weil ich wußte, daß diese Gefühle schon lange in mir waren und durch ihr Verhalten nur an die Oberfläche kamen, fiel es mir leichter, sie zu fühlen und anzunehmen. Es gab keinen akuten Handlungsbedarf. Ich konnte mich meinen Gefühlen zuwenden. Ich wußte, sie wird wiederkommen, obwohl das Kind in mir sich fühlte, als würde niemals irgend jemand wiederkommen. Ohne unsere Vereinbarungen hätte ich mich nicht so weit in meine Gefühle fallen lassen und wahrscheinlich einen großen Streit angezettelt.

Oft werden wir gefragt, woher wir das Vertrauen nehmen, daß der andere die Vereinbarung nicht eines Tages bricht. Letzten Endes gibt es keine hundertprozentige Sicherheit, aber ich selbst erlebe es als einen wichtigen Bestandteil meiner Integrität, daß ich mich an das halte, was ich versprochen habe. Ich habe für mich beschlossen, daß ich es aktiv in den Kontakt einbringe, wenn ich eine Vereinbarung verändern möchte oder sie aus welchen Gründen auch immer nicht einhalten kann. Meine Integrität ist mir wichtiger als mögliche verpaßte Gelegenheiten, denn ich weiß, daß ich mit jedem gebrochenen Vertrag nicht nur Nutans Vertrauen, sondern auch das Vertrauen in mich selbst untergrabe. Nutans Haltung zu diesem Thema erlebe ich ähnlich. Ich vertraue ihr. Weil ich weiß, daß ich mich an meine Vereinbarungen halte, bin ich schon wenn ich sie schließe, darauf bedacht, nichts zu versprechen, was ich später nicht einhalten möchte. Es ist in der Tat eine Kunst, Vereinbarungen so zu schließen, daß sie kein Gefängnis, sondern eine Unterstützung sind.

In einem unserer Workshops laden wir die Teilnehmer ein, für 24 Stunden eine Beziehung einzugehen. Das kann eine sehr unverbindliche Beziehung sein, in der es keinerlei Abmachungen gibt. Es kann aber auch eine sehr verbindliche Beziehung sein, in der die beiden vereinbaren, jede Übung miteinander zu machen oder die Nacht zusammen zu verbringen. Manche dieser 24-Stunden-Partner kommen schon als Paar in den Workshop, andere kennen sich kaum, wieder andere wählen sich bewußt einen anderen als den ebenfalls anwesenden Lebenspartner. Zu Beginn werden die Vereinbarungen geschlossen, am Ende ist Gelegenheit, sich darüber auszutauschen, welchen Effekt diese Vereinbarungen hatten. Bis dahin ist meistens viel passiert, und viele Frauen und Männer berichten, daß sich ihr bekanntes Beziehungsmuster in Windeseile wieder etabliert hat. Andere erleben Neues, weil sie diesmal mit mehr Bewußtsein an die ganze Sache herangegangen sind.

Welche Vereinbarungen für ein Paar hilfreich sind und welche nicht, kann individuell sehr unterschiedlich sein. Eine Grundregel bleibt jedoch, daß es nicht hilfreich ist, etwas vereinbaren zu wollen, was nur Ausdruck von Spontaneität sein kann. Das wäre so, als würde ich sagen: »Bitte überrasche mich zum Geburtstag mit Mozarts Zauberflöte auf CD.« Gefühle lassen sich nicht vereinbaren. Ich kann nicht zusagen, daß ich morgen traurig, lustvoll oder froh sein werde. Ich kann nicht versprechen, daß ich morgen Sex mit dir haben möchte. Ich kann aber versprechen, daß wir uns zu einem Rendezvous treffen und Raum für eine sexuelle Begegnung schaffen. Ich kann nicht versprechen, daß ich morgen gut gelaunt aufwache, aber ich kann versprechen, daß ich, wenn ich schlecht gelaunt bin, nicht ständig an dir herumnörgele. Ich kann Gefühle nicht vorhersagen, denn sie entstehen spontan aus der aktuellen Situation. Ich kann jedoch im Rahmen meiner Möglichkeiten mein Verhalten steuern und versprechen, daß ich beispielsweise zu einem bestimmten Zeitpunkt an einem vereinbarten Ort bin.

Liebe läßt sich nur vereinbaren als die Bereitschaft, die Hindernisse aus dem Weg zu räumen, die der Liebe im Weg stehen. Liebe ist zugleich spontan und zuverlässig. Wir können Liebe nicht machen, sie ist viel größer als wir, und deswegen erleben wir sie als spontan. Wir können aber versuchen, diesem Größer-als-wir-selbst in der Beziehung und Begegnung Raum zu geben, und dabei helfen Vereinbarungen durchaus.

Wenn wir es schaffen, unsere Liebe mit Vereinbarungen zu unterstützen, wenn es uns gelingt, die aktuelle Situation und das Wiedererleben alter Wunden innerlich zu unterscheiden, wenn wir den Kellergefühlen genügend Raum geben, damit sie uns nicht sabotieren müssen, dann können wir uns vorbehaltloser die Frage stellen, ob wir neben unserer Beziehung weitere erotische Kontakte oder Nebenbeziehungen leben wollen. Es kann sehr herausfordernd sein, diese Frage ohne Vorurteile anzuschauen. Wenn ich mehr Freiheit möchte, kann ich mich fragen:

- Was suche ich in anderen erotischen Kontakten?
- Fehlt mir etwas in meiner Hauptbeziehung?
- Nehmen die Nebenbeziehung oder sporadische sexuelle Außenkontakte meinem Partner oder der Beziehung etwas weg?

- Habe ich dadurch weniger Zeit?
- Hole ich mir draußen Anregungen, um sie in der Beziehung umzusetzen?
- Brauche ich die Bestätigung, sexuell attraktiv zu sein?
- Wird die Beziehung dadurch entlastet, daß nicht alle Erwartungen aufeinander gerichtet werden?
- Fliehe ich vor allzugroßer Nähe?
- Trage ich mehr von meiner Liebe in die Welt, als wenn ich nur mit einer Person zusammen wäre?

Es braucht Mut, sich diese Fragen ehrlich zu beantworten, und meistens treibt uns eine Mischung aus den unterschiedlichsten Motiven, sowohl häßliche als auch edle, und das darf natürlich auch so sein. Wichtig ist, daß wir uns darüber bewußt werden. Entsprechende Fragen kann sich auch natürlich stellen, wer keine Lust aufs Fremdgehen verspürt und lieber sexuelle Ausschließlichkeit vereinbaren möchte:

- Bin ich erotisch erfüllt mit meinem Partner, oder habe ich Angst vor anderen Begegnungen? Habe ich Angst, mich in andere zu verlieben und damit die Beziehung zu gefährden?
- Mißtraue ich meinem Partner?
- Möchte ich mit einem Partner ganz in die Tiefe gehen?
- Habe ich Angst davor, mit anderen verglichen zu werden?
- Geize ich mit meiner Liebe?
- Habe ich Hemmungen, Konventionen zu brechen?
- Bin ich zu faul und bequem?
- Bin ich bereit, mich voll und ganz einem Menschen hinzugeben oder möchte ich ihn an mich fesseln?

Jedes Individuum, jedes Paar muß die eigenen Antworten auf diese Fragen finden. Dazu bedarf es offener Kommunikation, am besten nicht erst dann, wenn der erste Partner fremd gegangen ist. Dann ist die Interessenlage so unterschiedlich und die Kellergefühle sind schon so stark aktiviert, daß es schwierig wird. Offene Kommunikation ist die Grundlage für eine vertrauensvolle Atmosphäre und kann das Spektrum für mögliche Erfahrungen erweitern. Aus der Erfahrung heraus können Vereinbarungen auch wieder verändert werden.

Bei all den Vereinbarungen geht es letztlich um die Liebe. Zu große Verbindlichkeit erstickt die Liebe, bremst die Spontaneität und führt in falsche Gewißheit und Langeweile. Liebe braucht eine gewisse Spannung. Zu viel Unverbindlichkeit überfordert möglicherweise unsere Fähigkeit, in die Ungewißheit hinein zu entspannen. Liebe braucht auch Entspannung. Liebe ist mehr als ein spontanes Gefühl, das kommt und geht. Wir können uns für die Liebe entscheiden, wenn uns bewußt wird, daß die Liebe – um in unserem Leben aufzutauchen – nicht mehr braucht als unsere Bereitschaft, das geschehen zu lassen, was ist.

- Liebe braucht unsere Bereitschaft, zu fühlen, was wir fühlen.
- Liebe erfordert, daß wir dableiben, auch wenn es schwierig wird.
- Liebe erfordert, daß wir Verantwortung für unsere Gefühle übernehmen, besonders für unsere Kellergefühle.
- Liebe braucht die Zuverlässigkeit unserer Vereinbarungen.
- Liebe braucht unsere Bereitschaft, Vereinbarungen auch wieder zu verändern, wenn sie im Wege stehen.
- Liebe erfordert, daß wir unsere Natur als sexuelle Wesen akzeptieren.

Unter solchen Bedingungen wird die Liebe immer wieder erblühen, solange und soweit wir immer wieder dazu bereit sind. Wir haben die Wahl.

10.
Die ganze Wahrheit sagen?
Von Urteilen, wahrhaftiger Begegnung und Verletzlichkeit

Worte können Fluch und Segen sein. »Reden ist Silber, Schweigen ist Gold«, kommentierte meine Mutter zuweilen meine schweigsame Art. Hinter meinem Schweigen verbarg sich jedoch oft nicht etwa Vernunft oder innere Ausgeglichenheit, sondern die schiere Not, mich in meinem tiefsten Inneren unverstanden zu fühlen und dann lieber zu schweigen als mich dem Unverständnis noch mehr auszusetzen. In unserer Familie wurde viel gesprochen, aber über die für mich wichtigsten Dinge des Lebens wurde meist geschwiegen, und dies galt auch noch als eine Art Tugend. Worte müssen jedoch durchaus nicht immer belangloses Gequassel sein, sie können auch Göttliches offenbaren. Im Johannes-Evangelium heißt es: »Im Anfang war das Wort, und das Wort war bei Gott und Gott war das Wort.«[20]

Worte können extrem verschiedene Bedeutungen und Funktionen haben. Hinter Worten können wir uns verstecken, mit Worten können wir uns aber auch zeigen und entblößen. Mit Worten können wir verletzen, mit Worten können wir heilen. Mit Worten können wir uns trennen, mit Worten können wir uns verbinden.

In Liebesbeziehungen ist es entscheidend, auf welche Weise wir mit Worten umgehen. Unsere Worte können Ausdruck der Liebe sein, aber auch ihr größtes Hindernis. Worte können Herzenstüren öffnen und genauso einen Schutzpanzer bilden, den niemand durchdringen kann. Worte können die Wahrheit transportieren und enthüllen, sie können aber auch lügen und betrügen.

Oft enthalten sie alles zugleich, einen Funken Wahrheit und eine Portion Unwahrheit, vermischt mit Belanglosigkeit. Es gleicht manchmal einer Expedition durch einen tiefen Dschungel, aus Gesagtem die Wahrheit herauszufiltern. Ähnlich schwierig ist es, die eigene Wahrheit in Worte zu kleiden – wenn wir sie denn überhaupt finden, wenn wir sie denn überhaupt mitteilen wollen.

Rosa kam vor vielen Jahren zu mir in Therapie. Sie hatte mich bei einem Vortrag in Berlin über die heilende Kraft der Selbstliebe sprechen hören und dabei gemerkt, wie weit sie davon entfernt war, sich selbst auch nur annähernd anzunehmen. Sie kam zu Einzelsitzungen und besuchte später auch Gruppen und Workshops. Langsam, in vielen kleinen Schritten, nahm sie ihren Körper wieder in Besitz und lernte sich selbst mehr lieben und genießen. Am Anfang war ihr Ehemann sehr unterstützend und gab ihr sogar – auf großzügig väterliche Art – das Geld für die Therapiestunden. Nach und nach aber bekam er Angst und ihre »Psychomacke« wurde für ihn zum roten Tuch. Er fühlte sich von ihrer Entwicklung bedroht und befürchtete, daß sie ihn eines Tages verlassen würde. Damals nannte ich meine Gruppen noch nicht Tantra, aber die Ängste schienen die gleichen zu sein, wie wir sie heute manchmal von Frauen oder Männern zu hören bekommen, deren Partner oder Partnerinnen unsere Kurse und Trainings besuchen.

Rosa hatte von Anfang an große Schwierigkeiten, ihrem Mann von ihrer Entwicklung zu erzählen. »Wir sind seit 13 Jahren verheiratet, aber wir haben kaum je offen über Sexualität gesprochen. Je mehr ich mich selbst entdecke, desto mehr merke ich, was mir fehlt. Es wird immer schwerer, ihm das zu sagen. Ich habe Angst, daß er sich einfach beleidigt zurückzieht. Er ist wirklich oft stumm wie ein Fisch, außer wenn es ums Springreiten geht. Davon kann er mir nächtelang erzählen.« Nach und nach wird ihr klar, daß kein Weg daran vorbei führt, ihn mit ihren Wünschen und Bedürfnissen zu konfrontieren, wenn sie mit ihm weiter zusammen bleiben will: »Ich habe keine Wahl. Entweder ich stutze mich wieder zurück auf die brave Ehefrau, oder ich muß ihm endlich reinen Wein einschenken.« Sie läßt keinen Zweifel daran, daß die Option brave Ehefrau vorbei ist.

Sie beginnt also, ihm von sich zu erzählen, was dazu führt, daß er noch mehr verstummt. Er wird depressiv, fängt an zu trinken. Aus ihrer vorher eher harmonischen, aber nicht sehr lebendigen Beziehung wird eine Achterbahnfahrt, die sie enorm beutelt. Oft kommt sie in die Therapiestunde mit Zweifeln, ob es richtig war, diesen Weg überhaupt begonnen zu haben. Dann wieder spürt sie, daß sie die Erfahrungen in den Workshops um keinen Preis missen möchte. »Es ist unmöglich, das wieder zu vergessen. Aber was soll ich tun? Ich denke nicht im entferntesten daran, ihn zu verlassen. Ich liebe ihn. Ich schätze ihn. Wenn er nur endlich den Mund aufmachen würde!«

In ihrem eigenen Therapieprozeß geht sie weiter, und immer neue Tabuthemen kommen ans Licht. Sie entdeckt die Doppelmoral in ihrem Elternhaus: »Mein Vater hatte ständig eine Geliebte, aber mir hat er gedroht: ›Wenn du erstmal deine Beine breit machst, dann kriegst du sie nie wieder zusammen.‹ Mich ekelt noch heute, wenn ich an diesen Satz denke. Iiiii!« Sie geht durch schwere Krisen, gewinnt ihren Körper aber mehr und mehr zurück. Teilweise erlebt sie ihre sexuelle Energie so stark und subtil wie nie zuvor. Früher wollte ihr Mann ständig Sex, jetzt ist sie es manchmal, die ihn mit ihrer Lust in die Flucht schlägt. Dann taucht der Wunsch auf, einmal mit einem anderen Mann zu schlafen. Ihre inneren Kontrollinstanzen protestierten lautstark, aber der Wunsch läßt sich immer weniger verdrängen. Sie hat höllische Angst, ihrem Mann davon zu erzählen, obwohl er vermutlich selbst schon Affären hatte. Sie hat das nie von ihm erfahren, aber »eine Frau merkt so was«, sagt sie mit einem sarkastischen Lächeln.

Eines Tages kommt sie in die Therapiestunde und wirkt wie überdreht. »Ich hab's gemacht«, sprudelt es aus ihr heraus. »Ich hab's ihm gesagt. Alles! Daß ich ihn liebe. Daß ich mal mit einem anderen Mann schlafen möchte. Daß ich es hasse, wenn er so stumm ist. Daß ich Angst habe, daß er ausrastet oder sich vollaufen läßt, wenn ich ihm all das sage.« Ihre Aufregung steckt mich an: »Und wie hat er reagiert?« »Ganz anders, als ich erwartet habe. Er hat sich alles angehört, und dann hat er angefangen zu weinen. Ich habe ihn seit dem Tod seines Vaters nicht mehr weinen sehen. Dann hat er gesagt, daß er seit langem leidet, daß er Angst hat, daß ich ihn eines Tages verlasse. Er hat sich nicht einmal getraut, mich zu fragen, ob ich wegen einem anderen Mann all die Workshops besuche. Ich konnte ihn plötzlich so gut verstehen. Ich habe mit ihm geweint, und ich war ihm so nah wie vielleicht überhaupt noch nie.« Was sie am Anfang der Therapie für völlig undenkbar gehalten hat, ist Realität geworden. Sie kann plötzlich offen mit ihrem Mann über alles reden. Und je offener er wird, desto mehr merkt sie, wie sie herumdruckst: »Ich habe immer gedacht, ich hätte damit kein Problem. Ich war wirklich davon überzeugt, daß alles an ihm liegt, obwohl mir theoretisch schon klar war, daß daran was faul ist. Jetzt merke ich, wie ich mich drehe und winde, wenn er mich direkt fragt, um bloß keine klare Antwort geben zu müssen. Aber ich bin überglücklich, daß sich endlich was bewegt zwischen uns.«

Es ist oft heikel, wenn nur ein Partner sich auf den tantrischen Weg macht und der andere nicht, denn es stellt die Kommunikation der beiden vor extreme Herausforderungen. Für mich war es beeindruckend mitzuerleben, wie Rosa mehr und mehr darauf vertraute, daß es zwar konfrontierend aber auch heilsam ist, die ganze Wahrheit zu sagen. Das Zurückhalten der Wahrheit ist zwar sicherer, aber auch unlebendiger, wie ein Tod auf Raten. Wahrhaftige Kommunikation hat nichts mit Brutalität zu tun, obwohl sie manchmal damit verwechselt wird.

Die Wahrheit zu sagen bedeutet nicht, dem Partner im Streit lang verschwiegene Ressentiments um die Ohren zu schlagen nach dem Motto: »Was ich dir schon lange mal sagen wollte...«. Die Wahrheit zu sagen bedeutet auch nicht, zu jeder passenden und unpassenden Gelegenheit zwanghaft alles mitzuteilen, was in uns vorgeht. Die Wahrheit ist in der Regel keine plakative Angelegenheit. »Jetzt sage ich dir mal, was Sache ist. Ich bin schon lange frustriert über deine ständige Müdigkeit. Ich geh jetzt in den Puff und hole mir dort, was ich brauche. Basta. Komm mir jetzt bloß nicht mit Gejammere. Ich hab lange genug gewartet. Jetzt reicht's!« Ein solcher Ausbruch hat nichts mit wahrhaftiger Kommunikation zu tun. Es ist ein Abreagieren. Wahrheit ist ein sehr komplexes Gebilde aus Stimmungen, Gedanken, Gefühlen, Assoziationen, Empfindungen. Die Wahrheit zu sagen macht verletzlich. Indem wir die Wahrheit sagen, geben wir uns eine Blöße. Dies ist ein sehr wertvolles Kriterium, um zu unterscheiden, ob wir »Wahrheiten« als Waffe benutzen und uns damit verschließen, oder ob wir uns öffnen und zeigen. Sind wir auch bereit, die Wahrheit des Partners zu hören und anzunehmen? Wahrheit ist immer vielschichtig und subjektiv.

Gay und Kathlyn Hendricks definieren Wahrheit als etwas, worüber nicht mehr diskutiert werden kann, weil derjenige, der die Wahrheit sagt, nur Aussagen über sich selbst macht.[21] Anstatt zu sagen »Du schaust mich so vorwurfsvoll an« könnten wir sagen: »Ich empfinde deinen Blick als vorwurfsvoll.« Anstelle von »Du hast mich mit deiner Äußerung verletzt« könnten wir sagen: »Das zu hören hat mir weh getan.« Die beiden schlagen vor, wann immer sich über eine Mitteilung eine kontroverse Diskussion ergibt, tiefer zu gehen, zu Aussagen, die so, wie sie sind, stehen bleiben und gehört werden können. Oft entwickeln sich Streit und Mißverständnisse aus Halbwahrheiten. Bernd hat das so erfahren:

»Wenn ich den Wunsch in mir spürte, mich mit einer anderen Frau zu treffen, und Angst hatte, daß meine Frau sich davon bedroht fühlt, habe ich früher einfach gesagt ›Ich treffe morgen abend Martina‹ und gehofft, daß sie nicht gleich reagiert. Ich habe mich mehr oder weniger durchgemogelt, aber dafür bekam ich regelmäßig die Quittung. Es gab später einen Höllenstreß, weil sich meine Frau hintergangen gefühlt hatte. Heute kann ich sehen, daß sie Recht hatte. Die ganze Wahrheit wäre gewesen: ›Ich möchte Martina treffen, mit ihr vielleicht eine Nacht verbringen – und ich habe Angst, daß dich das bedroht oder verletzt. Und ich habe auch Schuldgefühle deswegen.‹ So hätte ich das früher nie gesagt. Damit mache ich mich verletzlich. Heute weiß ich, daß die ganze Wahrheit für den Partner leichter zu hören und zu verstehen ist als die halbe. Ich würde ja auch lieber alles hören, anstatt die Wahrheit auf Raten zu erfahren. Natürlich entscheiden nie die Worte allein, sondern auch die Art und Weise, wie sie gesprochen werden, und das, was sie zum Ausdruck bringen, darüber, ob sie uns einander näher bringen oder uns voneinander trennen. Wir lernen.«

Sich verletzlich zu machen ist der Schlüssel zur Intimität. Und wenn wir uns verletzlich machen, gehen wir ein Risiko ein, denn niemand kann uns garantieren, daß wir nicht wirklich verletzt werden. Je besser wir mit unseren Gefühlen sein können, desto besser sind wir auch in der Lage, Verletzungen zu riskieren. Ein Kind, das sich verletzt, schreit laut auf, weint eine Weile, und schon im nächsten Moment kann alles wieder vergessen sein. Wenn das Schreien und Weinen jedoch unterbunden wird, trägt das Kind vermutlich noch lange an dem Schmerz. Es wird »nachtragend«. Je mehr wir auf unsere eigene Fähigkeit, Schmerzen zu fühlen, auszudrücken und auch wieder loszulassen, vertrauen können, desto mehr können wir uns öffnen.

Viele von uns wissen nicht, wie sie ihre Rüstung oder ihren Panzer ablegen können. Der Schutz ist sozusagen zu einer zweiten Haut geworden, die wir kaum noch wahrnehmen. Daß wir eine solche Rüstung anhaben, merken wir oft nur daran, daß wir uns unverhofft in Beziehungsproblemen wiederfinden.

In einer privaten Gruppe trafen wir uns einmal pro Woche, um mit Themen wie Nähe, Intimität und Erotik zu experimentieren. An einem Abend machten wir eine Übung, in der sich jeweils zwei von uns begegnen und erspüren sollten, wie sie sich nahe kommen können. Die anderen schauten zu und gaben später Feedback. Manfred legte seinen Kopf in Sibylles Schoß. Er schien es zu genießen und schaute sie entspannt an. Sibylle erweckte den Eindruck, daß ihr das auch gut gefiel; mütterlich-fürsorglich legte sie ihre Arme um seinen Körper. Für uns »Zuschauer« wirkte die Situation allerdings nicht sehr intim, obwohl die beiden sich körperlich nah waren. Irgendwie ahnten wir, daß sie keine tiefe Verbindung miteinander aufbauten. Später stellte sich heraus, daß Manfred sich sehr wohl gefühlt, Sibylle aber kaum Nähe empfunden hatte. Sie fühlte sich in die Mutterrolle gedrängt, obwohl sie sich eigentlich ein gleichstarkes Gegenüber gewünscht hatte. Manfred war fassungslos: »War ich in einem anderen Film?« Als er unsere Rückmeldungen hörte, geriet er fast in Panik, sein Selbstbild kam ins Wanken: »Bin ich wirklich so unsensibel?« Im weiteren Austausch kamen wir diesem »Mißverständnis« mehr und mehr auf die Spur. Manfred entdeckte: »Ich habe einen leichten Weg in deine Nähe gesucht, durch Körperkontakt, und ich habe darauf vertraut, daß du schon etwas sagen würdest, wenn du das nicht magst. Es ist mir nicht in den Sinn gekommen, dich zu fragen, ob ich auf deinem Schoß willkommen bin. Ich habe mein eigenes Wohlgefühl mit Intimität verwechselt. Ich habe gar nicht mitbekommen, was in dir vorgeht, und auch nicht darauf geachtet. Trotzdem, du hättest ja auch was sagen können.« Sibylle: »Ich weiß, ich habe äußerlich so getan, als sei alles in Ordnung. Ich hatte Angst, dich zu verletzen, wenn ich die Wahrheit sage. Aber jetzt sehe ich mal wieder, daß das Desaster damit nur noch größer geworden ist.«

Solche Situationen gibt es in jeder Liebesbeziehung, und zwar tagtäglich. Das größte Hindernis für die Intimität ist unsere Angst vor dem Risiko, die Angst vor der eigenen Verletzlichkeit. Ohne es zu merken vermeiden wir Kontakte, die uns auch in unseren Wunden treffen könnten. Wir fragen nicht nach. Wir zeigen nicht, was nicht ganz stimmt. Wir tun so, als sei alles in Ordnung, bis es irgendwann knallt.

Wenn wir unser Herz öffnen, machen wir uns verletzlich, und wenn wir uns nicht verletzlich fühlen, sind wir nicht wirklich offen. Das pure Wissen um diese Tatsache kann ein Wegweiser zu echter Nähe sein. Wir können innerlich nachspüren, welchen Impulsen wir nicht nachgeben, weil es uns unsicher machen würde, ihnen zu folgen. Es kann sein, daß wir einen Wunsch verspüren, für den wir uns schämen. Es kann sein, daß uns etwas stört, aber wir haben Angst, daß der andere sich verletzt zurückzieht, wenn wir das sagen. Das macht uns unsicher.

Unsicherheit und Scheu sind in unserer Kultur nicht sehr beliebt, und wer möchte schon unsicher werden, wenn er mit der Liebsten im Bett liegt? Männer haben vielleicht Angst um ihre Potenz, Frauen befürchten möglicherweise, an Attraktivität zu verlieren, wenn sie ihre Scheu erlauben. Manche Menschen beginnen mit Tantra, um die Scheu zu überwinden. Es wäre richtig schade, wenn das gelänge, denn Unsicherheit oder Schüchternheit schaffen manchmal eine bezaubernde Nähe, wenn wir uns damit angefreundet haben. Sie haben einen eigenen Charme. Sie sind das Tor zum Raum des Nichtwissens, eine wahre Heilquelle für die Fähigkeit, einfach zu sein.

Neulich sah ich, wie ein dreijähriges Mädchen zu einem Rollstuhlfahrer ging und fragte: »Warum fährst du in dem Stuhl?« »Weil ich nicht laufen kann«, antwortete der Mann. »Warum kannst du denn nicht laufen?« fragte das Mädchen. »Guck mal, ich kann schon laufen«, rief es vergnügt und rannte ein paar Meter hin und her. Die Unschuld des Mädchens war herzerfrischend, und ich wurde sehr traurig bei dem Gedanken, wieviel Direktheit und Unmittelbarkeit im Kontakt mir und vielen anderen Menschen verlorengegangen ist.

Die meisten von uns wurden mit Wissen überhäuft. Sehr selten wurden wir dazu ermutigt, der Intuition zu vertrauen, die aus dem Nichtwissen geboren wird. Vieles, was wir in der Schule gelernt haben, steht unserer Liebesfähigkeit heute im Wege. Wissen und Urteile sind die Totengräber unserer Unschuld, und der in unserer Gesellschaft gnadenlos überschätzte Verstand zerstört unsere Kommunikation. Es fällt uns meist gar nicht mehr auf, aber in den meisten unserer Gespräche findet nicht anderes statt als ein Austausch von Informationen und Urteilen.

Peter kommt von der Arbeit nach Hause. Er läßt sich aufs Sofa fallen und stöhnt: »Heute ist alles schief gelaufen. Ich bin wohl mit dem falschen Bein aus dem Bett gestiegen. Alle Kollegen waren schlecht drauf. Ich habe nichts zustande gebracht, nur Bockmist. Es war wie verhext. Nichts klappte so, wie es hätte klappen sollen. Meinem Chef ist wohl auch eine Laus über die Leber gelaufen, ich weiß nicht, ob es was mit mir zu tun hatte, aber er hat mich behandelt als wäre ich der falsche Mann am falschen Platz...«

Maria war im Urlaub. Sie erzählt: » Es war klasse. Wir hatten nur gutes Wetter, die Landschaft ist einfach wunderschön. Wir haben oft Ausflüge gemacht, und es war alles bestens organisiert, es hat geklappt wie am Schnürchen. In unserer Reisegruppe waren nur nette Leute, ich habe mich rundum gut gefühlt. Das einzige schlechte ist, daß es jetzt vorbei ist.«

Was fällt an diesen Berichten auf? Sie bestehen fast nur aus Bewertungen: schief, falsch, schlecht, nichts zustande gebracht... beziehungsweise klasse, gut, wunderschön, bestens... Inhaltlich wird so gut wie nichts ausgesagt, wir erfahren hauptsächlich, daß Peter seinen Arbeitstag negativ und Maria ihren Urlaub positiv bewertet. Wenn es um das Thema Mann – Frau geht, sind wir besonders schnell mit Bewertungen bei der Hand. Vor lauter Urteilen und Vorurteilen haben wir längst den Blick und das Gespür dafür verloren, was ein Mann oder eine Frau im Wesen ist.

In unseren Gruppen spielen wir oft mit der Polarität der Geschlechter. Das kann beispielsweise so aussehen, daß sich Männer und Frauen gegenseitig Fragen stellen, die sie vielleicht schon lange beschäftigt haben, die sie aber nie auszusprechen wagten. Zum Beispiel: » Wie erleben Männer einen Orgasmus und was bedeutet er für sie?« oder »Was wünscht sich eine Frau von ihrem Liebhaber?« Manchmal kommen auch Fragen wie »Warum müssen Männer immer fremdgehen?« oder »Warum haben Frauen Angst vor spontanem Sex?« Solche Fragen sind eigentlich eher Unterstellungen. Manchmal werden auch Urteile geäußert, an die sich eine eher rhetorische Frage anschließt: »Männer haben Angst vor Nähe und kompensieren das durch Sex. Was meint ihr dazu?«

Es ist sehr interessant zu beobachten, welche Atmosphäre im Raum entsteht, je nachdem, was für eine Frage gestellt oder was für eine Antwort gegeben wird. Je mehr Urteile eine Aussage enthält, desto mehr Unruhe entsteht im Raum, die Zuhörer werden ungeduldig, können nicht mehr zuhören und fangen an, mit dem Nachbarn zu tuscheln, um die Spannung zu entladen. Je weniger Urteile und je mehr Neugier, Offenheit und Verletzlichkeit eine Aussage enthält, desto stiller wird es und es ist förmlich zu spüren, daß sich die anderen vom Herzen her öffnen und ihr Verstand still wird.

144

Zu den traditionellen Stereotypen, die das Verhältnis zwischen Männern und Frauen trüben, Sätzen wie »Frauen gehören an den Herd« oder »Männer müssen stark sein«, sind jede Menge neue hinzugekommen. Die Urteile lassen sich grob in zwei Kategorien aufteilen: Wie Männer und Frauen sind und wie Männer und Frauen sein sollten.

Männer sind unsensibel, unreif, dominant, kopflastig, arbeitssüchtig, sexbesessen, egoistisch, kompetent, fußballbegeistert und lausige Bettgenossen.

Frauen sind zickig, hysterisch, hilfsbereit, tratschen gern, sind liebessüchtig, irrational, unselbständig und mütterlich.

Männer sollten kraftvoll, potent, selbstbewußt, weise, reich und charismatisch sein, neuerdings aber auch sensibel, gefühlsbetont, selbsterfahren und in der Lage, die Kinder zu hüten, den Haushalt zu machen und zuzuhören.

Frauen sollten sexy, warmherzig, hingebungsvoll, attraktiv und treu sein, neuerdings aber auch noch selbstbewußt, zielstrebig und orgasmusfähig. Außerdem sollten sie neben Kindern, Küche und Kirche auch noch die Karriere und das Konto pflegen.

Die Listen lassen sich beliebig verlängern und gestalten sich natürlich individuell sehr unterschiedlich, aber sie bestehen immer aus einer Masse von Urteilen, mit denen wir das andere Geschlecht überziehen und damit einer echten Begegnung im Wege stehen.

»Na gut«, könnten wir sagen, »lassen wir mal all die Urteile fallen und schauen, was wirklich da ist.« Ein guter Vorsatz, der sich aber nicht ohne weiteres umsetzen läßt, denn die allermeisten Urteile, die wir in uns tragen, sind uns gar nicht bewußt. Damit nicht genug, diese unbewußten Urteile und Glaubenssätze sind uns bei einer intimen Begegnung viel mehr im Weg als die bewußten. Oft ist es sogar so, daß wir bewußt das Gegenteil von dem vertreten, was sich als Überzeugung in unserem Unbewußten versteckt. Viele Frauen fordern lauthals den sensiblen, hilfsbereiten Mann, der auch mal seine Schwächen zeigen kann, landen dann aber doch immer wieder mit dem Macho alter Schule im Bett oder verlieben sich in eine harte Nuß, die sie dann zu knacken trachten. Viele Männer wünschen sich nichts sehnlicher als eine Frau, die auf tabulosen und exzessiven Sex abfährt, um dann doch wieder bei einer Frau zu landen, die Migräne bekommt, wenn es sexuell werden könnte. Diese – bestimmt ziemlich stereotypen – Beispiele zeigen, daß unsere unbewußten Urteile oft mehr Macht über uns haben als unsere bewußten. Wenn wir das erkannt haben, beginnt der langfristige und oft mühsame Prozeß, in dem wir diese Urteile wieder ins Bewußtsein holen, um sie dann loszulassen.

Auch das Loslassen ist nicht immer einfach, denn wir tragen unsere Urteile keineswegs nur zum Spaß mit uns herum. Urteile sind ein wirksamer Schutz gegen unliebsame Gefühle. Anstatt mich hilflos oder unterlegen zu fühlen, ist es einfacher zu sagen: »Du bist dominant.« Anstatt meine Wut anzuerkennen, ist es leichter zu behaupten: »Du hast mich verletzt.« Anstatt enttäuscht zu sein und die Enttäuschung zu fühlen, ist es leichter zu sagen: »Ich bin ein Versager.« Anstatt meine Sehnsucht nach Zärtlichkeit zu spüren, ist es möglicherweise leichter zu sagen: »Mich mag sowieso niemand.« Urteile sind ein Schutz gegen Gefühle, die wir nicht haben fühlen wollen oder können.

Wenn wir Urteile gegen andere richten, werden sie zu Beschuldigungen. Beschuldigen ist verführerisch, denn indem wir andere beschuldigen, können wir uns sehr kurzfristig von emotionalem Druck befreien. Wir laden unseren Mist mal eben beim anderen ab und sind sauber und entlastet. Solange, bis der Mist zurückkommt. Beschuldigung ist eine der destruktivsten Formen der Kommunikation. Manchmal ist sie offensichtlich, manchmal kommt sie sehr unterschwellig und gut getarnt daher. Oft genug merke ich es erst an der Reaktion meiner Gesprächspartner, daß ich sie subtil beschuldigt habe.

Fortgesetzte Beschuldigungen reichen aus, um jede Beziehung zu zerstören. Auf Beschuldigungen zu verzichten, ist leichter gesagt als getan, denn sie haben ähnlich wie Urteile die Funktion, uns kurzfristig von schmerzhaften Gefühlen zu entlasten. Wir können sie also nur loslassen, wenn wir bereit sind, den Gefühlen zu begegnen, die wir bislang damit abgewehrt haben. Und das braucht Bewußtsein.

Hans sagt zu Lisa: »Heute abend möchte ich gern allein sein.« Lisa fühlt sich verlassen. Ihr Verstand bekommt zwei Meldungen: »Hans hat gesagt, daß er heute abend allein sein möchte« und »Ich fühle mich einsam und verlassen.« Der Verstand zählt eins und eins zusammen, und Lisa ist überzeugt: »Was Hans gesagt hat, ist die Ursache für meine Einsamkeitsgefühle.«

Wenn sie genauer hinspüren oder sich selbst gut kennen würde, könnte sie merken, daß ihre Gefühle längst latent in ihr vorhanden waren und daß Hans diese Gefühle zwar berührt, aber nicht verursacht hat.

Statt dessen sagt sie vorwurfsvoll: »Warum willst du denn schon wieder allein sein. Du warst doch gerade erst eine Woche allein in Urlaub?« Hans: »Laß mich in Ruhe mit deinen ständigen Forderungen. Ich brauche Zeit für mich!« »Was ist das für eine Scheißbeziehung«, wird Lisa ausfallend. »Ich weiß gar nicht, warum du überhaupt mit mir zusammen bist, wenn ich dir immer zuviel bin« und so weiter und so fort.

Wir wissen alle, daß solche Dialoge destruktiv sind, und trotzdem führen wir sie immer wieder mit Inbrunst. Es braucht inneren Raum, Achtsamkeit und Bewußtheit, um der Verführung, den anderen zu beschuldigen, nicht zu erliegen. Das heißt nicht, daß wir alles mit uns selbst abmachen müssen. Lisa könnte Hans durchaus mitteilen, daß sein Entschluß sie traurig macht. Aber es hat einen ganz anderen Klang, wenn sie dies ohne Druck oder Manipulation in voller Selbstverantwortung sagt, als wenn sie beschuldigt, droht und an seine Ängste und Schuldgefühle appelliert. Es braucht tägliche Praxis, Urteile loszulassen und sich der unmittelbaren Erfahrung hinzugeben.

Wahrhaftige Kommunikation ist ein Lebenselixier für Liebespaare. Es gibt eine Menge von Ratgeberbüchern mit zum Teil sehr detaillierten Vorschlägen, was in welcher Situation zu tun und zu lassen ist. Das können hilfreiche Anregungen sein, aber entscheidend bleibt die Bereitschaft, den Raum des Nichtwissens zu betreten. Kein Buch kann offenbaren, was in diesem Raum geschieht. Es bleibt ein ewiges Geheimnis. Auch für die sexuelle Begegnung gibt es wohl kaum eine Spielart, die nicht schon irgendwo beschrieben wurde. Das eigentliche Wunder der Liebe und Intimität zeigt sich jedoch erst in der unmittelbaren Erfahrung. Auch wenn wir aus verschiedenen Aufklärungsbüchern gelernt haben, was die Frau braucht, um befriedigt zu sein, oder was der Mann sich sexuell ersehnt, gibt es kaum etwas Lusttötenderes als einen Partner, der alles richtig machen möchte, denn genau diese Absicht schaltet das tiefere Empfangen der Berührung aus.

Wahrhaftige Kommunikation ist ein Aphrodisiakum. Es wirkt zwar nicht immer kurzfristig und kann auch mal die Lust verjagen, wenn wir die Wahrheit sagen und damit dem anderen auf den Schlips treten. Doch langfristig ist die offene Aussprache das wirksamste Mittel, um die Erotik lebendig zu halten. Wenn wir uns nicht vollständig mitteilen, zum Beispiel weil wir den Partner vor unbequemen Wahrheiten schützen wollen, bricht die Spannung zusammen, und wir versinken in einer symbiotischen Bindung, die die Erotik erstickt. Indem wir aber unserer inneren Wahrheit Ausdruck verleihen und uns für die Wahrheit unseres Partners öffnen, baut sich die natürliche und ursprüngliche Polarität zwischen Ich und Du wieder auf, in der der Strom der Erotik fließen kann. Gabi schildert ihre Erfahrungen mit großer Offenheit:

»Unsere Sexualität war nach acht Jahren Beziehung so gut wie tot. Wir hatten keine Probleme, wir mochten uns, wir konnten uns liebevoll berühren, aber es war nur noch kuschelig, es fehlte das Prickeln, das erotische Kribbeln. In einer Paarberatung bekamen wir den Tip, uns mal unsere Tabus anzuschauen und alles auszusprechen, was wir uns normalerweise verschweigen. Zuerst fiel mir überhaupt nichts ein. Dann kam mir die ständig geöffnete Zahnpastatube in den Sinn, über die ich mich schon lange nicht mehr streite, aber die mich immer noch nervt. Dann fiel mir ein, wie ich mal ein Pornoheft bei Dieter gefunden habe und mich nicht getraut habe, das Thema anzusprechen. Ich dachte, das geht mich nichts an, aber es hat mich irgendwie abgetörnt. Plötzlich kamen mir immer mehr Dinge in den Sinn, die ich allesamt für unbedeutend gehalten hatte, die sich aber in der Summe wie eine schwere Last anfühlten.

Dieter und ich brauchten eine Weile, um den Rat der Therapeutin umzusetzen. Irgendwann nahmen wir uns dann doch die Zeit, alles Unausgesprochene auszusprechen, und wir waren beide überrascht bis schockiert, was da alles zu Tage kam. Es ging auch nicht ohne Tränen und Wutanfälle ab, was bei uns sonst so gut wie nie vorkam. Wir waren berühmt und beneidet für unsere harmonische Beziehung. Dahinter steckte eine große Portion Angst vor Konflikten. Wir brauchten mehrere Aussprachen, um all das zerbrochene Porzellan wieder aufzuräumen. Aber seitdem wir uns so offen austauschen, ist die Erotik zwischen uns erwacht wie der Phönix aus der Asche. Wir lernen uns ganz neu kennen, und manchmal sind es sogar genau die Dinge, die mich an Dieter genervt haben, die mich ihm plötzlich nahe bringen, wenn er offen dazu steht. Wir hatten immer Angst, uns mit Offenheit zu verletzen, wir haben uns total geschont. Aber der Preis war hoch, wir haben uns mit unserer Nettigkeit fast erstickt.«

Die Angst, den anderen zu verletzen, ist einer dem Hauptgründe, warum wir nicht offen und ehrlich kommunizieren. Es läßt sich nicht vermeiden, daß unsere Wahrheit dem Partner manchmal weh tut. Intimität und Erotik haben ihren Preis, und der heißt Verletzlichkeit.

Wenn wir das Mysterium der Liebe kennenlernen wollen, bleibt uns nichts anderes übrig, als zu unserer unschuldigen Neugier zurückzukehren und das Risiko einzugehen, aus ihr heraus jeden Moment neu zu leben. Liebe mißt sich nicht an richtig oder falsch. Kommunikation aus der Wahrheit des Herzens macht den Weg frei für die Kommunion der Seelen, die sich im Körper, im Sex, in ihrer Lust und Leidenschaft, in Liebe und Bewußtsein begegnen. Beide betreten den Raum des Unsagbaren, der inneren Stille, der Verbundenheit mir der Existenz, des Einsseins. Es gibt viele blumige Namen für diesen Raum. Er kann nicht benannt, er kann nur erfahren werden. Aber es gibt Wegweiser dorthin.

Vierter Teil

Tantra und die Kunst des Seins

11.
Die Lust als Wegweiser
Jenseits lustvoller Sensationen

Während in den sechziger und siebziger Jahren die Befreiung der Sexualität noch Glücksversprechen genug war, sind wir heute um die Erfahrung reicher, daß Sex allein nicht glücklich macht. Die Sehnsucht wächst, Sex mit Herz und Bewußtsein zu verheiraten. Das ist kein leichtes Unterfangen, wenn wir berücksichtigen, wie tief uns die Spaltung zwischen Sex und Herz in den Knochen steckt. Wie kann die Lust unter diesen Voraussetzungen zu einem Wegweiser werden?

In den ersten Körpertherapiegruppen, an denen ich teilnahm, wurden wir zuweilen aufgefordert, die Lust im Becken zu spüren. Ich wußte eigentlich nie so recht, was gemeint war. Ich kannte Lust von sexueller Stimulierung und abgeschwächt auch von der Berührung meines Körpers, meiner Haut. Aber Lust zu spüren, ohne Berührung, ohne Stimulierung, das konnte ich mir nicht vorstellen. Ich wagte allerdings auch nicht zu sagen, daß ich nichts spürte, und irgendwie hatte ich die Hoffnung, daß die Einladung, Lust im Becken zu spüren, eher symbolisch gemeint war, als Chiffre für sexuelle Phantasien sozusagen.

Heute kommt mir diese Erinnerung ziemlich abstrus vor, denn fast immer, wenn ich meine Aufmerksamkeit auf mein Becken lenke, spüre ich, wie es dort lustvoll strömt und pulsiert. Heute kann ich mir wieder vorstellen, daß die Empfindung lustvoller Energieströme durch den ganzen Körper unser natürlicher Zustand ist. Das Strömen wird lediglich durch die Anspannung von Muskeln und flaches Atmen unterbrochen oder unterdrückt. Damit kontrollieren wir unsere Gefühle. Körperlicher Schmerz ist, wenn er nicht gerade durch eine aktuelle Verletzung ausgelöst wird, immer eine Anspannung, ein Verkrampfen der Muskulatur, entweder der Skelettmuskulatur oder der Eingeweidemuskulatur. Wird diese Verspannung chronisch, kann es sein, daß wir im entsprechenden Körperteil gar nichts mehr spüren. Diese Gefühllosigkeit läßt sich in gewissem Maß durch gezielte Stimulation kompensieren, aber bald kommen wir auf diesem Weg an die Grenzen. Nichts geht mehr. Lustlosigkeit macht sich breit.

Es gibt grundsätzlich zwei verschiedene Arten, wie wir Lust in unserem Körper initiieren können. Entweder wir stimulieren gezielt die Sinne, die uns Lust verschaffen, oder wir entspannen uns tiefer in das natürliche energetische Strömen. Beide Arten können natürlich auch auf verschiedene Weisen kombiniert werden, aber es ist sehr hilfreich, sie im Bewußtsein auseinander zu halten. Das gezielte Stimulieren von Lust kann körperlich lokal eingesetzt werden. Vielen Männern ist die gezielte Stimulierung ihres Penis fast die einzige Form von intensiver Lust, die sie kennen, neben dem Genuß von Essen und Trinken. Beim gezielten Hervorrufen von Lust ist es leichter, die Kontrolle zu behalten. Die Erregung bleibt körperlich begrenzt, und es besteht kaum Gefahr, daß durch einen höheren Energiefluß im Körper auch alte, unangenehme Gefühle berührt werden. Diese Art von Lust braucht jedoch immer einen Aufwand, nämlich die physische Stimulierung oder stimulierende Phantasien. Ohne das fällt die Lust bald wieder in sich zusammen.

Patrick erzählt:

> »In den Tantrabüchern steht soviel von Ejakulationskontrolle, vom Stimulieren bis kurz vor den Orgasmus und dann loslassen und die Energie strömen lassen. Ich habe das des öfteren versucht. Also bei mir strömt da nichts. Ich fand das einfach frustrierend. Manchmal taten mir danach die Hoden weh. Ich fühlte mich fast immer irgendwie leer und taub.«

Ein solcher Bericht ist nicht ungewöhnlich. Vor allem Männer, die gewohnt sind, Lust durch direkte Stimulation aufzubauen, erleben einfach nur den Absturz ihrer Lust, wenn die Stimulierung aufhört. Das Energieniveau im ganzen Körper ist relativ gering, unterhalb der Wahrnehmungsgrenze. Es wird nur sehr lokal in der Genitalzone angehoben, sinkt jedoch sofort wieder auf ein Niveau unterhalb der Wahrnehmungsgrenze, wenn kein Reiz mehr eintrifft. (Abbildung 1, Seite 155)

Anders kann es aussehen, wenn die sexuelle Stimulierung mit einem Anheben des Energieniveaus im ganzen Körper einhergeht, beispielsweise durch intensive Atmung. (Abbildung 2, Seite 155) Dann wird oft ein starkes Strömen der Energie im ganzen Körper wahrgenommen, auch wenn der direkte sexuelle Reiz ausbleibt. (Abbildung 3, Seite 155)

Doch auch derartige Techniken erfordern zunächst eine gewisse Anstrengung. In der Entspannungsphase können sie allerdings schon eine Ahnung davon geben, wie Lust aus dem Loslassen heraus entsteht.

Eine ganz andere Art und Weise, Lust zu spüren, entfaltet sich aus dem tiefen Loslassen und Entspannen. Es ist mehr ein Präsentsein als ein Tun, Entspannung statt Anstrengung. (Abbildung 4, Seite 155) Auf diese Weise kann sich die Lust im ganzen Körper ausbreiten und bleibt nicht genital begrenzt. Sie strömt, pulsiert, fließt wie sie will. In dieser Lust ist es leichter, die Kontrolle loszulassen, und damit besteht auch die Möglichkeit, daß alte, in uns abgekapselte Gefühle berührt werden. Diese Lust läßt sich nicht so leicht zielgerichtet herbeiführen, dafür ist sie weit umfassender und befriedigender; sie umfaßt potentiell unser ganzes Sein. Wenn wir Lust als spirituellen Wegweiser benutzen möchten, brauchen wir vor allem diese Form von Lust.

Im Tantra wurden viele Techniken entwickelt, um die Lust zu fördern und zu pflegen. Die im Westen bekannte Tantralehrerin Margo Anand bezeichnet Tantra als die Kunst, in hoher sexueller Erregung zu entspannen. Sie arbeitet viel mit Techniken, in denen die Energie im Körper zunächst intensiv aufgebaut wird, um dann auf dem Höhepunkt der Erregung loszulassen. Bob erzählt:

»Ich habe viel mit solchen Praktiken gespielt und experimentiert und habe dabei viel Spaß gehabt. Ich habe das »Surfen« auf den Wellen der Lust im Zustand kurz vor dem Orgasmus total genossen und konnte mit etwas Übung den Drang zur Ejakulation gut loslassen. Nach und nach habe ich aber festgestellt, daß es auch in diesen Techniken schwer ist, die Zielorientiertheit loszulassen. Ich war aber immer noch fixiert, nicht mehr auf den Orgasmus, aber auf diesen Zustand des »Surfens«. Ich habe es selbst lange gar nicht gemerkt, bis mich eine Partnerin darauf aufmerksam machte und mich fragte, ob ich sie eigentlich noch wahrnehme, wenn ich so in meiner Lust surfe.«

Ich selbst habe Ähnliches erfahren. Es ist aber immer noch ein Aufwand und damit auch eine Anspannung erforderlich, um in diesen Erregungszustand zu gelangen. Das anschließende Loslassen kann wunderschön sein. So stelle ich mir Drachenfliegen vor. Doch vor jedem Flug müssen wir erst mal einen Berg besteigen.

Eine noch subtilere und entspanntere Lust, zu der die meisten Menschen den Zugang verloren haben, entsteht aus dem absoluten Geschehenlassen. Und das ist so ziemlich genau das Gegenteil dessen,

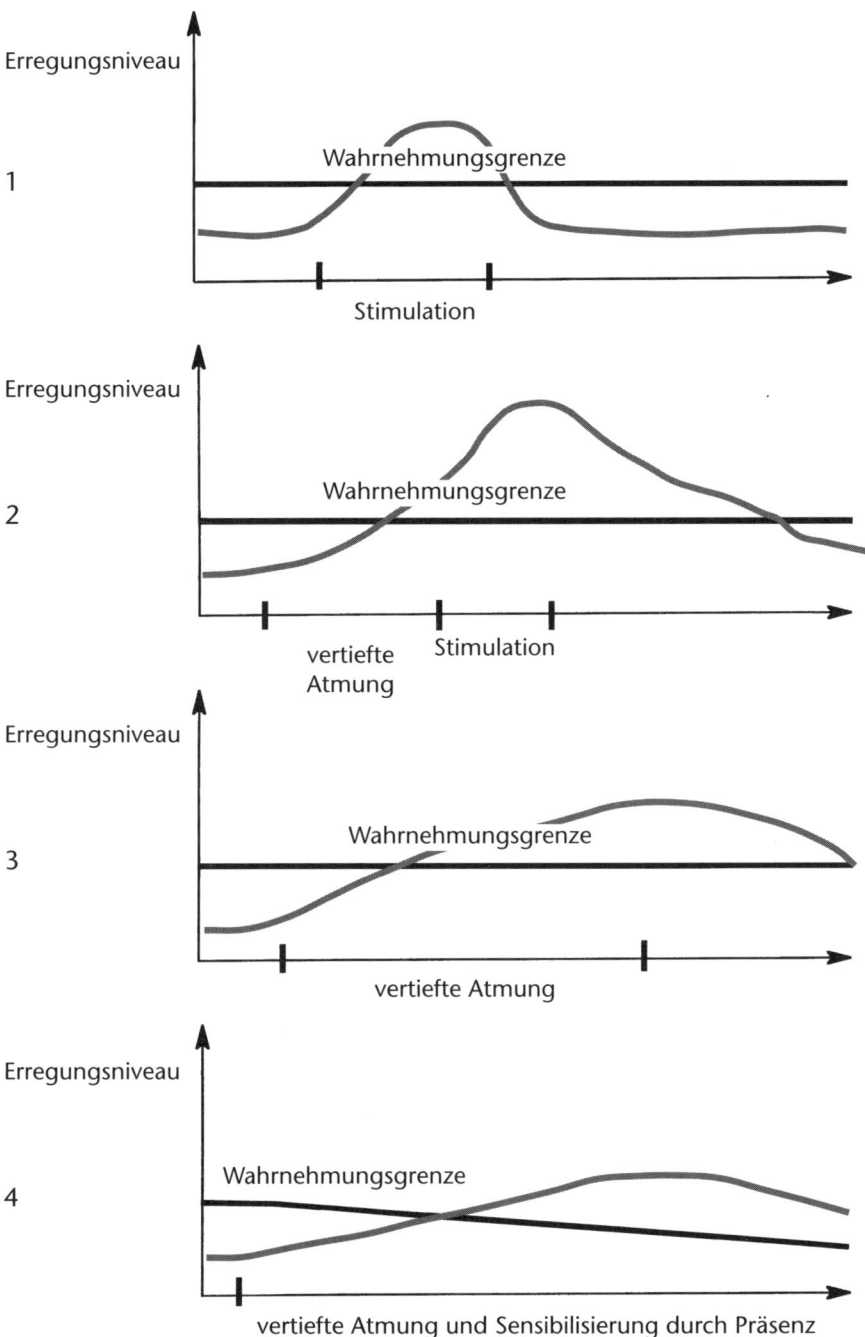

Erregungskurven

woran wir gewöhnt sind. Unsere Kultur liebt den Nervenkitzel. Wir werden ständig mit Reizen überflutet, die unsere Sensibilität reduzieren. Als Folge davon fühlen wir uns leer, wenn wir uns entspannen. Um dieser inneren Leere oder Sinnlosigkeit zu entkommen, suchen wir erneut den Nervenkitzel. Wenn wir auf diese Art und Weise unserer Lust folgen, gehen wir in die Irre, verstricken uns immer weiter und werden abhängig. Kennzeichnend dafür ist, daß die Dosis immer weiter erhöht werden muß, damit wir überhaupt noch Erregung oder Lust verspüren. Tantra kann da wie eine Entziehungskur wirken.

Vor einiger Zeit besuchte ich zusammen mit Nutan einen Workshop für Paare, in dem ein sehr meditativer Ansatz tantrischer Sexualität gelehrt wurde. Ich war regelrecht geschockt, als ich erkannte, wie sehr ich noch immer der besonderen Aufregung hinterherjage und wie diese Angewohnheit mein ganzes Leben prägt. Die Ermunterung, beim Sex still zu werden, war eine schmerzhafte Konfrontation mit meiner inneren Unruhe. Von Lust keine Spur. Nach einigen Tagen bekam ich allerdings eine Ahnung davon, wie geil es sich anfühlen kann, sexuell vereinigt und dabei voll präsent zu sein, ohne irgend etwas zu tun. Und diese Geilheit floß mühelos durch den Körper und berührte auch mein Herz und sogar meinen Kopf. Unsere Genitalien schienen miteinander und ineinander ihr eigenes Spiel zu treiben, dem einfach zuzuschauen ein Hochgenuß war. Dazwischen gab es immer wieder Abstürze in Gefühllosigkeit, Hilflosigkeit, Aggression und sogar psychosomatische Symptome. Dennoch hat diese Erfahrung unserer Sexualität eine neue Dimension gegeben.

Unsere Sucht nach Aufregung und Abenteuer ist ein Zeichen dafür, daß uns unser Alltag nicht gut genug ist. Beim Sex gilt das in besonderer Weise. Mit der Jagd nach dem Besonderen kompensieren wir unsere sexuellen Wunden, unser mangelndes Selbstvertrauen als sexuelle Wesen.

- Wurde dein sexuelles Erwachen in der Pubertät gefeiert?
- Konntest du als Junge deinen Eltern voller Freude von deiner ersten Ejakulation berichten?
- Bekamst du als Mädchen liebevolle Unterstützung bei deiner ersten Menstruation?
- Hattest du Freundinnen oder Freunde, die du offen fragen konntest?

Wahrscheinlich wurde das sexuelle Erwachen der meisten von uns schamhaft übergangen. Bestenfalls wurden wir einigermaßen aufgeklärt und wußten damit umzugehen, aber gefeiert? Ich brauche nicht allzuviele Worte darüber zu verlieren, jeder kennt seine eigene Geschichte über Verletzungen, Scham, Peinlichkeiten bis hin zur groben Unterdrückung, die wir im Zusammenhang mit Sex durchlitten haben. Kein Wunder also, daß wir uns nicht einfach in unsere sexuellen Gefühle hineinentspannen können. Tiefe Wunden liegen oft in sehr großer Nähe zu intensiver Lust. Bei starken sexuellen Verletzungen wie sexuellem Mißbrauch haben sich die Betroffenen oft nicht anders zu helfen gewußt, als sich ganz von ihren Gefühlen abzuschneiden, um die Qualen zu überleben.

Wir haben nicht selten Frauen, manchmal auch Männer in unseren Gruppen, die als Kinder von sexuellem Mißbrauch betroffen waren, oft sogar ohne sich daran zu erinnern. Sie fühlen sich von Tantra angezogen, weil sie wieder mehr fühlen möchten. Früher oder später kommt die ganze traumatische Geschichte hoch, und mit der Lust kommt auch intensiver Schmerz ins Bewußtsein. Manchmal ist es ein großer Schock für die Betroffenen zu erkennen, daß sie selbst in der Mißbrauchssituation neben dem Ekel, dem Abscheu und dem Schmerz auch Lust empfunden haben. Beides kann nah beieinander liegen. Dann ist es unmöglich, die Lust wieder zu beleben, ohne sich auch den schmerzhaften Gefühlen zu widmen. Sarah berichtet:

»Bis vor einem Jahr war mein Unterleib wie taub. Ich habe nichts empfunden, ich habe hin und wieder mit Männern geschlafen, einfach um ihre Nähe zu spüren. Ich war immer froh, wenn es vorbei war und wir uns einfach in den Armen liegen konnten. Dann habe ich mit Tantra begonnen. Ich hatte wahnsinnige Angst, aber ich hatte eine Ahnung, daß Tantra mir helfen könnte, mich wieder zu spüren. In den Tantraworkshops bekam ich regelrechte Panikzustände. Immer wenn wir Übungen gemacht haben, in denen mein Unterleib in Bewegung kam, wie zum Beispiel Schütteln oder die Welle, bekam ich Panik. Mein ganzer Körper fing an zu kribbeln, es war auch enorm lustvoll, aber irgendwie unerträglich. Irgendwie ging es auch immer wieder vorbei, aber es kam immer wieder. Einmal, ich stand einem Mann gegenüber und wir sollten unser Becken sanft vor und zurück schaukeln, kam das Kribbeln wieder. Ich dachte, ich werde gleich ohnmächtig, aber ich wurde nicht ohnmächtig.

Plötzlich brach ein unglaublicher Schrei aus mir heraus. Ich schrie um mein Leben. Ich sank zu Boden, und dann überfiel mich eine unendliche Trauer, aber ich konnte nicht weinen. Es war ein brennender Schmerz in meiner Brust und ein stechender Schmerz in meinem Geschlecht. Die Gruppenleiterin war bei mir und hielt meine Hand. Ich hörte sie wie von Ferne sagen: ›Ich bin da. Laß alle Gefühle da sein wie sie sind, ohne irgend etwas zu forcieren, ohne irgend etwas zu bremsen.‹

Ich fing an zu schluchzen. Für eine Sekunde schoß ein Bild durch meinen Kopf. Ich bin fünf Jahre alt und liege auf einem Sofa. Ein Mann hält mich an Armen und Beinen fest. Es ging so schnell, ich konnte ihn so schnell nicht erkennen. Im nächsten Moment fühlte ich ein lustvolles Gefühl in meinem Becken aufsteigen. Mein ganzer Körper zitterte. Mein Körper war überhaupt nicht mehr unter Kontrolle. Ich zitterte und schluchzte, alles gleichzeitig. Langsam fing etwas in mir an zu entspannen. Ich lag noch eine ganze Weile da, war völlig verwirrt.

Als ich von diesem Workshop nach Hause kam, hatte ich zum erstenmal von mir aus Lust, mit meinem Freund zu schlafen. Als er anfing, mich sexuell zu berühren, fing erst wieder das unerträgliche Kribbeln an, aber dann schlug es um. Zum erstenmal spürte ich Lust in meiner Yoni! Als er in mich eindrang, hatte ich zum erstenmal das Gefühl, daß ich ihn wirklich willkommen heiße. Vow, was für ein Gefühl. Mir liefen die Tränen runter vor Glück. Das war wirklich ein Durchbruch. Leider ist es längst nicht immer so seitdem. Manchmal spüre ich auch wieder gar nichts. Aber ich bin optimistisch.«

Wenn wir Lust in der Entspannung erleben möchten, wenn wir Lust als Wegweiser für unser Wachstum nehmen möchten, müssen wir bereit sein, uns all unseren Gefühlen und Empfindungen zuzuwenden und sie anzunehmen. Dieser Prozeß beginnt mit dem Körper und seinen Empfindungen. Wenn wir dem Körper einerseits Lust abringen, ihn aber andererseits in seiner Gesamtheit nicht spüren, annehmen und pflegen wollen, kommen wir nicht sehr weit.

Unser Körper ist ein Wunderwerk, in dem subtilste, fein aufeinander abgestimmte physiologische und energetische Vorgänge ablaufen und das uns mehr und mehr zum Staunen bringt, je weiter wir uns darauf einlassen. Und nicht nur das, unser Körper ist der am meisten konkrete und manifeste Ausdruck unseres Seins und bringt uns durch seine vielfältigen Botschaften und Signale mit unserer Wahrheit in Kontakt.

Der Körper lügt nicht. Während wir uns in Gedanken jede Menge vormachen können, bringt uns der Körper auf den Boden der Tatsachen.

Wenn wir uns nun der körperlichen Praxis zuwenden, sollten wir im Bewußtsein behalten, daß die Einstellung zu unserem Körper sehr viel wichtiger ist als jede Form der Körperübung.

Es gibt eine Vielzahl von sehr wirkungsvollen Übungen, die helfen, das sexuelle Empfinden zu steigern. Viele davon sind in anderen Büchern detailliert beschrieben.[22] Deswegen möchte ich mich hier auf einige fundamentale Hinweise und Übungen beschränken, die helfen, Lust aus der Entspannung heraus zu erlauben, anstatt sie herbeizuzwingen.

Lustvolles Strömen ist unser natürlicher Zustand, und sexuelle Lust ist eine bestimmte Färbung dieser natürlichen Strömung, für manche Menschen die einzige, die sie noch als Lust wahrnehmen können. Wenn wir mehr Lust erleben wollen, müssen wir uns also unserer Hindernisse und Blockaden bewußt werden, anstatt neue Anstrengungen für die Lust zu unternehmen. Unlust ist ein Symptom für alte Verletzungen, die noch nicht ausreichend gefühlt und angenommen worden sind. Das fast schon als natürlich hingenommene Dilemma langfristiger Partnerschaften, daß nach einiger Zeit der sexuelle Appetit abnimmt, hat mit alten Verletzungen zu tun und nicht, wie gemeinhin angenommen, damit, daß nur das Neue sexuell attraktiv ist. Die Suche nach ständig neuen Reizen ist, wie schon angedeutet, nichts anderes als die Flucht vor alten, viel tiefer liegenden Empfindungen, die in einer längeren Partnerschaft früher oder später berührt werden. Ich habe inzwischen sowohl in unseren als auch in anderen Tantra-Seminaren so viele Paare erlebt, die ihre Lust aufeinander nach zehn oder zwanzig Jahren Ehe wiederentdeckt haben, nachdem sie sämtliche Gefühlsleichen aus dem Keller geholt hatten, daß es für mich keinen Zweifel gibt: Sexuelle Anziehung vergeht nicht einfach nur durch den Zahn der Zeit.

Manche Menschen klagen nicht über zu wenig, sondern über zuviel Lust. Dieses Zuviel an Lust ist für die Betroffenen gar nicht unbedingt angenehm, es fühlt sich eher wie eine Unruhe oder ein Zwang an, dem sie unterworfen sind und der sie dazu bringt, Dinge zu tun, die sie später bereuen. Bodo hat das so erlebt:

»Ich onaniere jeden Tag drei bis fünf Mal. Ich bin total süchtig danach. Es macht mir gar keinen so großen Spaß, meistens muß ich noch aufpassen, daß meine Freundin Elke nicht dahinter kommt. Das Verrückte ist, daß ich eigentlich viel lieber mit ihr schlafen möchte, aber dazu habe ich dann oft keine Energie mehr. Es erscheint mir zu anstrengend, all ihre Wünsche erfüllen zu müssen, bis sie zum Sex bereit ist. Ich habe schon ein paar mal versucht, damit aufzuhören, aber dann drehe ich fast durch. Ich laufe dann wie ein Tiger im Käfig durch die Gegend. Ich werde total nervös. Manchmal bin ich dann auch total geil, aber oft ist es eher eine aufregende Anspannung. Ich kann so auch kaum schlafen. Bis ich mir dann doch wieder Erleichterung verschaffe.«

Zuviel Lust weist paradoxerweise auf dasselbe Grundleiden hin wie zuwenig Lust: alte Verletzungen. In diesem Fall wurde die Empfindungsfähigkeit nicht völlig von der sexuellen Energie abgeschnitten. Statt dessen wurde ein körperliches Reservat für die Lust geschaffen, aus der sie nicht heraus darf. Meistens handelt es sich dabei um den Genitalbereich und vielleicht noch ein paar weitere, klar umgrenzte erogene Zonen. Dadurch, daß die Energie nicht aus den Reservaten heraus und sich ausbreiten kann, staut sie sich und sorgt für starke Empfindungen, die jedoch einen Überdruck erzeugen und entladen werden wollen. Wenn die Energie doch aus ihrem Reservat ausbricht, erzeugt sie oft unangenehme Empfindungen wie Bodo sie beschreibt. Weil sie fähig sind, sexuellen Druck in der Ejakulation kurz und lustvoll loszuwerden, haben Männer viel häufiger die Tendenz, sich auf diese Weise vor dem Spüren ihrer alten Verletzungen zu »drücken«. Frauen ist dieser schnelle Ausweg eher versperrt. Deswegen haben sie sich viel häufiger ganz von ihrer sexuellen Lust getrennt. Häufige Ausnahmen bestätigen die Regel. Männer und Frauen polarisieren sich daher sehr oft um das Thema Lust und Unlust. Ein großer Teil der Frustration der Geschlechter stammt aus diesem Dilemma. Nachfolgend einige Beispiele für typische Folgen der Verletzung unserer Unschuld als sexuelle Wesen.

Männer	*Frauen*
Flucht in die Lust	Flucht in die Unlust
schnelle sexuelle Reaktion	langsame sexuelle Reaktion
Macht aus Forderungen	Macht aus Verweigerung
Identitätsbildung über Sex	Identitätsbildung über das Herz
Versagensängste	Ängste vor Überwältigung
Prahlen	Kokettieren
Rückzug	Resignation

Die individuellen Folgen sind natürlich weitaus differenzierter, und inzwischen wechseln Männer und Frauen oft die Rollen. Allen gemeinsam ist jedoch, daß sie kaum noch Zugang zu einer Lust haben, die aus der Entspannung heraus auftaucht.

Männer und Frauen tragen männliche (Yang) und weibliche (Yin) Energie in sich, aber der männliche Körper tendiert dazu, mehr Yangenergie im Penis aufzubauen, während der weibliche Körper zu mehr Yin in der Vagina tendiert. Natürlicherweise würde zwischen beiden Körpern Energie fließen, ohne daß etwas dafür getan werden müßte. Dieser lustvolle Zustand wird um so stärker empfunden, je mehr die beiden mit ihrem vollen Bewußtsein in ihrem Körper und in ihren Genitalien anwesend sind. Wenn sich allerdings ein »normaler« Mann mit einer »normalen« Frau vereinigt und sich keiner von beiden bewegt, wird der Penis wahrscheinlich ziemlich schnell schlaff, und die beiden fühlen kaum etwas oder gar nichts. Der natürliche sexuelle Magnetismus ist gestört, das Gewebe im Genitalbereich (und nicht nur da) ist chronisch verspannt oder erschlafft und undurchlässig für die subtilen Energieströme. Aus dieser mangelnden Sensibilität heraus wird der »Geschlechtsverkehr« – nomen est omen – zu einer ziemlich mechanischen Angelegenheit, in der die Genitalien durch Reiben stimuliert werden, was Lust erzeugt. Aufgrund der anatomischen Gegebenheiten ist der Mann dabei meistens im Vorteil, das heißt, er empfindet den normalen Hin-und-Her-Geschlechtsverkehr als lustvoller als die Frau.

Anstatt dieses Ungleichgewicht zum Anlaß zu nehmen, die subtilen Vorgänge bei der sexuellen Vereinigung näher zu erforschen, hat die moderne Sexualforschung in erster Linie versucht, die Frau dem Manne gleichzustellen. Sie propagiert, daß die Frau auf ähnliche mechanische Weise stimuliert werden muß wie der Mann, vor allem an der Klitoris, damit sie auf diese Weise auch zu einem Orgasmus kommt oder sogar zu mehreren. Es geschieht im sexuellen Bereich genau das gleiche wie im gesellschaftlichen. Die Frau rennt dem Mann in dieselbe Sackgasse hinterher, in der er schon lange feststeckt. Und es handelt sich auch im Sexuellen um eine Sackgasse. Mechanisch durch Reibung und Stimulation erzeugte Lust kann extrem geil sein. Sie kann auch liebevoll »durchgeführt werden«, und nichts daran ist verwerflich. Es geht auch gar nicht darum, diese Form von Sex zu verdammen oder moralisch zu diskriminieren. Durch gezielte Aktivität erzeugte Lust führt aber nicht in einen inneren Raum des tiefen Loslassens und der Ekstase, sondern bricht ziemlich schnell in sich zusammen, wenn die Stimulierung aufhört oder die sexuelle Spannung durch einen genitalen Orgasmus entladen wurde. Im besten Fall ist vorher eine intensive Verbindung der Herzen und der Seelen entstanden. Diese Verbindung kann die dann eintretende Leere überlagern. Im Normalfall fühlt sich der Zustand nach einem solchen Orgasmus im wahrsten Sinne enttäuschend an.

Was ist die Alternative? Wie können wir uns für die Lust öffnen, die ganz von allein geschieht, in die wir hinein entspannen können, ohne uns anzustrengen? Wie kann uns die Lust in Sphären führen, in denen wir von einer tiefen Verbindung mit dem Sein getragen werden, in denen eine innige Verbindung mit dem Partner zu einer Ahnung von All-Eins-Sein mit der Existenz führt?

Wenn sich ein Mann und eine Frau, die durchlässig für ihre Energieströme sind, sexuell vereinigen, zirkuliert die Energie im ganzen Körper. Das männliche Genital, der Lingam, läßt die Energie in den Körper der Frau strömen, die diese Energie aufnimmt, in sich kreisen läßt und vor allem auf der Ebene des Herzens an den Mann zurückgibt. Auf der Herzensebene tendieren Männer eher zur Rezeptivität, genau umgekehrt wie auf der genitalen Ebene, wo Frauen rein anatomisch, aber auch energetisch zur Empfänglichkeit neigen. Damit die Energie auf diese Weise zirkulieren kann, müssen die Pforten für die Energie offen sein. Eine bei der Frau oft verschlossene Pforte ist die Gebärmutter und speziell der Muttermund. Viele Frauen empfinden es als schmerzhaft, wenn der Lingam gegen ihren Muttermund stößt, andere als sehr lustvoll. Durch die von den meisten Menschen praktizierte Form von Penetration, in der der Mann unentwegt in Bewegung ist, reduziert sich die tiefe Empfindungsfähigkeit der Frau, obwohl sie oberflächlich vielleicht auch intensive Lust empfindet. Ich höre oft von Frauen den Wunsch, der Mann möge zeitweilig einfach still in ihr drin sein und in den strömenden Empfindungen verweilen. Die meisten Männer haben Angst, dann ihre Lust und ihre Erektion zu verlieren und ziehen deswegen den dynamischen Sex vor. Als Mann kann ich jedoch sagen, daß es sich durchaus auch für Männer lohnt, durch diese Ängste hindurch zu einer tieferen Lust zu finden. Wir können einiges tun, um durchlässiger und sensibler für unsere Lust zu werden.

162

1. *Körperarbeit.* Es gibt zahllose Methoden, die helfen können, den Körper durchlässiger zu machen und mehr Körperbewußtsein aufzubauen: Biodynamik, Bioenergetik, Rolfing, Feldenkrais, Craniosacral Balancing, Rebalancing und viele mehr. Manche dieser Methoden bewegen sich ausschließlich auf der Körperebene, andere arbeiten auch mit den Gefühlen und mit emotionalen und geistigen Inhalten, die durch die Körperarbeit auftauchen. Letztlich geht es um das Annehmen aller im Körper abgepanzerten Gefühle und um das Verstehen und Loslassen der Glaubenssätze, die dafür sorgen, daß wir unsere Gefühle weiter in

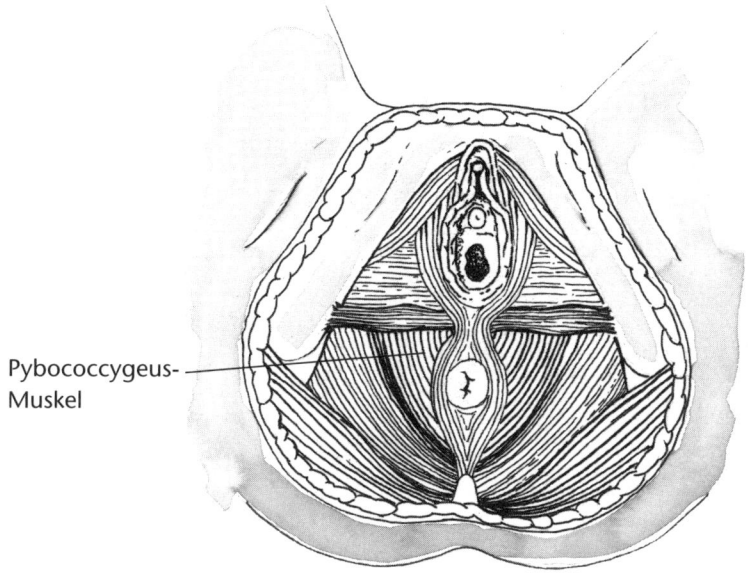

Pybococcygeus-
Muskel

Die Muskulatur des Beckenbodens

uns festhalten. Zur Befreiung der Lust gibt es spezielle Formen der Körperarbeit, die aber auf Dauer nur dann wirksam sein können, wenn sie in einen ganzheitlichen Entwicklungsprozeß integriert sind. Dazu gehört das Training der Schließmuskeln im Anal- und Genitalbereich, besonders des Pubococcygeus-Muskels am Beckenboden, sowie das Lösen chronischer Verspannungen im Bereich des Damms durch tiefe Massage und Atemübungen.

Nicht zuletzt ist die Sensibilisierung des G-Punkts bei der Frau und der Prostata beim Mann eine sehr wirksame Möglichkeit, die Lustfähigkeit zu steigern. Ich bin immer wieder überrascht, daß auch unter

Frauen noch darüber diskutiert wird, ob es den G-Punkt überhaupt gibt. Manche Frauen scheinen ihn überhaupt nicht wahrnehmen zu können, andere nur dann, wenn sie sexuell erregt sind. Er liegt etwa fünf Zentimeter innerhalb der Vagina an deren oberer, bauchseitiger Wand und sein Gewebe fühlt sich beim Tasten deutlich anders an als die Umgebung. Über die Existenz der Prostata gibt es keine Diskussion, wohl aber über deren Bedeutung für die Lust des Mannes. Die Prostata kann vom Damm aus indirekt massiert werden oder direkt durch Eindringen in den Anus. Sie kann, ähnlich wie der G-Punkt bei der Frau, etwa fünf

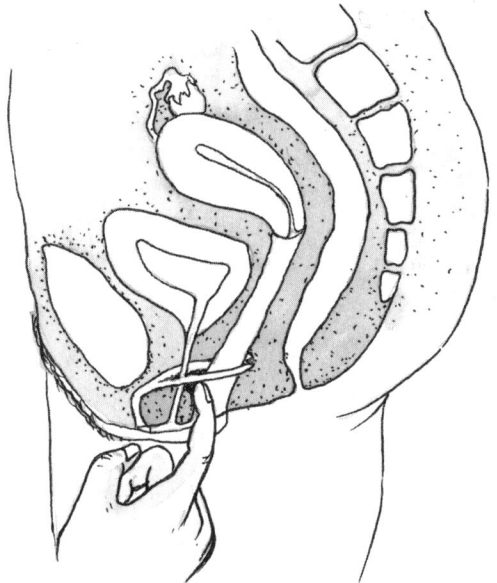

Stimulation des G-Punktes

Zentimeter innerhalb des Anus an der bauchseitigen Wand ertastet werden. Manche Männer erleben eine Prostatamassage als extrem lustvoll, andere haben Schmerzen, wenn sie zum ersten Mal eine Prostatamassage bekommen.

Oft sind im Analbereich starke chronische Verspannungen anzutreffen, die für die Schmerzen und wohl auch für die Häufigkeit von Prostataerkrankungen bei Männern mit zunehmendem Alter verantwortlich sind. Viele Männer identifizieren anale Lust mit Homosexualität und wehren sie aus ihrer Angst vor dem Schwulsein von vornherein ab. Solange jedoch der Analbereich verspannt und verschlossen ist, ist eine

Ausbreitung der Lust in den ganzen Körper und ein Loslassen der Fixierung auf die Ejakulation kaum möglich.

2. *Loslassen der Fixierung auf den Orgasmus.* Solange Sex ein Ziel hat, ist tiefes Loslassen und die daraus entstehende Lust unmöglich. Sex wird dann zum »Geschlechtsverkehr« auf einer Einbahnstraße. Für die meisten Männer und auch für viele Frauen ist es unvorstellbar, das Ziel des Orgasmus loszulassen. Sie fühlen sich um den Hauptpreis betrogen. Die sexuelle Revolution hat das noch verstärkt, indem immer neue Tech-

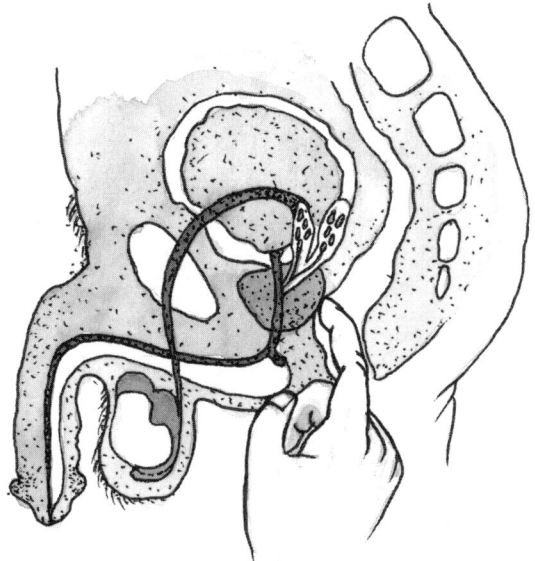

Prostatamassage

niken propagiert werden, um nicht nur einen, sondern möglichst multiple oder langandauernde Orgasmen zu erreichen. Ein Ziel erreichen zu müssen ist eine der größten Barrieren, um im Hier und Jetzt vollständig bewußt und anwesend zu sein. Es braucht oft Jahre, bis das Ziel der Ejakulation oder des Orgasmus wirklich losgelassen werden kann. Ich bin nicht der Meinung, daß Ejakulation oder Orgasmus etwas Schlechtes sind. Wenn wir das annehmen, kommen wir nur vom Regen in die Traufe, von der Zielfixierung zur Vermeidung. Es geht darum, die Zwanghaftigkeit zu spüren, zu verstehen und loszulassen. Dann öffnet sich der Raum beiderseits und jenseits der Einbahnstraße. In dem

Maße, in dem unsere Bewußtheit wächst, bekommen wir eine Ahnung von dem Unterschied zwischen Nervenkitzel und Ekstase.

3. *Präsenz im Hier und Jetzt.* Meditation ist der Schlüssel zu unserer Fähigkeit, voll und ganz in unserer Erfahrung anwesend zu sein. Lust entsteht aus der Entspannung, aber nicht aus einer kartoffelsackartigen Erschlaffung, sondern aus einem sehr präsenten inneren Loslassen.

Eines der wirksamsten Mittel, um tiefe Lust zu entdecken, besteht darin, Meditation zu üben und sie in die sexuelle Praxis einzubringen. Es gibt viele Meditationstechniken, aber sie alle führen in einen Zustand, der jenseits aller Technik liegt: in das Dasein mit dem, was ist. Für die sexuelle Begegnung kann das heißen, viel Zeit zum Innehalten und Einfach-nur-Spüren zu lassen, anstatt sich im sexuellen Tun zu verlieren. Die Herausforderung für Männer liegt darin, ihre Erektionen

166

kommen und gehen zu lassen. Ein Hauptgrund, warum Männer in der sexuellen Vereinigung kaum stillhalten können, ist die Angst, die Erektion zu verlieren und den sexuellen Kontakt nicht halten zu können. Es ist aber durchaus möglich, auch ohne Erektion sexuell vereinigt zu sein. Es kann eine Offenbarung sein zu erleben, wie die Erektionen kommen und gehen, wie ein pulsierender Tanz der Energien, während der Mann einfach nur in der Frau ruht und nichts dafür tut.

4. *Störungen erlauben*. Sein mit dem, was ist, hat nichts mit steriler Heiligkeit zu tun. Wenn du in Yab-Yum Position[23] mit deiner Liebsten sitzt und dein Bein schläft ein und kribbelt unerträglich, dann kann das sehr ekstatisch sein. Vielleicht möchtest du aber auch einfach deine Sitzhaltung verändern und verkrampfst dich, weil du ihre kosmische Ekstase nicht stören möchtest. Offene Kommunikation über alles, was geschieht, kann auch mitten in der sexuellen Begegnung die Intimität fördern, auch wenn es noch so störend ist. Vermeintliche Störungen weisen immer auf mehr oder minder unbewußte oder unausgesprochene Erwartungen, auf ein sexuelles Programm oder ein Ziel hin. Wenn wir Störungen zulassen, kann es durchaus zu unangenehmen Situationen kommen, zu Enttäuschungen bis hin zu ernsten Konflikten. Sich in solchen Momenten seiner aktuelle Gefühle und Kellergefühle bewußt zu sein, kann da helfen. Weichen wir den Konflikten jedoch aus, wird unsere Lebendigkeit und damit auch die Lust unmerklich aber stetig aus unserer Begegnung schwinden.

5. *Verantwortung für die eigene Lust tragen*. Eine der verhängnisvollsten, aber sehr verbreiteten Verwicklungen in Liebesbeziehungen ist die Frage, wer verantwortlich für wessen Lust ist. Die meisten Menschen gehen selbstverständlich davon aus, daß es am anderen liegt, ob wir auf ihn oder sie Lust haben oder nicht. Bei dem einen Menschen spüren wir unsere erotische Resonanz, beim anderen nicht. Liegt es an der »Chemie«, der Schwingung zwischen zwei Menschen? Was bei dieser auf den ersten Blick überzeugenden Sichtweise unter den Tisch fällt, ist die Tatsache, daß unsere eigene Lustfähigkeit in der Regel sehr eingeschränkt ist. Deswegen müssen andere Menschen das mehr oder minder kleine Nadelöhr treffen, um Zugang zu unserer Lust zu bekommen. Wir gehen nicht als bereits lustvoll strömende Wesen in den Kontakt, sondern erwarten, erhoffen und ersehnen, daß die Begegnung uns Lust

bringt. Unter diesen Voraussetzungen ist es schwer, Lust aus der Entspannung heraus zu erlauben, weil wir ständig darum bemüht sind, alles richtig zu machen, damit der Partner zu seiner Lust kommt. Es gibt Frauen, die einen Orgasmus vorspielen, damit der Mann endlich aufhört, sich für sie anzustrengen und es richtig machen zu wollen. Lust wird erst dann zum Wegweiser für unsere Entwicklung, wenn die Verantwortlichkeit dahin zurückkehrt, wo sie hingehört. Ich bin für meine Lust verantwortlich und du für deine. Dazu gehört natürlich, daß ich dir meine Wünsche mitteile, aber ganz wesentlich ist, daß ich meine eigene Fähigkeit, Lust zu empfinden, mehr und mehr erweitere, damit ich meine Lust mit dir mühelos spüren kann, ohne daß du ein Zauberkünstler oder der begnadetste Liebhaber der Welt sein mußt. Körperarbeit und vor allem Selbstlieberituale sind eine schöne Möglichkeit, die eigene Fähigkeit zur Lust zu erweitern und damit zu spielen. (Siehe Übungsteil)

6. *Übung.* Die im Übungsteil vorgeschlagenen und viele weitere Übungen können helfen, durchlässiger für Lust zu werden. Kaum jemand hat in der Pubertät oder danach die Möglichkeit gehabt, Lust und Sex spielerisch, gefahrlos, offen und frei zu erkunden. Die gute Nachricht ist jedoch, daß wir vieles auch in vorgerücktem Alter noch lernen können, wenn wir die Bereitschaft dazu mitbringen. Es gibt Übungen, die uns eine Ahnung davon vermitteln können, was noch alles möglich ist. Wir können lernen, in hoher Erregung zu entspannen. Wir können lernen, unsere körperlichen Empfindungen auf allen Stufen der Erregung, auch unmittelbar vor dem Orgasmus, bewußter wahrzunehmen und die sexuelle Begegnung aus diesem Bewußtsein heraus zu gestalten. Wir können lernen, die Atmung bewußt einzusetzen. Wir können lernen, durch Atmung Energie aufzubauen, sie durch den Körper strömen zu lassen, bewußt in verschiedene Energiezentren (Chakren) zu lenken, in das Herz und das dritte Auge emporzuziehen und sie dann loszulassen. Solche Übungen werden in vielen Büchern beschrieben. Leichter zu lernen sind sie allerdings in einem lebendigen Kontext wie einem Workshop oder einem Training. Doch all diese Übungen sind nur Hilfsmittel, und wir tun gut daran, darüber das Wesentliche nicht zu vergessen: Sein mit dem, was ist.

7. *Die Jagd nach der Sensation loslassen.* Ein Orgasmus ist für viele Menschen die schönste Empfindung, die sie kennen. Für einen kurzen Moment befinden wir uns außerhalb der sonst allgegenwärtigen Kontrolle des Verstandes. Für spirituell Suchende ist der Orgasmus so etwas wie eine Verheißung. Jenseits unserer individuellen Grenzen, die verhindern, daß wir die Verbundenheit mit dem Universum erleben, muß es so etwas wie einen kosmischen Orgasmus geben. Manche Menschen berichten von einem Lichterregen oder ganzen Feuerwerken, die sich vor ihrem inneren Auge abspielen, andere von einer Explosion im dritten Auge, wieder andere von einem Strom, der die Wirbelsäule hinaufjagt und sich über den Scheitel hinaus verströmt oder an der Vorderseite wieder zurückfließt. Ich zweifle nicht daran, daß viele dieser senationellen Erfahrungen wirklich gemacht wurden, manches davon habe ich sogar selbst erlebt, aber die Gefahr ist groß, daß wir diesen spirituellen Erlebnissen genauso hinterherjagen wie andere dem Porsche oder der neuen Möbelgarnitur. Für mich war es immer beschämend, mir so etwas eingestehen und wieder kleinere Brötchen backen zu müssen – immer wieder da anzufangen, wo ich gerade bin.

Die Hinweise zur Lust sind von meinen eigenen Erfahrungen inspiriert und möchten keine neuen Maßstäbe setzen, sondern ermutigen, selbst zu erforschen, wie unsere Lust zu einem Wegweiser werden kann.

Wenn wir auf die Lust als Treibstoff und Wegweiser verzichten, bleibt uns nur der Schmerz, der uns unerbittlich zwingt, Selbsttäuschung und Illusionen loszulassen. »Ich lerne immer nur durch Schmerz. Ohne Rückschläge, Mißerfolge oder körperlichen Schmerz wäre ich heute noch so naiv wie vor zwanzig Jahren«, sagte mir kürzlich ein Freund. Der Weg durch den Schmerz ist der sicherste. Auf diesem Weg landen wir immer, wenn wir uns verirrt haben. Nicht zuletzt propagiert unsere christliche Tradition den »schmalen und steinigen Weg« des Leidens auf Erden als einen Weg zu Gott. Ob der Weg durch die Lust leichter ist? In der buddhistischen Tradition gilt Tantra als der kürzeste, aber auch als der schwierigste Pfad auf dem Weg zur Erleuchtung. Aber selbst wenn wir nicht unbedingt nach Erleuchtung streben, kann Tantra uns wertvolle Unterstützung geben, für unser Liebesleben, für das Annehmen des Lebens, so wie es ist, für die Kunst des Seins.

12.
Der Weg des Tantra

Die Hoch-Zeit von Sex, Herz und Bewußtsein

Was ist Tantra? Auf diese Frage bekommt man heute viele, zum Teil sogar widersprüchliche Antworten.

»Tantra ist wie Weben. Alles hängt mit allem zusammen und alles wirkt auf alles.«[24]

»Tantra ist ein individueller Weg, eine persönliche Entdeckung der Wirklichkeit. Es ist tief rebellisch. Es setzt Vertrauen nicht in gesellschaftliche Organisationen, nicht in die Gemeinschaft, sondern in das Individuum. Tantra glaubt an DICH. Es ist Befreiung: von jeder Theorie, von jedem Gedankengebäude, von jeder Struktur, vom anderen. Das Tantra ist ein Bereich des Seins. Es ist Freiheit.«[25]

» Tantra ist eine Wissenschaft und eine praktische Lebensphilosophie. Tantra lehrt Liebe. Tantra lehrt Sex. Aber der Sex des Tantra ist Mittel und nicht Zweck, ist das Mittel zur größten körperlichen Lust, das Mittel, die ganze Fülle der lebenspendenden inneren Kräfte freizusetzen, und auch das Mittel, das Reich des Geistes zu betreten, von dessen Existenz nur wenige wissen. Wenn die Lust durch einen erfahrenen Geist und Körper geübt wird, vertieft und erweitert sie sich, bis sie sich in einem überirdischen Glücksgefühl entlädt, dem kosmischen Orgasmus.«[26]

»Tantra ist der Königsweg zur Erleuchtung, der über die Sexualität führt – über die Wandlung sexueller Energie.«[27]

»Der echte Tantrismus dagegen ist ein Weg der absoluten Liebe, der zur Freiheit des Seins führt.«[28]

»Und immer wieder ist Tantra ein Verweilen in der Freude des Seins in noch so vielen Situationen des Lebens.«[29]

Das sind nur einige wenige Definitionsversuche für den Begriff »Tantra«, der aus dem Sanskrit stammt. Für manchen mögen es leere Worte sein, hohl, ohne innere Resonanz. Andere bemerken vielleicht, wie in ihnen etwas ins Schwingen kommt, wenn sie das eine oder andere Zitat lesen. Das Problem ist offensichtlich. Worte können nicht einmal eine Ahnung davon vermitteln, worum es bei Tantra geht, wenn der Hörer oder Leser über keine entsprechende Erfahrung verfügt. Und noch problematischer wird es, wenn wir gar nicht merken, daß wir eine bestimmte Erfahrung nicht kennen oder sie tief in uns verdrängt ist.

Am Ende eines Jahrestrainings sagt Martin, ein Teilnehmer: »Am Anfang habe noch ungefähr geahnt, was Tantra ist, aber jetzt weiß ich es echt nicht mehr. Ist ja vielleicht auch nicht so wichtig.« Großes Gelächter im Raum. Eine innere Stimme in mir beginnt sogleich, mir Vorwürfe zu machen: »Ich habe was versäumt. Ich kann doch keinen Teilnehmer so aus einem Training entlassen. Er muß doch jetzt wissen, was Tantra ist...« Eine andere innere Stimme läßt mich innehalten. In diesem Innehalten fange ich an, mich über das Nicht-Wissen des Teilnehmers zu freuen: »Es geht ihm offenbar gar nicht schlecht damit. Und das Lachen im Raum fühlt sich eher befreiend als enttäuscht an. Jetzt haben wir so oft zum »Nicht-Wissen« eingeladen, das ist das Ergebnis.« Ich sage, halb ironisch, zu Martin: »Das ist Tantra, daß du nichts mehr weißt!«

Tantra läßt sich nicht wissen. Tantra ist ein Wegweiser mitten ins Leben – und das läßt sich ebenso wenig wissen wie das Sein. Es läßt sich lediglich leben, lieben und erfahren. Mit jedem Wissen lassen wir es erstarren oder gefrieren, und verpassen damit das Leben selbst, das sich in jedem Moment neu gebiert. Tantra ist ein Weg ins Sein. Tantra sprengt den Verstand, Tantra ist nur und ausschließlich über die eigene Erfahrung zugänglich. Ein Kapitel wie dieses ist ein Widerspruch in sich. Über Tantra kann nichts gesagt werden. Wenn du es erleben willst, mußt du es ausprobieren. Alles, was du darüber zu wissen glaubst, ist dir dann im Weg. Aber ohne dieses Wissen hättest du dich vielleicht nie auf den Weg gemacht.

Wenn wir in einem esoterischen Buchladen ein Buch zum Thema Tantra suchen, leuchten uns fast nur Titel wie »Die Kunst der sexuellen Ekstase« oder »Feuer der Sinnlichkeit« oder »Reigen der vollkommenen Lust« entgegen. Wir werden also sofort in unserem Vorurteil bestätigt, daß Tantra hauptsächlich mit Sex zu tun hat. In Indien und Tibet wurden die einschlägigen sexuellen Praktiken des Tantra lange geheimgehalten. Die Texte sind oft so abgefaßt, daß ihre Bedeutung auch symbolisch verstanden werden kann. So bedeutet beispielsweise die Vereinigung von Lotusblume und Diamantenzepter sowohl die körperliche Vereinigung von weiblichem und männlichem Genital, aber auch das Zusammenbringen von Mitgefühl und Weisheit.[30] Unter den Historikern gibt es bis heute unterschiedliche Auffassungen darüber, ob und wie weit sexuelle Praktiken Bestandteil der verschiedenen tantrischen Schulen waren und sind. Der sogenannte linkshändige Weg wird meistens als derjenige betrachtet, auf dem es auch zu konkreter sexueller Praxis kommt, während das rechtshändige Tantra eher einen asketischen Weg geht. Allerdings ist sexuelle Erfüllung in keinem Fall das wesentliche Ziel des Tantra. Sex wird lediglich als ein sehr wirkungsvolles Hilfsmittel auf dem spirituellen Pfad betrachtet.

Im Westen erlebt Tantra heute nicht zuletzt wegen der Offenheit gegenüber dem Körper, der Sinnlichkeit und der Sexualität eine Wiedergeburt. Tantra trifft hier auf einen widersprüchlichen kulturellen Hintergrund. Einerseits steckt uns die sexuelle Repression noch allen in den Knochen, andererseits gelten seit der sogenannten sexuellen Revolution genau die gegenteiligen Normen. Sexuelle Erlebnisfähigkeit und Erfüllung gelten inzwischen fast als Pflicht, was zur Folge hat, daß sich viele Menschen geradezu minderwertig fühlen, wenn sie nicht regelmäßig befriedigenden Sex haben. Einerseits werden uns unaufhörlich sexuelle Reize entgegengeschleudert; kaum eine Werbung kommt ohne sexuelle Anspielungen aus. Andererseits schwärt tief in uns noch immer die Wunde, als sexuelle Wesen nicht wirklich angenommen zu sein. Vor diesem Hintergrund wird Tantra in der Öffentlichkeit und in den Medien wahrgenommen. Für manche ist Tantra ein willkommener verkaufsfördernder Aufmacher, während andere darin noch immer das Werk des Teufels sehen.

Unter diesen widersprüchlichen Voraussetzungen ist es gar nicht leicht, im Tantra einen spirituellen Weg zu entdecken, der Sex bejaht und in die Praxis einbezieht, ohne jedoch darauf fixiert zu sein oder zügellose sexuelle Ausschweifungen als Heilsweg zu propagieren. Im traditionellen indischen Tantra bedurfte es Jahre bis Jahrzehnte der Vorbereitung, bevor Schüler in sexuelle Praktiken eingeweiht wurden. Heutzutage im Westen sind manche enttäuscht, wenn sie nicht gleich im ersten Wochenendkurs zur ekstatischen Vereinigung und zum kosmischen Orgasmus kommen.

Zu einem Wochenendworkshop sind mehr Männer als Frauen angemeldet. Das kommt nicht so oft vor, und wenn wir die Möglichkeit haben, gleichen wir das Verhältnis von Männern und Frauen in unseren Gruppen aus, aber diesmal hat es einfach nicht geklappt. Die ersten Teilnehmer treffen ein, setzen sich in das Café des Tagungshauses, alles Männer. Wie es der Zufall will, reisen zuerst fast nur Männer an. Und die werden langsam ungeduldig und wollen wissen, wo denn die Frauen bleiben. Bevor der Workshop überhaupt beginnt, reisen zwei Männer wieder ab. Der eine sagt unumwunden, daß ihm die Überzahl von Männern zuviel Angst macht und er sich im Moment nicht stabil genug fühlt, um dem zu begegnen. Der andere wird ziemlich aggressiv: »Das ist eine Unverschämtheit, das ist kein Tantra. Tantra ist Sinnlichkeit zwischen Mann und Frau, und wie soll ich die erleben, wenn weniger Frauen da sind? Ich würde gern auch mal von mehreren Frauen auf einmal gestreichelt werden, aber bei dem Zahlenverhältnis kann ich mir das wohl abschminken. Ich reise ab!« Meine Antwort, daß eine solche Fixiertheit auf eine ganz bestimmte Erfahrung sicher nichts mit Tantra zu tun hat, läßt er nicht gelten. Sein Entschluß steht fest. Mir bleibt nur tief durchatmen und loslassen. Und später die Freude darüber, daß alle, die dageblieben sind, es nicht bereut haben.

Die Mißverständnisse über Tantra können uns direkt im Wege stehen, wenn es darum geht, Tantra kennenzulernen. Wie schon erwähnt stürzt sich unsere sensationshungrige Kultur sofort auf den sexuellen Aspekt des Tantra und verpaßt dabei vollständig, worum es im Tantra wirklich geht.

Im Unterschied zu den meisten Religionen und spirituellen Disziplinen bejaht Tantra unseren Körper und unsere Sinnlichkeit genauso wie alle anderen Aspekte unserer Existenz, von der Zeugung über die Geburt, über die Liebe bis zum Tod. Während die christlich-jüdische Kultur einen fundamentalen Gegensatz zwischen gut und böse postuliert, geht Tantra über die Dualität von gut und böse hinaus.

»Und das Herz unterscheidet nicht zwischen gut und schlecht. Das Herz kennt keine Unterscheidungen; alle Unterscheidungen sind Sache des Verstandes. Das Herz liebt einfach ohne Unterschied. Das Herz fließt einfach, ohne alle Kategorien, ohne alles Urteilen. Das Herz ist unschuldig.« (Osho[31])

Es gibt nur bewußt und unbewußt. Bewußtsein transformiert jede Erfahrung, genau wie das Licht jede Dunkelheit erhellt. In der Konsequenz liegen die konkreten Verhaltensweisen eines gläubigen Christen und eines Tantrikers vielleicht oft gar nicht so weit auseinander, mit Ausnahme der Haltung zur Sexualität. Beiden geht es um die universelle Liebe. Während wir im Christentum jedoch ständig mit einem inneren Zwiespalt zu kämpfen haben und die Versuchung des Bösen zu-

gunsten des Guten und der Liebe überwinden möchten, geht Tantra einen anderen Weg. Tantra lehrt, voll bewußt in jede Erfahrung zu gehen, bis auf den Grund, und dort Verwandlung geschehen zu lassen. Das heißt nicht, daß wir destruktive oder gar mörderische Impulse hemmungslos ausleben, sondern daß wir diesen Impulsen in uns selbst Raum geben, um zu spüren, was dahinter steckt. Dahinter ist Schmerz. Wenn wir in der Lage sind, unseren eigenen Schmerz bewußt zu spüren, verwandelt sich der destruktive Impuls. Anstatt jemanden verletzen oder umbringen zu wollen, der uns verletzt, beleidigt oder gedemütigt hat, können wir uns erlauben, den Schmerz mitzufühlen, aus dem heraus er uns verletzt hat. Tieferes Bewußtsein entspringt aus dem tieferen Fühlen und verwandelt unsere Erfahrung und unser Verhalten.

Die Grundlage für diese Fähigkeit der inneren Verwandlung ist Meditation. In gewissem Sinne ist Tantra Meditation im Alltag, in allen Lebenslagen, nicht nur im Schneidersitz auf dem Meditationskissen, nicht nur abgeschieden im Kloster, sondern mitten im pulsierenden Leben.

Meditation ist reines Gewahrsein, ohne Wertung, ohne die Interpretation des Verstandes. Meditation ist die Schulung des inneren Beobachters, der die Dinge so wahrnehmen kann, wie sie sind, ohne eingreifen zu müssen. Meditation bringt uns mit dem inneren Ort in Kontakt, von wo aus wir annehmen können, was ist, einfach deswegen, weil es ist. Meditation ist die Stille des reinen Präsentseins, in der wir uns nicht mit unseren unbewußten programmierten Reaktionsweisen identifizieren. Je besser unser Zugang zur Meditation ist, desto mehr fühlen wir, daß Liebe und Meditation dasselbe sind: das Dasein-Lassen dessen, was ist. Eines Morgens wurde mir das besonders deutlich.

Es ist der Beginn des fünften Workshoptages. Wie jeder Morgen beginnt auch dieser mit einer Meditation. Nach drei bewegten Phasen folgt jeweils eine stille Phase. Heute ist irgend etwas anders. Noch gestern abend war ich zu Tode betrübt. Ich habe mich in Doris verliebt, aber meine Liebe wird nicht erwidert. So scheint es zumindest. Gestern noch war ich tief traurig, heute morgen fühle ich mich leicht, als wenn etwas von mir abgefallen wäre. Das Schütteln ist ein müheloses Vibrieren. Beim Tanzen kommen die Bewegungen wie von selbst. In der stillen Phase sitze ich auf einem Kissen und höre die Worte des Workshopleiters, die uns sanft in die innere Stille führen. Ich spüre mein Herz, vielleicht so klar wie noch nie. Ich spüre die Schichten von Trauer und Schmerz drum herum, aber das Herz ist stärker. Ich spüre meine intensiven Gefühle zu Doris, und plötzlich verwandelt sich etwas.

Ich entdecke, daß Verliebtheit ein Etikett für bestimmte Gefühle ist, das die Erfahrung begrenzt und auf eine Person fixiert. Ich nehme wahr, daß meine Gefühle gar nichts mit Doris zu tun haben. Sie sind auch noch da, wenn ich nicht an Doris denke. Sie sind einfach da. Ich könnte die ganze Welt umarmen. Ich sehe ganz genau, wie ich sonst aus einem solchen Gefühl heraus von mir weg gehe und etwas haben will, wie ich darauf programmiert bin, daß Liebe nur glücklich macht, wenn sie erwidert wird. Jetzt erlebe ich mich erfüllt und warm, mit überfließendem Herzen, ohne Grund. Eine überwältigende Stille breitet sich in mir aus. Es gibt nichts zu tun. Alles ist so, wie es ist.

Meditation bedeutet nicht, sich vom Getriebe der Welt abzuschotten, um endlich seine Ruhe zu haben. Meditation ist keine Entspannungtechnik, obwohl sie sehr entspannend sein kann. Meditation ist das bewußte Ausdehnen der eigenen Aufmerksamkeit auf alles, was ist. Meditation ist das bewußte Wahrnehmen und Spüren all der vielen kleinen Schwingungen und Frequenzen, die uns berühren und durch uns hindurch strömen. In der Meditation geht die Aufmerksamkeit zunächst nach innen, bis sich Innen und Außen schließlich auflösen. In dieser Erfahrung wissen wir uns verbunden mit allem, was in uns und um uns herum ist. Je mehr Widerstände wir den Schwingungen in uns entgegen setzen, desto gröber fühlt sich die Energie im Körper an, bis hin zu heftigen Gefühlen oder schmerzhaften Verkrampfungen. Oft ist es schwer, diese gröberen Energiephänomene einfach nur zu beobachten. Sie drücken die Knöpfe unserer Abwehrprogramme, und sobald diese Programme ablaufen, fallen wir aus der Meditation heraus. Deswegen ist es hilfreich für die Meditation, wenn unser Körper durchlässiger wird und wir mit unseren Gefühlen im Frieden sind.

Tantrische Praxis bedeutet, die Qualität der Meditation, das bewußte, anteilnehmende, aber nicht identifizierte Beobachten in das pulsierende Leben mit all seinen Facetten hineinzutragen. Tantra beschränkt sich also nicht auf einen klar definierten Zeitabschnitt im Leben, sondern betrifft das Leben in seiner ganzen Fülle. Tantra bringt die Bewußtheit der Meditation mitten in unseren Alltag. Eine Erfahrung von Helmut:

»Ich bin erstaunt, wie sich das Tantratraining in meinem Leben auswirkt. Letzte Woche kam mein Chef in mein Büro und eröffnete mir, daß meine Arbeitsleistung enorm nachgelassen habe. »Was ist los mit Ihnen? Sie waren doch sonst immer so zuverlässig? Haben Sie private Probleme?« Ich war geschockt. Wut stieg in mir hoch. »Was fällt dem denn ein, nach meinem Privatleben zu fragen?«, dachte ich zunächst. Dann erinnerte ich mich daran, tief durchzuatmen, und merkte, daß er recht hatte. Ich hatte in letzter Zeit viel Streß zu Hause gehabt, meine Familie wuchs mir über den Kopf, vor allem meine beiden älteren Kinder tanzten mir auf der

Nase herum. Außerdem bemerkte ich, daß der Chef eigentlich nicht unfreundlich gesprochen hatte. Es war lediglich meine Erinnerung an unfreundlich tadelnde Worte meines Vaters, die sich über seine Bemerkung legte. Ich atmete noch einmal tief durch und sagte dann: »Ja, das stimmt, ich mache mir Sorgen wegen meiner Kinder. Es tut mir leid, wenn sich das auf die Arbeit ausgewirkt hat.« »Wenn Sie Sonderurlaub brauchen, sagen Sie Bescheid. Wir sind zwar ziemlich unter Druck, aber wir möchten einen so wertvollen Mitarbeiter wie Sie auch nicht überstrapazieren.« Ich war völlig überrascht, das hätte ich ihm nicht zugetraut. Später wurde mir klar, daß ich anders reagiert hatte als früher, wenn ich mich mit ihm angelegt hatte. Ich hatte nur einen kleinen Moment innegehalten, anstatt gleich loszupoltern, und das hat die ganze Situation verändert.«

Wenn wir zu verstehen beginnen, daß es um Bewußtsein und nicht um Sex geht, kann die tantrische Erweiterung unserer Sexualität die Entwicklung unseres Bewußtseins enorm vorantreiben. Wenn nicht, ist die Gefahr groß, daß wir in einer neuen Variante von Sucht stecken bleiben und vermeintlich tantrische Erfahrungen konsumieren, um ansonsten alles beim Alten zu belassen.

Manche Tantriker versprechen, daß die Fähigkeit, in höchster sexueller Erregung innezuhalten, inmitten des Orgasmus zu ruhen, gleichbedeutend mit Erleuchtung sei. Kaum jemals sind wir den Urkräften unserer Lebendigkeit so nah wie inmitten eines Orgasmus. Für den Normalsterblichen ist es unvorstellbar, mitten darin innezuhalten. Der »Punkt ohne Wiederkehr« gilt als die letzte Phase, die noch bewußt gesteuert werden kann. Danach setzt ein automatischer Reflex ein, dem durch nichts und gar nichts Einhalt geboten werden kann. Gerade das macht einen Teil seines Reizes aus, der Verstand ist ausgeschaltet, und der Körper tut, was er nicht mehr lassen kann. Es ist ein Vorgeschmack auf das große Loslassen. Die Franzosen nennen den Orgasmus den kleinen Tod (»le petit mort«). Darin innezuhalten macht den Orgasmus nicht unbedingt länger, aber wir erleben die Qualität des Höhepunktes unmittelbar, und das kann sich anfühlen, als bliebe die Zeit stehen.

Manchmal bekomme ich einen Geschmack davon, wenn ich mich im Sex entspanne und eine meditative Wachheit in die sexuelle Verbindung hineinbringe. Es ist Meditation und sexuelle Vereinigung gleichzeitig. Dann kommen wieder Gedanken und tragen mich aus der Erfahrung weg. Oft fühle ich mich auch weit davon entfernt, mich wirklich tief entspannen zu können. Und zuweilen entdecke ich, wie ich wieder einmal einer bereits gemachten Erfahrung hinterherjage und sie mit dem Sein verwechsle.

Ich habe schon öfter gehört, daß Menschen ein Satori[32] erlebt haben, und fortan steht diese Erfahrung zwischen ihnen und dem Hier und Jetzt. Die Gefahr, in der Sexualität solche neuen Fixierungen zu schaffen, ist groß, da wir alle sexuell tief verwundet und manchmal ausgehungert sind. Tantrische Sexualität kann ebenso eine Flucht sein wie alles andere auch.

Tantra ist nicht Sex, und Sex ist nicht der einzige Zugang zum Sein. Tantra lehrt, in jedem Moment des Lebens voll bewußt zu bleiben und sich nicht von unbewußten Reaktionen überfluten zu lassen, sei es in der Schlange vor dem Postschalter, in der Konfrontation mit einem Vorgesetzten, wenn wir im Lotto gewonnen haben oder angesichts des Todes eines nahen Verwandten. Das Innehalten ist kein Anhalten oder Unterdrücken dessen, was geschieht, sondern eher ein Loslassen jener Instanz in uns, die immer glaubt, etwas tun zu müssen. Darin unterscheidet sich Tantra nicht grundlegend von anderen spirituellen Richtungen.

Wenn wir in der Beschäftigung mit Tantra beim Sex stehen bleiben, dann verweist das auf eine weitere tiefe Wunde in uns. Sex ist in unserer Kultur nicht nur selbst problematisch genug, er ist auch noch vom Herzen und vom Bewußtsein getrennt. Viele Menschen haben gar keine Vorstellung davon, wie es sich anfühlt, intensive sexuelle Lust und Herzensliebe zur gleichen Zeit zu spüren. Im Tantra gibt es viele Übungen und Rituale, um diese Ebenen wieder miteinander zu verbinden.

Wenn wir sexuelle Lust und Herzensliebe als getrennt erleben, wird uns jede nähere Begegnung in einen Konflikt stürzen. Wenn wir sexuelle Lust spüren, bleibt unser Herz kalt, wenn wir Liebe empfinden, verschwindet unsere Lust. Auf diese Weise können wir niemals ganz loslassen. Die Haltung des Tantra, alles in uns unvoreingenommen zu erforschen, zu spüren und dasein zu lassen, kann dazu beitragen, Liebe und Lust wieder als miteinander verbunden zu erleben. Wer das einmal erlebt hat, gibt sich selten wieder mit weniger als Lust *und* Liebe zufrieden. Eine solche Entdeckung geht tiefer als jede Moral. Petra berichtet von einer Workshoperfahrung:

178

»Die Dreier-Übung zur Verbindung von Sex und Herz war der Höhepunkt. Am Anfang hatte ich große Angst, meine Wünsche offen zu äußern, und noch mehr davor, sie dann laut zu hören zu bekommen. Vor allem die sexuellen Wünsche machten mir Angst. Ich dachte, ich würde mich in Grund und Boden schämen. Aber als ich dann mal angefangen hatte, ging es immer leichter, und irgendwann war mir alles egal, ich habe es einfach so gesagt, wie es mir einfiel: Sex mit einem kräftigen Mann, während mich eine Frau liebevoll im Arm hält und streichelt, animalischen Sex mit einem Schwarzen, Sex unter der Dusche, subtil und erotisch verführt werden... Die Herzenswünsche fielen mir leichter: Verschmelzung mit dem ganzen Körper, tiefer Augenkontakt, so angenommen werden, wie ich bin... Als meine beiden Begleiter mir dann meine Wünsche zurückgespiegelt haben, fühlte ich warme Wellen von Erregung durch meinen Körper gehen, und gleichzeitig war mein Herz erfüllt und voller Frieden. Ich habe mich tief entspannt, während in meinem Körper die Energien tanzten. Als dann beide gleichzeitig sprachen, wußte ich nicht mehr, wo oben und unten ist, was sich mein Herz und was sich mein Sex wünscht. Alles war eins. Wunschlos glücklich!«

Ein weiterer Themenschwerpunkt im Tantra ist die Heilung der Polarität von männlich und weiblich, die Wiederbegegnung von Mann und Frau. Diese Thematik hat natürlich viel mit Sex und Herz zu tun, aber sie geht noch darüber hinaus. Mann und Frau sind Symbole für die Grundpolarität des Lebens. Aus dem Chinesischen kennen wir die Bezeichnungen Yin und Yang, die es uns erlauben, die Polarität weniger wertend und ohne festlegende Assoziationen zu betrachten. Das ganze Universum ist von Yin und Yang erfüllt, das Universum ist durch und durch sexuell im Sinne einer sich polar befruchtenden Dynamik. Die Aussöhnung mit dieser Polarität kann uns tief nach innen führen. Wir alle haben einen inneren Mann und eine innere Frau in uns, Männer tragen auch weibliche, Frauen auch männliche Aspekte in sich. Tantra lehrt, die weiblichen und die männlichen Energien in uns deutlicher wahrzunehmen und miteinander tanzen zu lassen.

Unsere Kultur dürstet nach einer Vision, wie Männer und Frauen sich erfüllend und befriedigend begegnen und den Geschlechterkampf beilegen können. Tantra wird in diesem Zusammenhang meistens übersehen, obwohl es hier und heute vielleicht am meisten dazu beitragen könnte, daß Männer und Frauen alte Wunden heilen und sich schätzen und lieben lernen. Daß solche »Wunder« möglich sind, habe ich in unseren Gruppen schon unzählige Male erlebt.

Natürlich geschieht das nicht ganz von ungefähr, sondern erfordert die tiefe Bereitschaft, einen inneren Wachstumsprozeß durchzumachen. Wenn die Mann-Frau Beziehungen in deinem Leben ein Desaster sind, konfrontiert Tantra dich zunächst mit der Aufforderung, nach innen zu schauen und deine inneren Desaster zu entdecken. In Tantragruppen haben sich zwar schon viele zu einer Liebesbeziehung zusammen gefunden, aber sie sind bestimmt keine bequemem Partnervermittler. Die erfüllte Liebesbeziehung ist nicht das letzte Ziel des Tantra. Tantra ist ein Weg des Erwachens, der mitten durch all die Themen führen kann, die uns bislang von einer erfüllenden Liebesbeziehung ferngehalten haben. Gerade dadurch, daß Tantra nicht auf schnelles Glück, baldige Traumhochzeiten und ewige Harmonie fixiert ist, sondern in Liebe, Sexualität und Beziehung ein kraftvolles Feld des Lernens eröffnet, ergibt sich Heilung fast wie eine Nebenwirkung.

Nicht selten wissen Teilnehmer nach einem Jahr kaum noch, mit welchen Problemen sie am Anfang gekommen sind. Statt dessen haben sie zehn neue, die sie allerdings im Laufe der Zeit nicht mehr so ernst zu nehmen lernen. Was ist überhaupt ein Problem? Ein Problem ist immer das Nichteinverstandensein mit dem, was ist. Wer weiß schon, wie Heilung geschieht? Ist es nicht oft so, daß sich die eigentliche Heilung wie nebenbei einstellt, wenn wir uns Größerem zuwenden? Ist Heilung nicht immer eingebunden in die Erkenntnis, daß uns unser kleines Problem oder Symptom nur auf etwas viel Bedeutsameres hingewiesen hat, das wir nur bis dahin nicht hatten erkennen können?

Da kann es sogar sein, daß das kleine Glück dem größeren im Weg steht. Wenn sich Teilnehmer in unseren Gruppen ineinander verlieben, vergessen sie oft, was sie in die Nähe und Intimität geführt hat: die Bereitschaft, alle Gefühle dasein zu lassen, auch die Trauer, auch die Angst, auch die Wut. Die romantischen Illusionen kommen hoch: »Warum jetzt noch Tantra, ich hab' ja alles, was ich will.« Manchmal ist die Versuchung groß, jetzt erstmal nur die neue Beziehung zu leben, Tantra rückt in den Hintergrund. An diesem Punkt entscheidet sich, ob Tantra einfach nur ein Hilfsmittel war, um sich für eine Liebesbeziehung zu öffnen oder ob es darüber hinaus zu einem spirituellen Weg wird. Wenn Tantra hilft, mehr Lust und Liebe in unser Leben zu bringen, ist das schon eine ganze Menge. Aber es gibt noch viel mehr zu entdecken! Manchmal ist es schwieriger, auf einem spirituellen Weg zu bleiben, wenn unsere Wünsche erfüllt werden, weil wir dann wieder in die Illusion zurückfallen, daß wir am Ziel unserer Wünsche angekommen sind. Der Horizont des Tantra, der weit über die individuelle Beziehung hinaus geht, kann uns helfen, dieser Falle zu entkommen.

Wenn wir die Themen Sex, Liebe, Bewußtsein und Mann-Frau zusammen in einem menschlichen Körper betrachten, dann entsteht ein Kreuz mit einer ganz anderen Bedeutung als im Christentum. Sex, Liebe und Bewußtsein sind leicht dem Becken, dem Herzen und dem Kopf zuzuordnen, die weibliche Seite wird meistens mit der linken, die männliche mit der rechten Körperseite identifiziert. Das Kreuz symbolisiert also die Verbindung aller Aspekte in uns, die Verbindung von oben und unten genauso wie von links und rechts. Und alles trifft sich im Herzen.

Eine solche Verbindung findet in uns statt, und sie kann sowohl durch die symbolische als auch durch die reale Vereinigung von Mann und Frau angeregt werden. Eine solche Vereinigung ist sexuell und heilig zugleich, heilig in dem Sinne, daß sie uns ganz werden läßt, die Gegensätze vereint und uns die Erfahrung der Ganzheit ermöglicht. Diese Ganzheit ist kein in sich abgeschlossenes Gebilde. Sie lebt – im Unterschied zu unseren romantischen Liebesidealen – von der Beziehung zu dem, was über uns hinausweist, zu dem, was als das Göttliche, die Existenz oder das universelle Bewußtsein bezeichnet werden kann. Es ist kein unpersönlicher Raum, sondern ein überpersönlicher. Diesen überpersönlichen Raum zu erfahren kann mit einem konkreten Partner schwerer sein als allein. Ein konkreter Partner konfrontiert uns viel direkter mit unseren blinden Flecken und wunden Punkten als so manche Meditation. Maria berichtet von einer Energiemeditation:

»Es war leichter, mir vorzustellen, daß meine Energie sich auf die ganze Menschheit, auf das ganze Universum ausdehnt und alles umfaßt, als mir vorzustellen, einen konkreten Menschen in mein Energiefeld hineinzulassen. Das war ziemlich überraschend für mich und auch etwas schockierend. Die konkrete Begegnung mit einem anderen Menschen, das ist die Nagelprobe für meine spirituelle Entwicklung. Früher habe ich mir eine Menge vorgemacht mit all den spirituellen Erlebnissen, die ich haben konnte. Ich hielt mich für nahezu erleuchtet. Daß es mit Beziehungen nicht so klappen wollte, hatte immer mit den anderen zu tun. Ich

hielt mich für zu weit fortgeschritten, allen Ernstes! Tantra hat mir diese Illusion genommen. Das war schmerzhaft. Aber ich bin froh, endlich wieder Boden unter den Füßen zu haben.«

Dieser Boden unter den Füßen unterscheidet Tantra von vielen anderen spirituellen Wegen. Tantra ist sehr konkret und bewährt sich erst im Alltag. Die Vision des Tantra besteht darin, mit allem zu sein, was ist, dem Besonderen wie dem Gewöhnlichen. Um Tantra zu entdecken, brauchen wir jedoch zunächst einen besonderen Raum, einen geschützten Rahmen, in dem es sich entfalten kann.

13.
Die Kunst des Seins

Ein heilsamer Raum um lieben zu lernen

»Buddha sagt, Wut ist schlecht. Nun schau dir den Unterschied an. Wenn du Buddhist bist, glaubst du ihm – Buddha sagt, Wut ist schlecht, also muß Wut schlecht sein – wie kann Buddha sich irren? Wann immer Wut in dir aufsteigt, wirst du sie unterdrücken, denn Buddha sagt, Wut ist schlecht. So ist das, wenn deine Handlungen von deinem angelernten Wissen bestimmt werden, von deinem Intellekt bestimmt werden. Was für eine Dummheit! Du warst schon so oft wütend. Ist es denn nötig, Buddha zu fragen, ob Wut richtig oder falsch ist? « (Osho[33])

Erkenntnisse anderer können uns durchaus den Weg zu unseren eigenen Erfahrungen verbauen, wenn wir uns ständig damit vergleichen. Solange die Anregungen anderer nur in unserem Kopf ankommen, werden sie sich kaum auf unser Leben auswirken. Vielleicht werden wir sogar noch unzufriedener, weil wir deutlicher wahrnehmen, was bei uns alles nicht zu funktionieren scheint. Wir merken, wie weit wir uns von unseren Träumen und Idealen entfernt fühlen. *Sein-Lassen* bedeutet nicht, die Hände in den Schoß zu legen und abzuwarten, was das Leben so bringt. Mit einer solchen Haltung würden wir unseren inneren Drang, das Leben in die Hand zu nehmen, aktiv zu werden und uns zu engagieren, nicht *sein lassen*, sondern diese Bedürfnisse würden unter der Last alter Gewohnheiten verkümmern. *Sein-Lassen* ist nicht dasselbe wie Untätigkeit.

Die Gedanken und Berichte, die ich in diesem Buch zusammen getragen habe, entstammen konkreten, lebendigen Erfahrungen. Auf dem Papier stehen sie nun da und warten darauf, daß jemand sie wieder lebendig werden läßt. Lust, Liebe und Sehnsucht, Begegnungen, Selbstliebe und die Achterbahn der Gefühle, Wünsche, Hindernisse und Verletzlichkeit, Sexualität, Spiritualität und Tantra – alles nur Schall und Rauch, wenn wir beim Darüber-Nachdenken stehenbleiben. Jetzt sind eigene Erfahrungen gefragt. Was können wir tun, um spirituelles Wachstum mehr als eine wohlklingende Vokabel sein zu lassen? Viele der Anregungen, die ich bisher gegeben habe, mögen für manche Leserinnen und Leser konkret genug sein, um sich darauf einzulassen, für andere sind sie vielleicht noch böhmische Dörfer. Was ist zu tun?

Ein Buch wie dieses kann bestenfalls neugierig, vielleicht auch Mut machen, sich auf die eigene Entdeckungsreise zu begeben. Die Entdeckungsreise kann damit beginnen, daß du dieses Buch immer wieder zur Seite legst und deinen eigenen Erlebnissen nachspürst, wenn dich einzelne Punkte berühren. Wenn du tiefer einsteigen möchtest, brauchst du wahrscheinlich Freiräume in deinem Alltag, in denen du dich bewußt mit diesen Themen beschäftigst. Auch wenn es letztlich um Bewußtheit in jedem Moment des Lebens geht, stellt ein solcher Anspruch am Anfang schlicht eine Überforderung dar und führt eher dazu, daß die Entdeckungsreise gleich wieder beendet wird. Dazu Kerstin:

»Ich war so begeistert von dem Effekt, den die Meditationen auf mich hatten, daß ich mir fest vorgenommen habe, jeden Tag mindestens eine Stunde zu meditieren. Nach einer Woche hatte ich keine Lust mehr, und mein guter Vorsatz verlief im Sande. Bis zum nächsten Workshop, der mich wieder daran erinnerte: Ich *möchte* mir Zeit für Meditation nehmen. Diesmal beschloß ich, mir nur jeden Morgen zehn Minuten Zeit zu nehmen, fünf Minuten schütteln und fünf Minuten still sitzen. Anscheinend war das realistisch genug, denn diesen Vorsatz habe ich wirklich umgesetzt. Es tat mir so gut, daß ich mir inzwischen oft mehr Zeit nehme. Aber ich mache mir keinen so großen Druck mehr. Zehn Minuten sind genug als ›Pflichtübung‹, alles andere ist ›Kür‹. Ich glaube, das hat mir geholfen, Spaß daran zu finden.«

Es ist sinnvoll, die Kunst des Seins anfänglich in kleinen Schritten in den Alltag zu integrieren. Allerdings wollen auch diese kleinen Schritte *getan* werden! Ich sehe folgende Möglichkeiten:
1. Zeiten mit dir allein, zum Nachspüren, für Meditation oder die Soloübungen aus dem Übungsteil (Kapitel 15)
2. Wenn du einen Partner hast, Zeiten für Austausch, gemeinsame Meditationen und Partnerübungen (Anregungen dazu in Kapitel 16)
3. Bewußte Zeiten mit deinen oder anderen Kindern. Kinder können uns viel über die Kunst des Seins lehren!

4. Treffen mit Freunden, die deine Interessen teilen. Vielleicht möchtest du eine private Übungsgruppe ins Leben rufen.
5. Zu guter letzt gibt es viele Therapeuten, die dich auf deinem Weg begleiten und unterstützen können. Es ist keine Schande, sich Hilfe zu holen und diese anzunehmen.

Aus meiner eigenen Erfahrung weiß ich, daß eine einmalige Entscheidung kaum genügt, um sich im Alltag Raum für die persönliche und spirituelle Entwicklung zu schaffen. Wir müssen uns einfach immer wieder an das erinnern, was uns wesentlich ist und wofür wir leben.

In der Kunst des Seins erschaffen wir einen Erfahrungsraum, um im weitesten und zugleich im konkreten Sinne lieben zu lernen. Dafür gibt es in unserer Kultur kaum Vorbilder. Obwohl Liebe für viele Menschen das wichtigste in ihrem Leben ist, werden wir in unserer Entwicklung damit alleingelassen. Von unseren Eltern lernen wir am meisten über die Liebe, indem wir ihr Vorbild mehr oder weniger unbewußt übernehmen oder dagegen rebellieren. Oft genug führt uns dieses Vorbild eher in die Irre, als daß es uns ermutigt, die Liebe jeden Tag neu zu entdecken. In der Schule lernen wir alles mögliche, aber Lieben lernen steht nicht auf dem Lehrplan. Unsere Kultur überflutet uns jeden Tag mit Lovestories, Liebesschlagern und Kinoromanzen. Der ungeheure Erfolg von Romeo-und-Julia-Geschichten verweist auf die Sehnsucht nach absoluter Liebe, die auch angesichts von Klassenunterschieden, Tod und Untergang Bestand hat. Aber diese Vorbilder helfen uns meist nicht weiter, sondern führen uns eher noch weiter weg von uns selbst.

Bis heute kümmern sich verhältnismäßig wenige Menschen darum, bewußt und am eigenen Leibe lieben *zu lernen* und die eigene Wahrheit über die Liebe zu erforschen. Die meisten Menschen ziehen es vor, sich tagein tagaus mit fremden Ansichten und Erfahrungen über die Liebe berieseln zu lassen – mit einer Gewohnheit, die euphemistisch *fernsehen* genannt wird. Erfahrungsräume, die wie Tantra direkt der Erweiterung der eigenen Liebesfähigkeit gewidmet sind, gelten oft noch als anrüchig und suspekt.

An einer Volkshochschule im Breisgau leitete ich vor Jahren regelmäßig einen Kurs zum Thema »Dialog mit den inneren Kind.« Eines Tages schlug ich der Fachbereichsleitung vor, einen Vortrag zum Thema Tantra zu halten. Weil ich weiß, wieviele Ängste, aber auch wieviel Neugier

Tantra auslöst, hielt ich es für eine gute Idee, in dem etwas öffentlicheren Rahmen einer Volkshochschule darüber zu informieren und Raum für Fragen zu geben. Auf mein Angebot bekam ich zu hören, daß man dazu eher einen »unabhängigen Experten« einladen würde. Mit unabhängiger Experte war jemand gemeint, der selbst kein Tantra praktiziert oder lehrt, damit die Menschen nicht einseitig informiert würden. Ich war einigermaßen erstaunt. Beim Thema »Dialog mit dem inneren Kind« galt es als Zeichen meiner Qualifikation, daß ich auch außerhalb der Volkshochschule therapeutisch mit diesem Thema arbeite. Für Tantra galten andere Regeln.

Die Volkshochschule als Liebesschule, das wäre wohl eine Schlagzeile wert gewesen. Die Verantwortlichen hatten wahrscheinlich die gleichen Ängste wie die potentiellen Interessenten. Und wer mag sich in dieser Situation schon aus dem Fenster hängen und all die Vorurteile auf sich lenken?

Es braucht Mut, die Verantwortung für die eigene Liebesfähigkeit zu übernehmen. Die folgenden Leitlinien sind Anregungen für Zeiten, in denen wir ganz bewußt mit uns allein sind oder die wir bewußt mit unserem Partner, mit Freunden oder in einer Gruppe Gleichgesinnter verbringen. Auch unsere Seminare orientieren sich in vielem daran.

Die Basis besteht immer wieder darin, dem eigenen Körper zuzuhören und ihm zu vertrauen. Der Körper ist ein unendlich hilfreicher Resonanzraum. Wir haben ihn überall zur Verfügung, zu Hause, am Arbeitsplatz, unterwegs in der Straßenbahn. Indem wir immer wieder innehalten und nachspüren, kommen wir unseren Gefühlen und unserer Wahrheit mehr und mehr auf die Spur. Ausgehend von unserer Präsenz im Körper können wir unserer Kreativität freien Lauf lassen. Wenn wir in unseren Körper hinein entspannen, kommen uns eher Ideen, wie wir uns tiefer erkunden möchten, als wenn wir uns alles mit dem Kopf ausdenken.

Ein spielerischer Zugang hilft uns, innerlich in Bewegung zu kommen. Lieben lernen muß keine ernste Angelegenheit sein. Auch tiefgreifende Themen können durchaus mit Leichtigkeit erforscht werden.

Der »Fingertanz« ist beispielsweise eine Paarübung, in der das Thema Macht auf spaßige Weise erforscht werden kann. Die Paare berühren sich dabei nur an den Spitzen der Zeigefinger. Zuerst führt der eine mit dem Zeigefinger in eine Bewegung, dann der andere. Die Übung ist äußerst einfach, geradezu banal, aber sie macht den meisten Spaß. Gleichzeitig wird oft sehr schnell deutlich, wer lieber führt und wer lieber geführt wird und welche Assoziationen mit dem einen oder anderen verbunden sind. Am Ende der Übung sollte Zeit zum Nachspüren sein. Dabei können Dinge bewußt werden, die sonst eher unter der Oberfläche schwelen. Der eine fühlt sich gedemütigt, wenn er geführt wird, die andere kann dabei endlich entspannen, weil sie sich nichts ausdenken muß. Die eine fühlt sich angespannt, wenn sie führt, weil sie es besonders gut und phantasievoll machen möchte, der andere entdeckt seine Kreativität aufgrund der Gewißheit, daß der Partner einfach folgen wird.

Solche Übungen sind Experimente. Es gibt dabei kein Richtig oder Falsch. Es geht vielmehr um die ganz persönliche Wahrheit. In gewisser Weise ist es fast egal, welche Übungen wir machen. Es geht zunächst einfach darum, lebendiger zu werden, uns tiefer zu spüren und direkter miteinander in Kontakt zu treten.

Unsere Entdeckerfreude und Kreativität lebt von Freiwilligkeit. Wichtig ist, daß es nichts gibt, das jemand tun *muß*. Die Fähigkeit, eigene Grenzen zu setzen, ist Voraussetzung für ein selbstverantwortliches Lernen und Erfahren. Wenn du also mit anderen zusammen bist, aber auch mit dir allein, ist es hilfreich, dir einen Raum zu schaffen, in dem nichts unbedingt geschehen muß. In unseren Seminaren sorgen wir immer für einen sicheren Ort, in dem es möglich ist, Grenzen zu achten, ohne davonrennen zu müssen. Es gibt immer das magische Wort »Stop«, das unbedingt respektiert werden muß. Eine solche Vereinbarung empfehle ich auch für Übungen, die du mit deinem Partner oder mit Freunden machst. Die Selbstverantwortung wirklich anzunehmen ist allerdings leichter gesagt als getan. Es kann eine Herausforderung sein, darauf zu vertrauen, daß ich wirklich nichts tun muß.

Zu Beginn unserer offenen Abende sagen wir immer, daß niemand etwas tun muß: »Es ist auch in Ordnung, am Rand sitzen zu bleiben und einfach zuzuschauen. Wenn du doch Lust bekommst mitzumachen, kannst du auch später einsteigen.« Meistens machen dennoch fast alle bei den Übungen mit. An einem Abend sitzen jedoch etwa acht Leute am Rand und schauen zu, während die anderen zwanzig sich auf die Übungen einlassen. Ich merke, daß mich das irritiert. Gedanken wie »Die mögen uns nicht« oder »Die finden das wohl alles lächerlich« steigen in mir auf. Ich komme in Versuchung, die Leute am Rand doch mehr zu ermutigen mitzumachen. Mir wird aber klar, daß ich dies mehr für mich selbst als für die Teilnehmer am Rand tun würde: um meinen eigenen Unzulänglichkeitsgefühlen zu entkommen. Dies wahrzunehmen hilft mir, bei meiner Haltung zu bleiben und keinerlei Druck auszuüben. Ich lasse weiterhin bei jeder Übung die Möglichkeit teilzunehmen oder auch nicht. Ein gewisses flaues Gefühl im Magen bleibt.

Am Ende des Abends bin ich überrascht, als einige der Leute, die die ganze Zeit am Rand gesessen haben, auf mich zukommen und tief berührt sind, weil sie wirklich nichts tun mußten. Einer sagt: »Ich habe zu Beginn nicht geglaubt, daß die Teilnahme an den Übungen wirklich freiwillig ist. Ich dachte, das sagt ihr nur so, um uns dann doch dahin zu kriegen mitzumachen. Das habe ich bis jetzt immer so erlebt.« Seine Offenheit steckt mich an: »Ich war tatsächlich in Versuchung, subtilen Druck auszuüben. Aber ich habe gerade noch rechtzeitig gemerkt, daß ich das nur tun würde, um meine Selbstzweifel zu beschwichtigen. Dann konnte ich es lassen.«

Der Freiraum und die damit verbundene Selbstverantwortung ist allerdings nicht jedem nur sympathisch. Manchmal wünschen wir uns, von außen einen Schubs zu bekommen, ohne den uns eine Hürde vielleicht unüberwindlich zu sein scheint. Es gibt viele Methoden, mit denen Widerstände überlistet werden können. Oft erleben wir dadurch völlig neue Gefühle und sind vielleicht sogar euphorisch und hell begeistert. Aber wenn wir das nächste Mal vor dieser Barriere stehen, haben wir möglicherweise noch mehr Angst, weil wir damals unseren Widerstand nicht respektiert haben. Vor allem, wenn wir nicht daran gewöhnt sind, kann es dann umso schwerer sein, dem eigenen Tempo und Rhythmus zu vertrauen.

Ich erinnere mich an einen Mann namens Josef, der fünfzehn Jahre lang an harten Encountergruppen teilgenommen hatte. In diesen Gruppen war mit extremen Grenzüberschreitungen gearbeitet worden, mit Schlafentzug, Drogen und endlosen Katharsis-Übungen[34] – alles mit dem ehrenwerten Ziel, die Schutzpanzer zu durchbrechen und für die Liebe im eigenen Kern zu öffnen. Er kam in unser Seminar, weil er zwar rumtoben und wütend sein, aber niemals seine Trauer zulassen und weinen konnte.

Etwas ihn ihm hatte sich in all den Jahren immer weiter zurückgezogen, und dieser verletzliche Teil in ihm war durch Konfrontation nicht mehr zu erreichen. Am Ende der Gruppe sagt er: »Ich habe zwar immer noch nicht geweint, obwohl ich manchmal wirklich nahe daran war. Aber es hat mir gut getan, viel von dem Druck loszulassen, irgendwelche Gefühle aus mir heraus zerren zu wollen. Ich fühle mich weicher, berührbarer und habe für mich beschlossen, mich nicht mehr anzustrengen, um an irgendwelche Gefühle heranzukommen.« Eine Teilnehmerin gibt ihm Feedback: »Du wirkst jetzt viel offener und verletzlicher auf mich. Am Anfang dachte ich, du stehst ja nur unter Strom, kannst keine Minute mal innehalten. Ich kam überhaupt nicht an dich heran. Jetzt kann ich dich spüren, du bist viel mehr erreichbar. Aber vielleicht liegt das ja auch an mir, bei mir ist ja auch einiges passiert...« Ich bin mir nicht sicher, aber es sieht fast so aus, als stünden Josef jetzt Tränen in den Augen. Er lacht etwas verlegen, aber es ist deutlich, daß er sich sehr über die Rückmeldung freut.

Berührung ist ein weiterer Schlüssel, um tiefer mit uns in Kontakt zu kommen. Wir alle sehnen uns so sehr nach Berührung, wir hungern regelrecht danach. Und gleichzeitig haben wir soviel Angst davor, bedingungslos überall an unserem Körper, in unserem Herzen und in unserer Seele berührt zu werden. Auch wenn wir es nicht direkt spüren, der Grund für unsere Angst sind die Wunden, die wir in uns tragen. Sie schreien nach mitfühlender Aufmerksamkeit. Sie wollen, daß Luft dran kommt, damit sie heilen können. Manchmal wollen sie liebevoll und behutsam berührt werden. Und sie können trotzdem weh tun, wenn wir sie dann berühren. Es braucht unsere Bereitschaft, auch den Schmerz zu fühlen, um uns tief berühren zu lassen. Diese Bereitschaft werden wir nur aufbringen, wenn wir wissen, daß wir dosieren können, daß ein Stop respektiert wird, daß es in Ordnung ist, genau zu sagen, wie wir nicht berührt werden möchten.

Für manche Menschen ist es kaum verständlich, warum Berührung so ein heikles Thema ist. Mir wurde einiges klarer, als ich das Buch *Auf der Suche nach dem verlorenen Glück*[35] las. Wir haben in unserer Kultur durchweg viel zu wenig Körperkontakt gehabt, nachdem wir aus dem lebendigen, warmen und nährenden Paradies im Mutterbauch auf die Welt kamen. In anderen, sogenannten primitiven Kulturen werden die Kinder lange am Körper der Mutter getragen und entwickeln ein viel größeres Grundvertrauen in das Leben. Wenn wir uns das vor Augen führen, brauchen wir nicht in jedem Fall besondere Traumata aus der Kindheit aufzudecken, um unsere Verletztheit und Unsicherheit verstehen zu können. Allein die Tatsache, daß wir mit so wenig Körperkontakt auskommen mußten, ist Erklärung genug.

Sexueller Mißbrauch ist in den letzten Jahren viel diskutiert worden. Diese besonders krasse Form der Traumatisierung ist jedoch nur die Spitze des Eisberges. Der Nährboden dafür, bei Täter wie Opfer, ist das enorme Defizit an liebevoller, absichtsloser Berührung, an dem wir alle

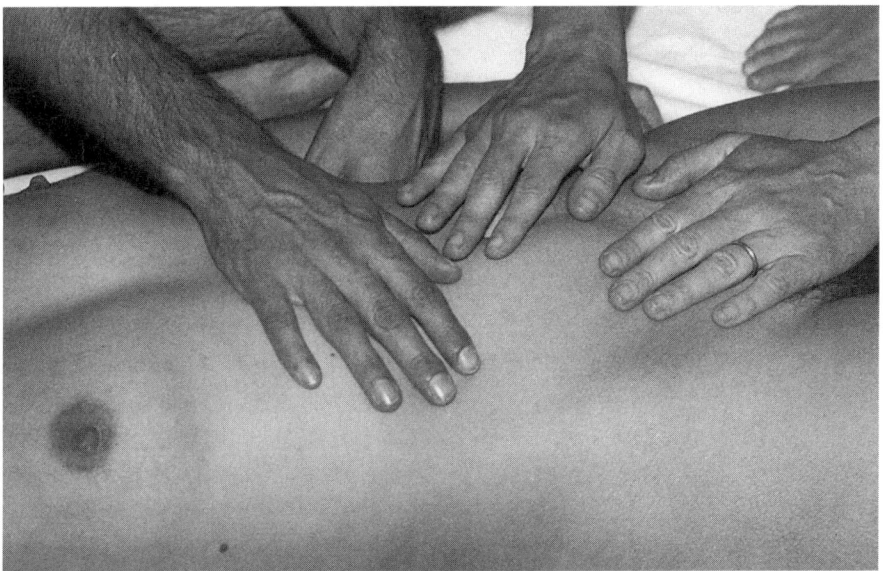

leiden. Es braucht Achtsamkeit und Respekt, um aus der tiefen Resignation heraus zu kommen und wieder berührbar zu werden. Und gleichzeitig ist Berührbarkeit das Tor zur Verbundenheit. Wie wollen wir die Verbindung zum Geliebten, zu Freunden, Eltern, Kindern, Nachbarn, zur Gemeinschaft, zur Natur, zur Existenz und zum Kosmos spüren, wenn wir unberührbar geworden sind? Berührbarkeit ist weit mehr als die Fähigkeit, körperliche Berührung zu geben, zu empfangen und zu genießen. Wir müssen nicht unbedingt jedem Menschen um den Hals fallen. Wir können auch seelisch und geistig berührt werden, durch Worte, durch Blicke, durch Gefühle, durch Schwingungen. Die Bedeutung von Berührung kann kaum überschätzt werden. Bewußt berühren, sich berühren lassen und berührt sein – auf allen Ebenen – ist vielleicht der wesentlichste Aspekt des Liebenlernens.

Körperübungen, Experimente und Berührung sind geeignet, eines Basis des Vertrauens zu schaffen. Wenn Vertrauen da ist, können wir uns erlauben, unseren eigenen Impulsen mehr zu vertrauen und diese auch zu zeigen. Solche spontanen Geschehnisse berühren oft mehr als irgendwelche Übungen, weil sie aus der Wahrheit der Situation entstehen. Je öfter dies geschieht, desto mehr entwickelt sich eine eigene Dynamik hin zu Lust und Liebe. Vertrauen läßt sich jedoch nicht erzwingen. Es ist ratsam, ausreichend Zeit dafür zu geben und auch Raum zu lassen, in dem Mißtrauen ausgesprochen werden kann. Genau dadurch kann tieferes Vertrauen entstehen, und ungeschminkte Begegnungen werden möglich. Diese Begegnungen können uns tiefer berühren als jede noch so ausgefallene Übung.

Wenn wir Erotik und Sexualität näher erforschen wollen, brauchen wir noch wesentlich mehr Vertrauen. Es gibt tantrische Übungsgruppen, deren Teilnehmer genug Erfahrung miteinander und Vertrauen ineinander haben, um auch erotische Übungen gemeinsam machen zu können. Andere haben sich mit dem Anspruch, tantrische Sexualität in einem freien Rahmen zu üben, weit überfordert, denn das erfordert ein hohes Maß an Achtsamkeit und wahrhaftiger Kommunikation. Sexualität berührt unsere tiefsten Schichten. Sie in einem ungeschützten Rahmen zu erleben, kann dazu führen, daß wir uns von unseren Gefühlen abschneiden. Wenn die Voraussetzungen jedoch stimmen und wir uns innerlich entspannen, kann es wunderschön sein, unsere natürliche Unschuld als sexuelle Wesen wiederzuentdecken. Barbara erzählt von einer Erfahrung am Rande eines Workshops:

» Ich kam noch einmal spät abends in den Gruppenraum. Der offizielle Teil des Seminars war bereits beendet, einige waren schon zu Bett gegangen, andere saßen oder lagen noch gemütlich plaudernd oder kuschelnd beieinander. Mein Blick fällt auf ein Paar, das eng umschlungen auf einer Matte liegt. Sie sind kaum bekleidet, ein indisches Lungi-Tuch bedeckt ihre Körper. Er liegt auf ihr, beide sind regungslos. Ich bin wie vom Blitz getroffen. Sind die etwa . . . ? Nein, das kann nicht sein. Doch warum nicht? Gedanken jagen durch meinen Kopf. Von ihrer Stellung her könnte es gut sein, daß sie sexuell vereinigt sind. Der Gedanke beschäftigt mich. In den letzten Tagen haben wir Erfahrungen gemacht, die ich nicht für möglich gehalten hätte. Ich habe mehr und mehr erlebt, wie natürlich es ist, ein sexuelles Wesen zu sein, und wieviele Schichten von Peinlichkeit, Scham, Schuldgefühlen und Verurteilungen wir darum gelegt haben. Ich habe erlebt, wie wir uns in behutsamen kleinen Schritten durch all diese Schutzschichten hindurch unserer ursprünglichen Unschuld als sinnliche und sexuelle Wesen genähert haben. Eine tiefe Ehrfurcht ist in mir erwacht, eine Ahnung davon, daß Sex etwas Heiliges ist. Und jetzt der Anblick dieses Paares. Es sieht wunderschön aus, wie die beiden da liegen. Ich kann auch aus zehn Metern Abstand förmlich spüren, wie ihre beiden Körper vibrieren, ohne daß sie sich äußerlich bewegen. Plötzlich kommt mir der Gedanke, daß es doch eigentlich völlig egal ist, ob sie nun sexuell vereinigt sind oder nicht, es ist nur mein sensationshungriger Verstand, der das unbedingt wissen will. Ich schaue noch einige Male hin, sauge ihre Unschuld geradezu in mich auf und weiß gleichzeitig, daß ich ihnen nichts nehmen kann. Was ich eigentlich noch im Gruppenraum wollte, habe ich vergessen. Ich gehe wieder hinaus, trinke noch eine Tasse Tee und lege mich ins Bett. Das Bild dieses Paares geht mir nicht aus dem Kopf. Ich spüre eine wohltuende Erregung und gleichzeitig einen tiefen Frieden. Irgendwann schlafe ich damit ein.«

Solche Erlebnisse mögen manche faszinieren, während andere sie empörend oder abstoßend finden. Viele Vorurteile über Tantra gründen sich auf ähnlichen Berichten. Ich kann es nur wiederholen: Wir alle sind in diesem Bereich so verletzt, daß es besondere Behutsamkeit braucht, um diese Wunden zu heilen. Urteile schützen uns meist nur davor, das zu spüren. Wenn wir die tantrische Kunst des Seins in unseren Alltag bringen möchten, geht es nicht in erster Linie um Erotik, auch wenn Tantra oft so verstanden wird. Es geht vielmehr um Achtsamkeit in jedem Moment, und manchmal ist das die größte Prüfung und bedeutet ein gehöriges Stück Arbeit.

Die Prinzipien, um einen Rahmen für die Kunst des Seins und die Spontaneität der Liebe zu erschaffen, sind im Grunde einfach und können durchaus auch im privaten Rahmen angewandt werden. Doch gerade in dieser Einfachheit besteht oft die größte Herausforderung. Wesentlich ist,

- das da sein zu lassen, was ist;
- die Aufmerksamkeit und das Bewußtsein im Körper aufrecht zu erhalten;

- bewußt zu atmen, was auch immer gerade geschieht;
- den Gefühlen Raum zu geben, damit wir sie spüren und wahrnehmen können;
- die Urteile nicht zu ernst zu nehmen, sondern zu spüren, was dahinter steckt;
- in jeder Situation das innere Ja zu finden, auch zu unseren Zweifeln und zum Nein;
- Meditation als das Gewahrsein im Hier und Jetzt.

Wenn wir uns an diese Schlüsselelemente erinnern und sie umsetzen, entfalten sich Lust und Liebe ganz von selbst. Es klingt unglaublich, aber es gibt nichts weiter zu tun. Eine ganze Menge geschieht wie von allein, wenn wir der Liebe nicht mehr im Weg stehen, mit all den gefühlsmäßigen Achterbahnfahrten, die dazu gehören. Unsere Präsenz ist gefordert, denn nur wenn wir achtsam sind, merken wir, wie wir der Liebe im Weg stehen,
- indem wir vom gegenwärtigen Augenblick ablenken,
- Indem wir nicht im eigenen Körper sind,
- indem wir unbewußt den Atem anhalten oder die Atmung verflachen,
- indem wir uns vom gefühlsmäßigen Erleben abschneiden,
- indem wir urteilen und uns von Urteilen blenden lassen,
- indem wir unbewußt am Nein festhalten,
- indem wir uns unbewußt in Gedanken und Phantasiewelten verlieren.

Es sind die schmerzhaften, unsicheren und verwirrenden Momente, in denen wir uns gewöhnlich verschließen und aussteigen, um dann der Liebe hinterherzurennen wie einem Zug, der wieder einmal abgefahren ist. Wir haben gar nicht gemerkt, daß wir vorher ausgestiegen sind, indem wir uns gesagt haben: »Da mache ich jetzt aber nicht mehr mit!« Manchmal ist es sogar wichtig und lehrreich, ganz bewußt aus dem Strom des Lebens auszusteigen, eine Auszeit zu nehmen. Wie sonst könnten wir feststellen, was uns immer wieder in die Isoliertheit und Verschlossenheit zurück treibt? Wir steigen aus und stehen in der Wüste. Beim nächsten Mal, wenn wir wieder in der Wüste stehen, erinnern wir uns vielleicht daran, daß wir wohl irgendwo ausgestiegen sein müssen. Oder hat uns jemand einen Tritt gegeben und wir waren draußen? Beim übernächsten Mal merken wir es vielleicht schon, wenn wir noch auf dem Trittbrett stehen. Mehr und mehr bekommen wir die Wahlmöglichkeit zurück, in jedem Moment unseres Lebens mit dem verbunden zu bleiben, was jetzt und hier in uns und um uns herum geschieht.

Menschen, die mit sich selbst verbunden sind und sich selbst leben lassen, spüren früher oder später auch ihre Verbundenheit miteinander. Der Prozeß verläuft spiralförmig, geht immer tiefer und berührt bei verschiedenen Menschen an verschiedenen Punkten der Spirale die alten Wunden, vor denen sie sich verschlossen haben. Wenn eine solche Wunde berührt wird, steigen die meisten von uns aus. »Keep on being here anyway«[36] ist ein weiterer Lieblingssatz von Alan Lowen. Wenn wir diesen Satz beachten, erschließt er uns immer tiefere Räume des Seins, vor denen wir früher weggerannt sind. Es ist das Dableiben, nicht nur physisch, sondern mit unserer ganzen Präsenz, das uns durch Krisen trägt, die Teil eines jeden Heilungs- und Wachstumsprozesses sind. Geli erzählt von einer Workshoperfahrung:

»Ich kann es heute kaum glauben, aber am Samstag mittag war ich drauf und dran abzureisen. Ich fühlte mich erschöpft, müde und irgendwie nicht mehr bereit, mich weiter einzulassen. Ich fand alles nur noch anstrengend. Die Aussicht auf das angekündigte Paarritual streßte mich zusätzlich. Ich dachte: ›Nichts wie weg hier.‹ Außerdem gab es auch niemanden, mit dem ich gern ein Paarritual gemacht hätte. Die Männer kamen mir alle vor wie Luschen. Aber ich erinnerte mich an das, was ihr am Anfang des Workshops gesagt hattet. Das Dableiben sei wichtig. Ich war zwar fest davon überzeugt, daß das für mich in dieser Situation nicht gilt, aber ein leiser Zweifel blieb. Was, wenn nun wirklich noch etwas hier auf mich warten würde? Verpassen wollte ich ja auch nichts. Also, ich blieb. Am Nachmittag taute ich langsam wieder etwas auf, aber vor der Partnerwahl graute mir schon. Doch abreisen? Nein, jetzt wollte ich es wissen. Ich traf auf Günther. Der war mir bislang überhaupt nicht aufgefallen, aber plötzlich stand er vor mir und fragte: ›Möchtest du das Ritual mit mir machen?‹ Ich atmete einmal tief durch und sagte: ›Okay, laß es uns versuchen. Aber ich muß dich warnen. Ich bin nicht gut drauf.‹ ›Das trifft sich gut‹, erwiderte Günther unbeirrt, ›ich habe nämlich auch ziemlich Schiß. Dann liegt die Verantwortung für das Desaster nicht allein bei mir.‹ Er lachte etwas laut und unbeholfen, und ich war unschlüssig, ob ich das blöd oder sympathisch finden sollte. Ich entschied mich für sympathisch. ›Reiner Zweckoptimismus‹, sagte eine zynische Stimme in mir. Dann passierte... Was soll ich sagen, was dann passierte war unglaublich. Mit jedem Moment kamen wir uns näher. Ich mochte seinen Geruch, seine Berührung. Ich fing an, mich zu entspannen. Und wir verbrachten nicht nur das Ritual miteinander, sondern auch die folgende Nacht. Wir haben nicht miteinander geschlafen, das wäre mir zu schnell gewesen, aber es war sehr vertraut und nah. Wir haben uns bald nach dem Workshop wieder getroffen und... Also was soll ich sagen. Wir werden bald heiraten! Ist das nicht eine verrückte Geschichte? Nicht auszudenken, ich wäre abgereist!«

So spektakulär wird das Dableiben natürlich nicht immer belohnt, aber wir haben schon unzählige Situationen miterlebt, in denen sich durch Dableiben neue Türen auftaten. Wenn wir gerade in dem Moment anwesend bleiben, indem wir normalerweise davonrennen würden, geschieht fast immer etwas jenseits unserer gewohnten Muster. Wir befürchten das Schlimmste, aber es geschieht eigentlich immer etwas anderes, als wir erwarten. Es geht auch nicht um ein zwangsweises Dableiben, um ein Vermeiden von Abschied. Es geht um die Fähigkeit, in jedem Moment dort anwesend zu sein, wo wir sind.

Wenn Menschen in der Absicht zusammenkommen, die Kunst des Seins zu üben, sei es in Workshops oder privat, dann entsteht ein heiliger und heilsamer Raum – in einem weiten und undogmatischen Sinne. Alles, was geschieht, wird von unserem Bewußtsein begleitet und kann darin angenommen werden. Dieser Prozeß erinnert an die Alchimie: Seelisches Blei verwandelt sich in Gold. In den Seminaren gibt es Seminarleiter, die den Raum des Bewußtseins durch ihre Präsenz halten. Im normalen Leben ist jeder wieder aufgefordert, sich selbst zu begleiten. »When you go out of here, the small session ends and the big session starts«[37], sagt Alan Lowen gern am Ende seiner Workshops. Das große Abenteuer beginnt, wenn wir das Leben selbst als einen Workshop begreifen, als permanente Einladung zu atmen, zu spüren, bewußt zu werden und ganz anwesend zu sein. Hinter den Fassaden unserer Gesellschaft, die dabei ist, das Leben auf unserem Planeten zu zerstören, sind Leben, Lust und Liebe die Grundströmungen der Existenz. Um dies zu entdecken und zu erforschen, kann ein geschützter Rahmen allerdings sehr hilfreich oder sogar notwendig sein. Karl sagt in der Abschlußrunde eines Einführungsworkshops:

»Es ist komisch. Als ich Freitag abend hier ankam, war ich sehr nervös und hatte auch Ängste, was mich hier erwarten würde. Ich saß hier in der Runde, und ihr ward mir alle sehr fremd. Ich hatte die wildesten Phantasien, aber ich wußte eigentlich überhaupt nicht, was mich hier erwartet. Jetzt, keine zwei Tage später, fühle ich mich sehr vertraut mit euch. Ich fühlte mich manchmal traurig, aber ich darf so sein, und das macht mich richtig glücklich. Niemand schimpft mich aus. Es fühlt sich so gut an, einfach ich selbst zu sein, nichts tun zu müssen, um euch zu gefallen. Das möchte ich auch in meinen Alltag mitnehmen.«

Eva, eine weitere Teilnehmerin: »Ich fühle mich eigentlich total gut, aber ich bin im Hader damit, daß dieser Rahmen, der es mir ermöglicht hat, all dies zu erfahren, künstlich ist. Es fühlt sich demütigend an, für die Berührung, die Liebe und all das bezahlen zu müssen.« Wenige Minuten später fügt sie hinzu: »Jetzt fühle ich mich total schlecht. Ich sehe, wie mein Verstand in der Lage ist, alles mit seinem vernichtenden Urteilen kaputt zu machen.«

In der Tat kann es für unseren Verstand demütigend sein einzugestehen, daß wir Lieben erst wieder lernen müssen und daß pures Sein eine Kunst geworden ist. Natürlich können wir Lust, Liebe oder unser Sein niemals kaufen. Wir können aber einen Rahmen schaffen, innerhalb dessen es leichter ist, Lust, Liebe und Bewußtsein wieder zu erlauben und zu erleben, und darin lernen, wie wir das auch in unserem Leben draußen tun können.

Eine Liebesbeziehung kann ein solcher Rahmen sein. Manche Menschen haben sich entschieden, ihren spirituellen Weg allein zu gehen. Andere sehnen sich nach einem Partner, ohne dies mit ihrem spirituellen Weg in Verbindung zu bringen. Beides zusammen ist eine sehr kraftvolle Möglichkeit, zu lernen und zu wachsen. In einer Liebesbeziehung oder in einer Lebensgemeinschaft können wir ein Stück des Weges zusammen zu gehen. In einer Partnerschaft können wir am konkretesten all das anwenden, worum es in diesem Buch geht. Wenn wir uns dafür öffnen und die entsprechende Portion Glück haben, bekommen wir die Chance, mit einem geliebten Menschen zusammen zu lernen, zusammen zu *sein*.

14.
Zusammen Sein

Partnerschaft als spiritueller Weg[38]

»Ich habe von einem Mann gehört, der sein Leben lang Junggeselle blieb, weil er auf der Suche nach der perfekten Frau war. Als er siebzig war, fragte ihn jemand: ›Du bist überall herumgereist, von Kabul nach Kathmandu, von Kathmandu nach Goa, von Goa nach Poona, und überall hast du gesucht. Konntest du nirgends eine perfekte Frau finden? Nicht mal eine einzige?‹ Der alte Mann wurde sehr traurig. Er sagte: ›Ja, ein einziges Mal bin ich einer begegnet; einmal bin ich der perfekten Frau begegnet.‹ Der andere fragte: ›Und was ist dann passiert? Warum hast du sie nicht geheiratet?‹ Da wurde er noch trauriger: ›Was soll man machen? Sie war auf der Suche nach dem perfekten Mann.‹«[39]

Diese nette kleine Geschichte bezeichnet ziemlich genau, was der Liebe am meisten im Weg steht: Wir suchen da draußen anstatt nach innen zu schauen. Wir erwarten vom Partner, was uns selbst fehlt. Wir wünschen uns von anderen die Kompensation all der Wunden, die wir erlitten haben, am besten ohne daß wir die Wunden selbst fühlen müssen. Die Erwartungen und Wünsche sind nur zu verständlich und sehr menschlich. Sie haben nur einen Haken. Sie funktionieren nicht. Und nicht nur das: Sie führen uns von einer Sackgasse in die nächste.

Alle vorangegangenen Kapitel dieses Buches haben hoffentlich eines deutlich gemacht: Wenn wir mehr Lust und Liebe in unser Leben bringen möchten und wenn Lust und Liebe wegweisend für unseren spirituellen Pfad sein sollen, dann bleibt uns nichts anderes übrig, als den Blick nach innen zu wenden. Auch wenn wir uns danach sehnen, diesen Weg mit einem Partner zu gehen, kann uns das niemals von der Notwendigkeit befreien, die Verantwortung für unsere Liebe selbst zu übernehmen. Im Gegenteil, wir sind erst dann reif für eine wirkliche Liebesbeziehung, wenn wir bereit sind, unsere eigene Liebesfähigkeit ständig zu erweitern. Ich möchte die einzelnen Bestandteile dieses Prozesses noch einmal zusammenfassen, als Fragen, die wir uns selbst stellen können:

- Was unternehme ich, um Lust und Liebe zu erleben? Bringt mich das der Liebe wirklich näher?
- Was glaube und denke ich über die Liebe? Gibt es in meinem Leben Raum und Zeit, um Neues über die Liebe zu entdecken?
- Wonach sehne ich mich im tiefsten Inneren meines Herzens? Was würde es bedeuten, diese Sehnsucht zu leben, sie strömen zu lassen, anstatt auf ihre Erfüllung von außen zu warten?
- Welche Botschaften bekomme ich aus meinen Begegnungen und Beziehungen? Bin ich bereit, sie als Spiegel zu betrachten und entsprechend verstehen zu lernen?
- Wie geht es mir mit mir selbst? Was mag ich? Was mag ich nicht? Was kann ich unternehmen, um mich besser kennenzulernen, mich intensiver zu spüren und wahrzunehmen, mich noch mehr anzunehmen, wie ich bin?
- Wie stehe ich zu meinen Gefühlen? Welche Gefühle brauchen noch mehr von meiner liebevollen Aufmerksamkeit, damit ich voller Schwung im Auf und Ab der Gefühle »Achterbahn« fahren kann?
- Was sind meine tiefsten Wünsche? Wie gebe ich meinen Wünschen Ausdruck? Gebe ich meinem Partner, meiner Umgebung und dem Leben die Chance, auf meine Wünsche frei zu antworten?
- Wie verstricke und polarisiere ich mich in Beziehungen? Welche Wunden liegen dem zugrunde?
- Welche Vereinbarungen brauche ich, um Liebe in Treue und Freiheit leben zu können?
- Wie bringe ich meine Wahrheit in den Kontakt mit anderen Menschen ein? Was bedeutet es für mich, mich verletzlich zu zeigen?
- Wie steht es mit meiner Lust? Muß ich mich dafür anstrengen? Wann führt mich meine Lust in die Sackgasse? Wann zeigt sie mir Wege in das Loslassen und in eine absichtslose Präsenz?
- Habe ich Freiräume in meinem Alltag, in denen ich meine Liebesfähigkeit und meine Fähigkeit, einfach zu sein, weiter erforschen und entwickeln kann?

Das ist ein ganzer Katalog von Fragen, ohne Anspruch auf Vollständigkeit. Sich die Realität der eigenen Liebes(un)fähigkeit zu betrachten kann ein Schock sein, allerdings ein sehr heilsamer. Hindernisse, die wir nicht sehen, werden wir schwerlich aus dem Weg räumen können. Bevor wir ganz verzagen, können wir uns daran erinnern, daß alle Fragen letztlich auf eine Grundfrage hinauslaufen: *Bin ich bereit, Verantwortung für meine Liebe zu übernehmen?* Bin ich bereit, lieben zu lernen, wo immer ich entdecke, daß ich der Liebe im Wege stehe? Diese Bereitschaft ist der Schlüssel; alles andere entsteht daraus. Es ist das Sich-Anfreunden mit allem, was wir sind, mit unseren Stärken und Schwächen, mit unseren Wunden und Verletzungen. Im Laufe eines Workshops erzählt Christiane:

»Ich hätte nicht gedacht, daß ich mich noch so abhängig fühlen könnte. Ich fühle mich so wahnsinnig bedürftig, so hungrig nach Berührung, es ist zum Davonlaufen. Ich habe fünfzehn Jahre lang Therapie gemacht, um meine frühkindlichen Traumata zu überwinden. Meine Mutter hat mich in ein Heim gegeben, als ich sechs Monate alt war. Dort wurde ich zwar materiell gut versorgt, aber ich bekam nie liebevolle Zuwendung. Ich wurde nur berührt, um gewaschen oder gemaßregelt zu werden. Und jetzt kommt der ganze Schmerz darüber wieder hoch. Als ich gestern abend im Ritual so liebevoll berührt wurde, kam die ganze Suppe hoch. Aber es war trotzdem wunderschön. Ich konnte weinen und wurde einfach weiter liebevoll berührt. Als es dann zuende war, zerriß es mir fast das Herz. Ich wollte mehr haben. Ich glaube, ich bin unersättlich, wenn es um Berührung geht. Vielleicht muß ich mich einfach damit anfreunden.«

Solche Berichte bekommen wir oft zu hören. Es kann ein Schock sein zu erleben, daß das Versprechen mancher Therapien nicht aufgeht. Die Wunde oder mindestens eine Narbe bleibt zurück, der Schmerz kann immer wieder hochkommen. Ich selbst habe lange Zeit in der Illusion gelebt, alten Schmerz endgültig überwinden zu können, bis ich anfing, meine Haltung zu verändern und mich mit dem Schmerz anzufreunden. Paradoxerweise verwandelte sich der Schmerz gerade durch meine freundlichere Haltung ihm gegenüber. Heute muß ich mich nicht mehr so sehr dagegen wehren und kann im Schmerz eher entspannen. Dadurch bekommt er eine wesentlich angenehmere Qualität und löst sich zuweilen auf.

Manche Menschen glauben, den Prozeß des Sich-Annehmens zunächst allein durchlaufen zu müssen, nach dem Motto: »Ich lasse mich erst wieder auf eine Beziehung ein, wenn ich mit mir selbst so weit klar bin, daß ich nicht all meinen Müll an meinem Partner ablasse.« So edel das klingen mag, so illusorisch ist es auch. Die meisten unserer Schattenseiten kommen erst dann wieder hoch, wenn wir uns auf jemanden einlassen. Der Prozeß, sich in einer Partnerschaft immer wieder auch an den Wunden und den damit verbundenen Schattenseiten berühren zu lassen, läßt sich nicht vorwegnehmen. Der Wunsch, ihn vorwegzunehmen, basiert meistens auf der Überzeugung, ich selbst oder der andere sei nicht gut genug, solange wir noch Schwächen haben. Für wen nicht gut genug? Für alle Männer und Frauen auf der Suche nach dem perfekten Partner wären wir in der Tat nicht gut genug. Zum *Liebenlernen* sind wir allemal gut genug. Ich sehe es sogar so: Dafür sind wir hier!

Tantra und die Kunst des Seins führt uns in unser fundamentales Alleinsein. Es ist ein Alleinsein, in dem wir nicht einsam, sondern mit allem eins sind, uns mit allem verbunden fühlen. Den Weg dorthin müssen wir nicht unbedingt allein gehen. Wir können andere Menschen einladen, unsere Begleiter zu sein auf der vielleicht spannendsten Reise unseres Lebens, der Reise zu uns selbst und zur Liebe. Wer könnte unser Partner auf dieser Reise sein?

Seit einiger Zeit boomt das Geschäft mit dem Seelenpartner. Es gibt zahlreiche Bücher und Seminare zu diesem Thema, und sogar spirituelle Partneragenturen sind bereits am Markt. Was mich daran bedenklich stimmt ist nicht die Sehnsucht nach einem Lebensgefährten auf dem spirituellen Weg, sondern eher die Ausrichtung der Liebe auf ein bestimmtes Objekt außerhalb von uns selbst. Es scheint, als ginge es für den Partnersuchenden um den »einen *einzigen* Menschen, der zu ihm paßt«. Die ganze alte irreführende Ideologie von der Liebe als etwas Zweisames, Exklusives kommt durch die Hintertür wieder herein. Wir öffnen uns für die universelle Liebe, benutzen spirituelle Techniken, um den Seelengefährten in unser Leben zu ziehen, und dann ist alles erledigt. Das Weitere steht im Kleingedruckten.

Gibt es denn überhaupt so etwas wie einen Seelenpartner, jemanden, der ausschließlich für mich bestimmt ist? Wie immer unsere Antwort aussieht, aus dem bisher Gesagten sollte klar geworden sein, daß uns die Suche da draußen, außerhalb von uns selbst, der Liebe nicht näher bringt. Die kleine Anekdote am Anfang diese Kapitels illustriert, wohin uns die Suche da draußen führt. Damit vermeiden wir lediglich, uns mit unseren eigenen Fehlern und Schwächen anzufreunden. Solange wir nicht nach innen schauen, suchen wir jemanden, der all das ausräumt, was wir selbst der Liebe in den Weg stellen.

Die Suche nach dem Seelengefährten scheint auf den ersten Blick reifer zu sein als die nach dem Traumpartner. Die Literatur zum Thema verschweigt nicht, daß auch innere Arbeit erforderlich ist, um den Seelenpartner zu finden. Und doch wird die Illusion genährt, daß wir um das Unvermeidliche einer jeden Beziehung herum kommen, nämlich um den Moment, in dem wir enttäuscht werden, in dem wir den anderen auf den Mond schießen könnten. Anders ausgedrückt: Die Suche

nach dem Seelenpartner verführt dazu, zu lieben, was nicht ist, anstatt lieben zu lernen, was bereits da ist.

Heißt das, wir müssen uns den Wunsch nach Seelengefährten abschminken? Das wäre wieder mal das Kind mit dem Bade ausgeschüttet. Ich schlage vor: Laß dich von deinen Traumvorstellungen nicht davon abhalten, einen realen, vorhandenen Menschen zu deinem Seelenpartner zu machen. Am direktesten öffnen wir uns, indem wir die Menschen und die Situationen lieben lernen, die da sind, anstatt an ihnen vorbei nur nach dem zu schielen, was nicht da ist.

Der Weg zu einer Seelenpartnerschaft verläuft typischerweise in bestimmten Phasen. Er beginnt da, wo wir keinen Partner haben und uns nach einer Partnerschaft sehnen. Wenn wir keine Liebesbeziehung haben, besteht der erste Schritt darin, sich überhaupt dafür zu öffnen. Wir schauen nach innen. In jedem von uns gibt es ein Bild von einem idealen Partner. Dieses innere Bild zu ignorieren wäre genauso kurzschlüssig wie dem äußeren Bild hinterherzurennen. Statt dessen können wir es innerlich deutlicher wahrnehmen und nachspüren, inwieweit wir überhaupt bereit wären, einer solchen Person zu begegnen. In diesem Prozeß gehen wir innerlich in Resonanz mit dem Traumpartner, um auf diese Weise die Qualitäten in uns selbst zu entwickeln, die wir von ihm erträumen.

Ich habe nicht selten erlebt, daß Männer wie Frauen im Laufe dieser Entwicklung wirklich einem Menschen begegnet sind, der sie darin unterstützt hat, die ersehnten Qualitäten noch weiter zu entwickeln. Manchmal geschah dies dadurch, daß der Partner diese Qualitäten in der Tat schon mehr entwickelt hatte und sie davon lernen konnten. Manchmal passierte es genau umgekehrt. Sie verliebten sich in jemanden, der das genaue Gegenteil der gewünschten Eigenschaften verkörperte und sie dadurch zwang, diese Eigenschaften selbst zu entwickeln. Oft ist es eine Mischung aus beidem, und das zu verstehen bedeutet anzuerkennen, daß der Traumprinz häufig von der »falschen« Seite und dann noch mit einem schwarzen Rappen statt mit einem weißen Schimmel auf der Bildfläche erscheint. Es kommt meist anders, als wir es uns ausdenken. Brigitte erzählt:

»Martin entsprach zunächst überhaupt nicht meinen Idealvorstellungen von einem Mann. Er hatte einen Bart, und das wäre bei mir früher nie in Frage gekommen. Und wie er auf mich zuging machte mich am Anfang auch überhaupt nicht an. Er wirkte so unbeholfen, fast tolpatschig. Und als er dann gleich anfing, seine Lebensphilosophie vor mir auszubreiten, suchte ich das Weite. Ich wollte jemanden, der klar und direkt sein kann, und keinen Teddybär. Als er in seinen Bemühungen irgendwann nachließ, merkte ich zu meiner eigenen Überraschung, daß er mir fehlte. Ich spürte ein sanftes aber doch deutlichen Ziehen in meiner Brust. Ich schob es sogleich wieder weg. Bis ich ihn eines Tages zufällig traf. Ich hätte ihn fast nicht wiedererkannt. Der Bart war ab, und vor mir stand ein attraktiver, erotischer Mann, der mir unverwandt in die

Augen schaute. Ich fühlte mich im Innersten getroffen. Jetzt kam ich mir tolpatschig vor, wollte fliehen. Ich habe gerade noch rechtzeitig gemerkt, daß ich vor meiner eigenen Anziehung davon laufen wollte. Also blieb ich da, und ich kann sagen, es hat sich gelohnt.«

Die Öffnung für eine Partnerschaft und Liebesbeziehung besteht also aus zwei auf den ersten Blick entgegengesetzten Schritten:
1. Die inneren Bilder, Phantasien und Sehnsüchte anschauen und spüren, mit den gesuchten Eigenschaften in Resonanz gehen und selbst damit spielen.
2. Sich für die Menschen öffnen, denen wir begegnen, auch wenn sie nicht unseren Bildern entsprechen.

Wir verlieben uns meistens in einem Moment, in dem wir überhaupt nicht damit rechnen. Diese Erfahrung spricht dafür, daß das Loslassen unserer Wünsche entscheidend zu ihrer Verwirklichung beiträgt. Das ist paradox, und vor allem gibt es keine Garantie dafür. Plötzlich scheint ein Traumpartner vom Himmel gefallen zu sein, um uns zu begegnen. Vielleicht ist es Liebe auf den ersten Blick, vielleicht funkt es erst nach zehn Jahren. Auf einmal werden alle Träume wahr. Filme, Popsongs, Romane und Gedichte werden nicht müde, uns diese Story in allen denkbaren Varianten neu zu erzählen, und manchmal erzählt sie uns das Leben selbst. Dann schweben wir auf Wolke sieben, gehen wie Traumtänzer durchs Leben, und alles scheint für uns arrangiert zu sein.

Die Verliebtheitsphase kann kürzer oder länger dauern, aber irgendwann folgt unweigerlich die Enttäuschung. Erst dann wird unsere Bereitschaft getestet, sich auf einen anderen Menschen wirklich einzulassen. Solange uns der andere die Wünsche von den Lippen abliest, ist es leicht, da zu bleiben. Wenn aber unsere tiefsten Wunden berührt werden, stellt sich die Frage, ob wir wirklich »in guten wie in schlechten Zeiten« zueinander stehen. Wenn wir mit einem Menschen länger zusammenbleiben, geschieht früher oder später das Unvermeidliche. Krisen beuteln uns, und wir zweifeln, ob dies der richtige Partner ist. Genau in diesen Momenten werden spirituelle Partnerschaften geboren. Ihre Geburtshelferin ist die Bereitschaft, miteinander lieben zu lernen anstatt voneinander Liebe zu erwarten. In der Entscheidung, einen solchen Weg miteinander zu gehen, werden wir zu Seelenpartnern. Was macht es für einen Unterschied, ob wir füreinander bestimmt sind oder

Verkehrung: Liebe und Macht fallen auseinander

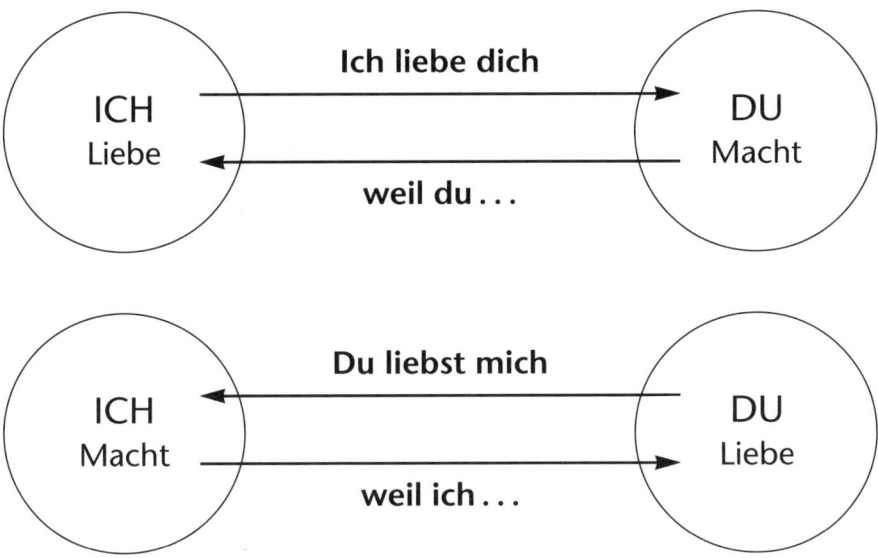

Liebe und Macht kommen zusammen

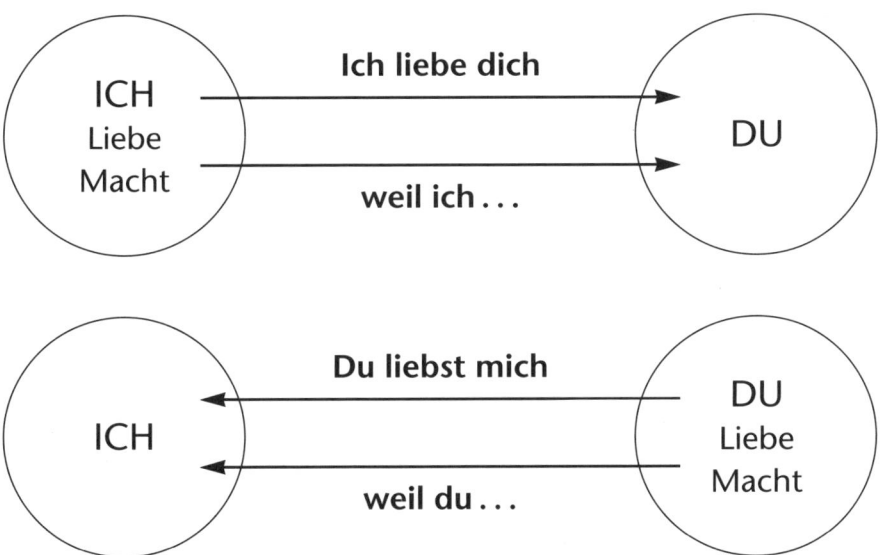

Verantwortung für die Liebe

nicht? Unser Verstand kann das Paradox von freiem Willen und göttlicher Fügung ohnehin nicht durchschauen. Wir können daran glauben oder auch nicht, es ändert nichts daran, daß wir Tag für Tag herausgefordert sind, lieben zu lernen. In diesem Bewußtsein können wir uns für die Liebe zu unserem Partner entscheiden. In der Phase der ersten Enttäuschungen müssen wir lernen, die Verantwortung für die Liebe zu uns selbst zurückzunehmen.

Die Verantwortlichkeit für die Liebe ist in unserer Kultur gewöhnlich um hundertachtzig Grad verdreht. Wir haben gelernt, daß wir dafür sorgen müssen, daß andere uns lieben. Wir glauben, geliebt zu werden, wenn wir attraktiv, intelligent, sexy, humorvoll, konfliktfähig, sportlich, romantisch und spirituell bewußt genug sind. Wir glauben, lieben zu können, wenn der andere attraktiv, intelligent, sexy, humorvoll, konfliktfähig, sportlich, romantisch oder spirituell bewußt genug ist. Aufgrund dieser Umkehrung der Verantwortung fallen Liebe und Macht auseinander. Nicht der Liebende, sondern der Geliebte scheint einen Einfluß auf die Liebe zu haben. Kein Wunder, daß sich Lieben dann hilflos anfühlt.

Das verdrehte Verständnis von Verantwortung wird uns zum Verhängnis, denn anstatt uns so zu zeigen, wie wir sind, und andere so anzunehmen, wie sie sind, verstecken wir uns selbst und nörgeln offen oder verdeckt am anderen herum. Das ist der beste Weg, um Liebe zu verhindern.

Karla und Eberhard sind seit achtzehn Jahren verheiratet. Sie haben sich nie sexuelle Ausschließlichkeit versprochen, faktisch liegt der letzte Seitensprung jedoch elf Jahre zurück. Jetzt hat Eberhard sich frisch verliebt und Karla flippt aus. Eberhard entdeckt plötzlich, was er alles mit Karla vermißt hat. Endlich eine Frau, die ihn sexuell fordert, endlich eine Frau, die nicht an ihm herumnörgelt, endlich eine Frau, die ihn zu schätzen weiß. Karla flippt aus. Sie findet ihn so ungerecht. Er selbst hat nie die sexuelle Initiative ergriffen. Woher sollte sie wissen, daß er sexuell ausgehungert ist? Er hat mindestens soviel genörgelt wie sie. Sie ist fassungslos. Nach ein paar Wochen dramatischer Auseinandersetzungen zieht Eberhard einfach aus. Karla ist so tief gekränkt, daß sie therapeutische Hilfe in Anspruch nimmt.

Nach zwei Jahren hat sie sich einigermaßen mit dem Verlust abgefunden. Eberhard ist am Telefon. Er möchte sie treffen. Sie hat seit Monaten nichts mehr von ihm gehört. Sie spürt, daß er etwas von ihr will, und hegt Rachegedanken: »Jetzt werde ich's ihm zeigen. Soll er an meinem ausgestreckten Arm verhungern!« Aber sie läßt sich auf ein Treffen ein. Eberhard erscheint ihr wie ein Häufchen Elend. Seine neue Freundin hat ihn verlassen. Er sei nicht männlich genug, er habe immer häufiger im Bett versagt, und das habe ihre Liebe einfach nicht verkraftet. Karla spürt sehr deutlich, daß er eine Mutter in ihr sucht, die ihn tröstet und sagt: »Ist schon alles in Ordnung, ich bin ja wieder da.« Sie merkt, daß sie sich darauf nicht mehr einlassen will. Sie merkt auch, wie sehr sie ihn früher einfach als Sicherheit und Ruhekissen benutzt hat, als Vaterfigur und Versorger. Der Schuh paßt nicht mehr. In dem Moment, als sie den Entschluß faßt, sich nicht wieder auf die Beziehung einzulassen, spürt sie einen Schwall von Liebe in ihrem Herzen aufsteigen. Sie kann ihn einfach so lassen und annehmen, wie er ist. Aber sie ist nicht mehr zuständig dafür, daß es ihm gut geht. Als sie am Abend nach Hause kommt, spürt sie eine Freiheit, wie sie sie nie gekannt hat.

Indem wir die Verantwortung zurücknehmen, setzen wir ungeahnte Ressourcen für die Liebe frei. Wenn ich jemanden nicht liebe, kann ich mich fragen: »Was hält mich davon ab, diese Person so zu lieben, wie sie ist?« Diese Frage führt mich nach innen, genau dorthin, wo der Schlüssel für die Liebe verborgen liegt. Nicht der andere muß sich ändern, damit ich ihn liebe, sondern ich selbst kann schauen, was ich der Liebe in den Weg stelle. Und des Pudels Kern ist eigentlich immer unsere mangelnde Liebe für uns selbst. Der andere berührt etwas in uns, was wir nicht annehmen und sein lassen wollen. Wir stoppen unsere Empfindungen und meiden die Verbindung mit dem anderen oder versuchen ihn zu verändern oder zu manipulieren. Die Liebe ist unterbrochen. Nur indem wir unser Bewußtsein dort hineinbringen, können wir die Liebe wieder zum Fließen bringen.

Liebesfähigkeit beginnt bei uns selbst. Diese Erkenntnis hat viele Kräfte in mir freigesetzt, besonders in Zeiten, in denen ich keine Partnerin hatte. Es gab etwas zu tun, ich brauchte nicht auf den glücklichen Zufall warten. Ich konnte beginnen, mich selbst mehr lieben zu lernen und damit für eine Begegnung bereit zu werden. Jetzt, wo ich seit Jahren mit Nutan zusammen lebe, ist die Herausforderung für die Selbstliebe nicht kleiner geworden. Hinter jedem Streit, hinter jeder Mißstimmung verbirgt sich eine Wunde. Hinter jeder Wunde verbirgt sich eine Erfahrung, in der wir nicht geliebt, nicht angenommen, nicht erwünscht, nicht gesehen, nicht respektiert wurden. Als Kinder haben wir dann geglaubt, daß mit uns selbst etwas nicht stimmt. So konnten wir das Vertrauen in unsere Eltern und Erziehungspersonen aufrechterhalten, selbst dann, wenn wir von ihnen verletzt wurden. Im Alltag mit einem Partner brechen diese Wunden unweigerlich wieder hervor. Es braucht Mut, sich den Wunden in sich selbst zu widmen, und es macht den Weg frei für die Liebe hier und jetzt. Es ist die Voraussetzung, um wirklich einen gemeinsamen Weg gehen zu können.

Auf einem gemeinsamen Weg gibt es unendlich viele Schätze zu entdecken. Es gibt aufregende und beängstigende Abenteuer zu bestehen. Manche Menschen ziehen es vor, diese Reise ausschließlich mit einem Menschen zu machen, andere sind mit wechselnden Partnern unterwegs. Die Reisen werden unterschiedlich sein. In einer lebenslangen Partnerschaft erkunde ich andere innere Landschaften als mit wechselnden Partnern oder mit mehreren gleichzeitigen Beziehungen. Warum sollten wir darüber urteilen? Für unser Wachstum ist es nicht entscheidend, ob wir monogam leben oder nicht. Entscheidend ist, ob wir bereit sind, lieben zu lernen, mit wem auch immer wir gerade zusammen sind. Wenn wir phasenweise oder auch länger allein sind, ist vielleicht die Einsamkeit der Dämon, der unsere Selbstliebe fordert. Mit wechselnden Partnern warten andere Herausforderungen als in einer langfristigen Beziehung. Wenn wir wechselnde oder mehrere Beziehungen gleichzeitig haben, beutelt uns womöglich die Eifersucht. In einer Liebesbeziehung auf Dauer besteht die größte Herausforderung vielleicht darin, Lust und Liebe immer wieder frisch und lebendig zu halten.

Hier bietet der Weg des Tantra und die Kunst des Seins einige der besten Anregungen, die ich kenne. Wenn wir Lust nicht nur als Nervenkitzel suchen, sondern uns mehr und mehr auf die Lust aus der Entspannung einlassen, dann verbraucht sich die erotische Anziehung auch auf Dauer nicht. Im Gegenteil, sie vertieft sich und vertieft sich und vertieft sich. Wenn wir unsere Beziehungen als ein Feld begreifen, in dem es darum geht, uns selbst treu zu bleiben und einem anderen Menschen dennoch nah und verbunden zu sein, dann haben wir eine lebenslange Aufgabe, die unsere Beziehung nie langweilig werden läßt. Wenn wir unsere Beziehung als eine Chance begreifen, Teil von etwas Größerem zu sein und gleichzeitig die eigene Wahrheit zu entschlüsseln, dann lernen wir exemplarisch, was uns alle spirituellen Traditionen verkünden. Wir sind Teil von etwas, das weit größer ist als alles, was unser Verstand sich vorstellen kann. Damit sind wir permanent verbunden, auch dann, wenn wir keine Wahrnehmung dafür haben. Alles, was wir in die Welt hinausgeben, findet dort Resonanz und kommt in irgendeiner Weise zu uns zurück. Es gibt keine Entsorgungsmöglichkeiten für die Folgen unserer Taten. Wir sind verantwortlich und bekommen früher oder später die Antwort. In Liebesbeziehungen bekommen wir die Antwort oft ziemlich schnell.

Spirituelle Partnerschaft bedeutet für mich, den Erfahrungsraum der Kunst zu Sein in der alltäglichen Beziehung zu leben und immer wieder neu zu erschaffen. Spirituelle Partnerschaft schafft einen Kontext, in dem und durch den die Liebe fließen kann. Spirituelle Partnerschaft ist wie ein dauerhafter Workshop zu zweit. Sie ist eine Form der Beziehung, die Raum läßt für das Formlose, das Unvorhersehbare, für das Mysterium des Lebens, für das Alleinsein und Mit-allem-eins-Sein. Spirituelle Partnerschaft ist die gemeinsame Wanderung zweier Individuen, die sich ein Stück des Weges begleiten und unterstützen. Dabei haben beide ihre eigenen Aufgaben, ihre eigenen Herausforderungen, ihr eigenes Ziel. Die Partnerschaft ist nicht der letzte Zweck des Zusammenseins. Sie ist nicht die Erfüllung. Sie ist bestenfalls eine Verheißung, weil wir in ihr momenteweise erleben, was es heißt, einfach miteinander zu sein.

In einem Workshop kam die Frage auf, wie wir die brennende Sehnsucht nach einer erfüllenden Beziehung und unseren Weg in unser fundamentales Alleinsein zusammenbringen können: »Ich sehne mich so sehr nach einem Partner, mit dem ich all die Erfahrungen im Tantra teilen kann. Gleichzeitig spüre ich auch, daß ich den tiefsten Frieden nur in mir selbst finde. Weiche ich aus, wenn ich einen Partner haben will? Oder weiche ich aus, wenn ich mich in die Stille der Meditation zurückziehe? Wie geht das zusammen?«

Für mich ist diese Frage eines der Paradoxe, die das Leben lebendig halten. Spirituelle Partnerschaft ist eine ständige Aufforderung, zu sich selbst zu finden. In Momenten, in denen ich mit mir selbst am tiefsten verbunden bin, bin ich am meisten offen für die liebende und lustvolle Begegnung.

Es ist immer wieder tief berührend mitzuerleben, wie Menschen aus den unterschiedlichsten Lebensbereichen, unterschiedlichen Alters und unterschiedlicher Vorerfahrung zusammen kommen und Verbundenheit erleben. Da finden Menschen zueinander, die oberflächlich betrachtet längst nicht immer »zusammen passen«. Äußerlichkeiten werden unwichtig, wenn Menschen sich in der Absicht begegnen, lieben zu lernen. Ich habe Partnerschaften erlebt, die völlig festgefahren waren und in denen die Partner ihre Liebe wie durch ein Wunder neu entdeckt haben, einfach dadurch, daß beide wieder bereit waren, lie-

ben zu *lernen.* Ich habe Frauen und Männer erlebt, die da blieben, auch als es brenzlig wurde, und die sich für völlig neue Dimensionen des Erlebens öffnen konnten. Ich habe erlebt, wie sich Menschen nach nur zwei Tagen ein Vertrauen entgegen brachten, das andere in Jahren nicht erfahren haben. Der Schlüssel dafür ist liegt im Sein-Lassen dessen, was ist. Ich empfinde es als Privileg, immer wieder an diesen Prozessen teilhaben zu dürfen und noch mehr, diesen Prozeß in meiner Liebe zu Nutan immer wieder selbst zu durchlaufen. Ich hoffe, dich mit diesem Buch dazu angeregt zu haben, dich selbst auf den Weg zu machen und Lust und Liebe im Sein zu entdecken.

Fünfter Teil

Übungen

Vorbemerkung

Die Kunst des Seins ist keine Technik, und sie läßt sich auch nicht über Techniken lernen. Dennoch können wir etwas tun, um uns im Alltag mehr für uns selbst, für die Wahrnehmung unseres Körpers, unserer Gefühle und unserer Gedanken und für lust- und liebevolle Begegnungen zu öffnen. Eine solche innere Öffnung und Bereitschaft macht es leichter, mit dem zu sein, was ist. Die nachfolgend beschriebenen Übungen sind Gelegenheiten, dich selbst deutlicher zu spüren, dich kennenzulernen, neugierig auf dich selbst zu werden und damit zu beginnen, dich in all dem, was du dabei in dir findest, sein zu lassen. Die Übungen sind Anregungen, mit dir selbst und mit deinen Liebsten zu experimentieren und zu spielen. Früher oder später wird sich diese spielerische Haltung auf dein Leben übertragen. Jede Situation wird zu einer Einladung, Liebe und Bewußtsein zu finden.

Gib dir Raum und Zeit zum Üben. Es geht dabei nicht darum, es richtig zu machen, es gibt keinen »Lehrplan« auf dem Weg zum Sein. Es geht zunächst mal darum, dir selbst für die Prioritäten in deinem Leben Zeit zu nehmen. Es ist interessant, den inneren Prozeß zu beobachten, der abläuft, bis wir endlich mit Übungen anfangen, die wir uns schon lange vorgenommen haben. Wir können all den inneren Stimmen und ihren Argumenten zuhören, die uns davon abhalten: keine Zeit, keine Lust, zu müde, zu unruhig, allein macht es keinen Spaß, mein Partner hat gerade keine Lust und morgen ist auch noch ein Tag. Disziplin ist hilfreich, kann aber dazu führen, daß wir beim Üben nicht viel Spaß haben und dann irgendwann ins Gegenteil verfallen und gar nichts mehr tun. Bei mir ist es ein Wechselspiel von Disziplin, Nachsicht, Schuldgefühlen und Erinnerungen daran, wie gut es mir tut, bis ich dann endlich damit anfange. Letztlich hilft nur eins: die Übungen irgendwann wirklich zu machen.

Nachfolgend sind sowohl Übungen beschrieben, die du allein machen kannst als auch Übungen, die du mit deinem Partner oder mit anderen Menschen machen kannst, die dir nahe sind und zu denen du Vertrauen hast. Die Einzelübungen sind eher die Basis, die Partnerübungen bauen darauf auf. Aber laß dich davon nicht abschrecken, die Hauptsache ist, du nimmst dir Zeit für dich.

Für die meisten Übungen brauchst du ein gewisse Zeit und einen Raum, in dem du ungestört bist. Keine Telefonanrufe, niemand, der an der Tür klopft. Falls du nicht allein wohnst, mach deinen Mitbewohnern vorher klar, daß du für dich sein möchtest. Vor allem für Menschen mit Kindern kann es eine besondere Herausforderung sein, diesen ungestörten Raum für sich zu erschaffen. Das ist Teil der Übung.

Bei manchen Übungen habe ich Erfahrungsberichte oder Hinweise hinzugefügt, die eine Idee davon geben können, wie sich diese Übung anfühlen kann. Alle Übungen haben einen Sinn und einen Zweck, sonst würde ich sie nicht hier aufschreiben, aber nicht in der Weise, daß für jeden dasselbe dabei herauskommt. Es ist kein Lehrplan. Du kannst dir zunächst die Übungen aussuchen, die dir besonders zusagen oder auch alle nacheinander durcharbeiten.

Es kann sein, daß dir eine Übung blöd vorkommt. Vielleicht bleibst du bei deiner Bewertung stehen und läßt die Übung aus, vielleicht macht es dich aber auch neugierig zu erfahren, was hinter deiner Bewertung steht, und du wählst gerade diese Übung aus. Es gibt kein richtig oder falsch. Die Übungen sind Erfahrungsräume, die du für dich selbst erschaffen kannst. Niemand kann vorher genau wissen, wohin die Reise geht. Das bedeutet auch, daß es ratsam ist, die Übungen individuell abzuwandeln oder, wenn nötig, auch abzubrechen. Wenn dir zu mulmig dabei wird oder du Gefahren für deine physische und psychische Gesundheit siehst, respektiere deine Grenzen. Suche dir dann lieber kompetente Hilfe.

Wenn diese Einschränkungen beachtet werden, sind die Übungen alles andere als gefährlich, sie können deine Lust, deine Liebe und die Kenntnis und Erfahrung deiner selbst, dein Selbstbewußtsein, beflügeln und bereichern.

15.
Übungen allein

Selbst-Erkenntnis

»Ich weiß, daß ich nichts weiß« hat schon Sokrates herausgefunden. Die Übungen zur Selbsterkenntnis sind nicht dazu da, daß du dein Selbstbild weiter differenzierst und ausbaust, um dann endlich zu definieren, wer du bist. Du bist in jedem Moment neu. Tantra behauptet sogar, du bist alles. Alles ist auch in dir. Diese Übungen können helfen, den Blick dafür zu schärfen, daß noch Potentiale in dir schlummern, die auch gelebt werden wollen. Der Anfang geschieht immer dort, wo du jetzt bist. Diese erste Übungsfolge ist eine Möglichkeit, eine Momentaufnahme davon zu machen, wo du im Hinblick auf die Themen dieses Buches stehst. Bist du bereit, einen offenen und ehrlichen Blick auf dich selbst zu werfen?

Es ist sinnvoll, ein Tagebuch zu führen, in dem du alles aufschreiben kannst, was dir zu den einzelnen Fragen in den Sinn kommt. Vielleicht möchtest du später, mit einem gewissen Abstand, noch einmal in dein Tagebuch schauen und sehen, was sich verändert hat.

1. Wie habe ich bisher nach Lust und Liebe gesucht?

Was habe ich bisher alles unternommen, um Lust und Liebe zu erfahren? Was waren Erfolge und was waren Pleiten? Was sind meine Gewohnheiten und welchen kreativen Impulsen bin ich bereits gefolgt? Trage alles in eine Liste ein, links, was du getan hast, rechts das Ergebnis deiner Aktion. Die Liste könnte zum Beispiel so aussehen:

Was ich getan habe	Ergebnis
in Kneipen und Discos gegangen	mich oft hilflos und einsam gefühlt
Kontaktanzeigen aufgegeben	einige spannende Begegnungen, manche Enttäuschungen, keine Beziehung
meine Kollegin zum Essen eingeladen	ein unerwarteter Flirt für eine Nacht
einen Tantraworkshop besucht	eine Achterbahnfahrt in ein Meer von Liebe
einen Pornofilm angeschaut	kurzfristige Geilheit und Schuldgefühle
meinem Partner eine Massage geschenkt	Nähe und Intimität zwischen uns neu belebt
heiße Dessous gekauft	Streit mit meiner Partnerin, danach wichtiges Gespräch über unseren Sex
einen Heiratsantrag gemacht	Hochzeit ...

In der rechten Spalte (das Ergebnis der jeweiligen Aktionen) können sowohl reale Ereignisse (z. B. Flirt, Hochzeit,) als auch subjektive Empfindungen (Einsamkeitsgefühle, Euphorie mit späterem Absturz, sexuelle Lust ...) aufgeführt werden.

2. Was kann ich tun, um mehr Lust und Liebe zu erleben?

Schreibe in die linke Spalte, was du tun könntest und rechts, was du dir davon erhoffst. Laß alle Eintragungen auf dich wirken und beobachte sämtliche Gefühle, die sich dabei einstellen. Vielleicht spürst du Vorfreude, Angst, Scham, Unsicherheit, Geilheit. Einige Beispiele:

Was ich tun könnte	Was ich mir davon erhoffe
ein Selbstlieberitual veranstalten	mich selbst mehr lieben lernen, meine Lust entdecken
mit meiner Partnerin ein offenes Gespräch über Sex führen	öfter zusammen schlafen
regelmäßig meditieren	mich wacher wahrnehmen lernen
...	...

Diese Liste ist nicht dazu da, aus deinem Leben ein Aktionsprogramm für Lust und Liebe zu machen. Es geht eher darum, mehr Wachheit in die oft halbbewußten Ideen und Hoffnungen zu bringen. Darin liegt die Chance zu entdecken, daß und warum wir beispielsweise gewisse Dinge nicht tun, obwohl wir wissen, daß sie uns gut tun oder anderen Menschen näher bringen. Wir können wahrhaftiger gegenüber uns selbst werden.

3. Wonach sehne ich mich?

Nimm dir eine Stunde Zeit, in der du völlig ungestört bist, und lege dich bequem auf den Rücken. Laß mit jedem Atemzug mehr und mehr Spannung aus deinem Körper entweichen. Dann stell dir alles das vor, wonach du dich sehnst. Sei so unbescheiden wie möglich, male es dir mit all deinen Sinnen aus, so als könntest du es sehen, riechen, schmecken, hören, fühlen und berühren. Wenn störende Bilder oder Gedanken auftauchen, laß sie vorüberziehen und kehre mit deiner Aufmerksamkeit zu deiner Sehnsucht zurück. Stell dir das Schlaraffenland der Lust und Liebe in allen Details vor.

Schreibe danach alles auf, was du gesehen hast. Erfinde eine kleine Geschichte aus dem Land der Liebe oder male ein Bild davon. Das hilft, deine Sehnsüchte zu konkretisieren und sie mit deinem Alltagsbewußtsein zu verbinden.

4. Mein Wunschpartner und was habe ich zu lernen?

Was kannst du von deinem Wunschpartner lernen?
1. Visualisiere deinen Wunschpartner mit sämtlichen wunderbaren Eigenschaften, die du dir nur vorstellen kannst.
2. Was hat dir davon bei deinen realen Partnern am meisten gefehlt?
3. Was verhindert, daß du die Eigenschaften deines Wunschpartners selbst entwickelst?

Schreibe zu jedem Punkt alles auf, was dir spontan in den Sinn kommt, ohne lange nachzudenken. Lies deine Antworten später, mit etwas Abstand, noch einmal durch und laß sie auf dich wirken.

Ein Beispiel von Ursula:

1. Mein Wunschpartner ist groß und schlank, hat leuchtende, blaue Augen, einen sinnlichen Mund und blonde lange Haare. Er ist einfühlsam, liebt es zu kuscheln und Zärtlichkeiten auszutauschen, kann aber auch sehr leidenschaftlich und animalisch werden. Er verfolgt sehr direkt seine Ziele im Leben, ist kompromißlos seiner eigenen Wahrheit verpflichtet und auf der spirituellen Suche. Er liebt gutes Essen, die Natur und guten Sex. Er hat Erfahrung mit Tantra und kann, wenn er will, sein Herz weit öffnen. Er meditiert regelmäßig und strahlt eine ansteckende Ruhe aus. Er ist aber auch verspielt und versteht sich bestens mit Kindern. Er flirtet gern, kann sich aber auch gut auf eine enge Bindung einlassen.

2. Verschiedene Aspekte haben mir bei verschiedenen Partnern gefehlt. Am meisten hat mir gefehlt, daß leidenschaftlicher Sex und zärtliche Liebe nicht zusammen kommen konnten. Außerdem habe ich mir stets mehr Austausch über spirituelle Fragen gewünscht, für die meine Partner oft wenig Verständnis hatten.

3. Am meisten Mühe habe ich mit Zielstrebigkeit. Ich passe mich allzuschnell an die Umstände an und verliere mein eigenes Anliegen aus den Augen. Deswegen bin ich auch im Sex meistens den Vorlieben meines Partners gefolgt. War er kuschelig, habe ich mit ihm gekuschelt, war er geil, gab es wilden Sex. Aber ich war mir nachher nie so sicher, ob das eigentlich meins war, was ich da erlebt habe. Ob ich darin enthalten war oder nur mitgemacht habe. Ich glaube, dahinter steckt auch meine Angst, Sex und Herz wirklich miteinander zu verbinden. Ich habe große Angst, dann abhängig zu sein und total verletzlich. Das ist es, ich muß lernen, mich mit meiner Angst vor Abhängigkeit anzufreunden.«

5. Was mir so alles »zufällig« begegnet

Schreibe alle bemerkenswerten Zufälle auf, die dir ins Bewußtsein kommen, selbst wenn sie auf den ersten Blick banal erscheinen. Wenn du immer ein kleines Notizbuch dabei hast, kannst du Begebenheiten, die dir bedeutungsvoll erscheinen, gleich eintragen. Hier ein paar Beispiele:

14. März Ich bin dreimal hintereinander Manfred begegnet, dem ich seit einem halben Jahr aus dem Weg gegangen bin.

14. März Im Buchladen bin ich auf ein Buch aufmerksam geworden; am Abend hat es mir mein Bruder empfohlen.

15. März Mehrere Wohnungen besichtigt, dabei einen alten Freund wiedergetroffen, der sich für die gleiche Wohnung interessiert.

18. März Dreimal hintereinander höre ich unabhängig voneinander von einem neuen angeblichen Wunderheilmittel gegen Allergien. Soll ich es ausprobieren?

30. März Heute morgen habe ich risikofreudig die alte Wohnung gekündigt, am Nachmittag habe ich eine neue gefunden!

27. April Obwohl ich zum ersten Mal in Hamburg bin, kommt mir die Stadt eigenartig bekannt vor. Ich treffe eine Frau, die steif und fest behauptet, mich schon einmal in Hamburg gesehen zu haben!!???

25. Mai vom Tod meiner Großmutter geträumt, heute Nacht ist sie gestorben! Ich fange das Zufallstagebuch wieder an!

Oft ist es aufschlußreich, sich diese Eintragungen mit etwas Abstand noch einmal anzuschauen und so ein Gefühl dafür zu bekommen, wie solche »Zufälle« zustande kommen. Auf diese Weise können wir unseren »Riecher« oder sechsten Sinn entwickeln.

6. Meine Gefühle

Viele unserer Verhaltensweisen werden uns erst verständlich, wenn wir erkennen, welche Gefühle wir dadurch erzeugen oder vermeiden wollen. Die nachfolgende Übung verhilft dir zu mehr Klarheit in bezug auf deine Gefühle. Zunächst füllst du die ersten drei Spalten der folgenden Tabelle aus. In die erste Spalte schreibst du die wichtigsten Gefühle, die du kennst. In der zweiten bis vierten Spalte gibst du an, in welchem Umfang du dieses Gefühl erlebst (die Skala reicht von 0 = überhaupt nicht bis 10 = total): Wie erlebst du das Gefühl im Alltag (Spalte 2), wie intensiv oder wie schwach möchtest du dieses Gefühl in dem nachfolgenden Experiment erleben (Spalte 3)?

Die vierte und fünfte Spalte werden nach dem Experiment ausgefüllt. In die vierte Spalte schreibst du, wie stark oder schwach du das Gefühl im Experiment tatsächlich erlebt hast. In der fünften Spalte ist Raum für Bemerkungen. Und so könnte die Tabelle aussehen:

Gefühle	im Alltag	Wunsch	im Experiment	Bemerkungen
Wut	3	5	2	fühlt sich blockiert an
Trauer	8	10	7	liegt nah bei Glück
Angst	8	2	3	wie Erstarrung
Lust	5	10	4	abhängig vom Partner

Nun kommt das Gefühlsexperiment. Nimm dir zehn Minuten Zeit, um jedes Gefühl einzeln zu erforschen. Das kannst du tun, indem du an eine Situation denkst, in der du dieses Gefühl besonders stark erlebt hast. Du kannst beispielsweise die Erinnerung an einen schmerzlichen Verlust hochkommen lassen, um dich mit Trauer zu verbinden. Zusätzlich kannst du deinen Körper in eine Position oder Bewegung bringen, die dieses Gefühl unterstützt. Für Wut kannst du beispielsweise den Unterkiefer nach vorn schieben, die Fäuste ballen und mit den Füßen stampfen. Du kannst auch entsprechende Töne produzieren oder passende Musik im Hintergrund laufen lassen, um besser in das Gefühl hineinzufinden. Bleibe sehr wach, während du dich mit dem Gefühl verbindest. Wie fühlt es sich genau an? Wie hältst du es fest? Wie unterdückst du es? Wie könntest du es besser fließen und geschehen lassen? Trenne deine konkreten Empfindungen von den Bewertungen, denen du dabei auf die Spur kommst. Bei der Angst können z. B. innere Stimmen auftauchen wie »du Heulsuse« oder »du Angsthase«, während sich das Gefühl selbst wie ein Flattern im Magen oder ein Druck im Hals anfühlen kann. Schreibe nach jedem Gefühlsexperiment auf, was dir darüber bewußt geworden ist. Schüttle das Gefühl dann ganz bewußt ab, um es wieder aus deinem System zu entlassen. Wenn du durch alle Gefühle durch bist, schaust du dir die Tabelle noch einmal an und läßt sie auf dich wirken. Was immer dir jetzt noch auffällt, schreib es mit auf.

Für viele Menschen ist ein solches Experiment eine Provokation. Gefühle auf Knopfdruck herbeizaubern und genauso plötzlich wieder abschütteln? Sind Gefühle nicht spontan? Die Erfahrung zeigt, daß wir unsere Gefühle weit besser kennenlernen, wenn wir sie auf diese Weise bewußt erforschen. Conny berichtet:

»Bei mir kam einiges anders, als ich es erwartet hatte. Ich hätte nicht gedacht, daß mir Trauer so leicht fallen würde. Ich hatte mir 8 vorgenommen, aber es fühlte sich total an, ich gab mir eine 10. Und es war richtig befreiend, hemmungslos zu weinen. Vielleicht habe ich mir zum ersten Mal richtig erlaubt zu weinen. In die Wut kam ich nicht so gut rein. Es kam mir albern vor, grundlos wütend zu sein. Im Alltag bin ich oft wütend, aber dann weiß ich nicht, wohin damit. Bei der Lust fiel es mir am schwersten. Ich glaube ich bin total abhängig von einem Partner, der mir Lust macht, sonst fühle ich gar nichts. Und die Angst. Ich war einfach wie tot. Ich weiß gar nicht, ob ich überhaupt Angst gefühlt habe. Es war wie abgestellt.«

Und Konrad: »Ich war überrascht, wieviel Wut in mir steckt und noch mehr, daß ich die so ausleben kann. Na ja, da ist noch mehr, aber ich gab mir eine 8 dafür. Es war auch neu, in der Angst so lebendig zu bleiben, sonst erstarre ich dabei immer. Ich konnte sie aber nicht so ganz ernst nehmen. Die Trauer fiel mir am schwersten. Es fühlte sich einfach nur bedrückt an, mehr wie eine leichte Melancholie. Ich habe die anderen beneidet, die richtig losheulen konnten. Aber das kenne ich schon, das ist sonst auch so. Am schönsten war die Freude, ich konnte einfach grundlos jubeln. Eigentlich verrückt, dafür immer erst auf einen Wahnsinnsanlaß zu warten.«

Für Menschen, die wenig mit ihren Gefühlen in Kontakt sind oder große Angst haben, davon überflutet zu werden, kann es eine Überforderung sein, die Übung allein machen zu müssen. In diesem Fall besteht die Möglichkeit, die Gefühle in der Phantasie durchzuspielen und sie auf diese etwas abgeschwächte Weise zu erkunden.

7. Mein Beziehungskuchen

Schreibe die Namen aller Menschen auf, die dir wichtig sind. Manche Namen kannst du zu Gruppen zusammenfassen, zum Beispiel Yogagruppe oder Herkunftsfamilie oder Kollegen. Male einen großen Kreis und unterteile diesen Kreis in Tortenstücke. Jeder Name beziehungsweise jede Gruppe bekommt ein Tortenstück, und zwar ein um so größeres, je mehr Zeit du mit dieser Person oder mit dieser Gruppe verbringen möchtest. Laß auch Platz für Menschen, die du noch nicht kennst, aber gern kennenlernen würdest (zukünftige Partner, Kinder...), je nach ihrer Wichtigkeit für dich.

Male einen zweiten Kuchen und unterteile ihn entsprechend der Zeit, die du konkret mit diesen Menschen verbringst. Diese beiden Beziehungskuchen geben dir die Möglichkeit, dir deine realen und deine gewünschten Prioritäten anzuschauen und sie, wenn du willst, neu zu ordnen.

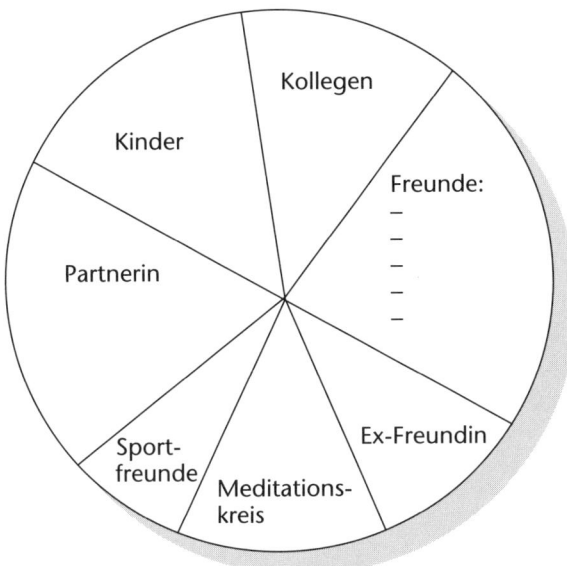

Beziehungskuchen

Körperübungen

Der Körper ist die Basis, von der aus wir die Welt wahrnehmen. Viele Menschen vergessen gewohnheitsmäßig ihren Körper, bis auf die Momente, in denen er sein Recht einklagt, nicht mehr funktioniert oder krank wird. Im Tantra gilt der Körper als unser Tempel. Auch für die Kunst des Seins ist der Körper die Grundlage, auf der wir uns wieder tiefer mit uns selbst in Verbindung bringen. Zuallererst müssen wir uns genügend Zeit einräumen, in der wir uns voll und ganz unserem Körper widmen, ihn spüren und in allen seinen Empfindungsmöglichkeiten kennenlernen. Hier sind die folgenden Übungen sehr wirkungsvoll.

1. Ja-Atmen

Das Ja-Atmen bringt uns tiefer mit unseren Empfindungen und Gefühlen in Kontakt und hilft, den inneren Ort in uns zu finden, von dem aus wir uns und unsere Gefühle sein lassen können. Die Übung kann jederzeit und überall gemacht werden. Sie eignet sich gut für Arbeitspausen, um sich zu sammeln, als Meditation oder als Einstimmung für eine Begegnung. Die Dauer der Übung kann zwischen einer Minute und einer Stunde variieren.

Die Übung kann im Stehen, im Sitzen oder auch im Liegen gemacht werden. Wichtig ist nur, daß die Wirbelsäule dabei einigermaßen aufrecht ist, so daß der Atemfluß nicht eingeschränkt wird. Mit dem Einatmen bringst du die Luft tief in den Körper hinein, bis hinab in den Beckenboden und atmest in deiner Vorstellung in alles ein, was du in diesem Moment fühlst, denkst, spürst und erlebst. Mit dem Ausatmen läßt du ein tiefes Jaaaaaaaa halblaut mit ausströmen. Das ist ein Zeichen für deine Bereitschaft, alles dasein zu lassen, was du beim Einatmen entdeckt hast. Laß dich mit jedem Atemzug etwas tiefer in das hineinsinken, was du fühlst, einschließlich all der Widerstände und Neins, die vielleicht da sind.

Die Ja-Atmung eignet sich auch als Einstiegsübung in die verschiedenen in diesem Buchteil beschriebenen Rituale. (z. B. Selbstlieberitual, Intime Begegnung). Da die Übung sehr einfach ist und praktisch überall gemacht werden kann, eignet sie sich auch für die Integration von Gefühlen und Bewußtsein in den Alltag, zum Beispiel in einer Schlange vor der Kasse im Supermarkt, nach einem Tadel vom Chef, nach einer freudigen Überraschung, morgens vor dem Aufstehen oder abends vor dem Einschlafen. Kathrin berichtet:

»Ich mache das Ja-Atmen jetzt schon seit Jahren. Oft wenn ich in Streß komme und mindestens eine Minute aufbringen kann, atme ich in meine Empfindungen hinein und sage ja dazu. Es ist wie ein kleiner Zaubertrank. Danach fühle ich mich entspannter und kann besser auf die Situation eingehen, in der ich mich gerade befinde. Neulich kam mein Mann nach Hause und hatte eine Elendslaune. Früher wäre da schnell ein Streit entstanden, weil ich seine Laune nicht aushielt. Ich nahm mir einen Moment Zeit, spürte meine Angst und auch meinen Ekel vor ihm und sagte ja dazu. Dann öffnete ich wieder die Augen und konnte ihn sehen:

müde, ausgelaugt von der Arbeit, reizbar. Ich konnte ihn einfach so lassen und mußte nicht mehr zwanghaft mit einsteigen. Es hatte überhaupt nichts mit mir zu tun.«

2. PC-Muskeltraining

Das Training der Beckenbodenmuskulatur, insbesondere des Pubococcygeus-Muskels ist eine der wirkungsvollsten Übungen, um die sexuelle Empfindungsfähigkeit im Becken zu steigern. Es ist sowohl in tantrischen Traditionen als auch in der modernen westlichen Sexualtherapie bekannt und bewährt.

Der Beckenboden besteht aus einem vielfältigen Geflecht von Muskeln, die bei den meisten Menschen chronisch verspannt und deswegen wenig sensibel sind. Du lokalisierst den PC-Muskel (siehe auch Abbildung S. 165), indem du den Harnstrahl beim Urinieren bewußt unterbrichst. Anfangs ziehen sich dabei fast alle Muskeln des Unterleibs zusammen, aber mit etwas Übung können die verschiedenen Muskeln mehr und mehr differenziert werden. Mit dem Einatmen wird der Muskel angespannt, mit dem Ausatmen entspannt. Das Entspannen sollte etwa doppelt so lange dauern wie das Anspannen, damit die Muskeln nicht noch mehr verspannen. Wenn wir die Kontraktionen zusätzlich mit der Atmung synchronisieren und uns vorstellen, daß wir mit dem Einatmen die Energie aus dem Becken in den Körper hochziehen, um sie mit dem Ausatmen wieder absinken zu lassen, kann ein sehr lustvolles Gefühl oder ein wohliges Strömen durch den Körper fließen. Bei manchen Menschen ist die Lust sofort da, andere brauchen vielleicht etwas länger.

Übung macht den Meister. Männer beobachten vielleicht, daß sie ihren Penis im erigierten Zustand bewegen können, wenn sie diese Übung eine Zeitlang gemacht haben, Frauen können ihre Vaginawände stärken und lernen, mit diesen zu massieren. Manche Paare spielen in der sexuellen Vereinigung mit dem PC-Muskel, während sie äußerlich ruhig bleiben. Das regelmäßige Training dieses Muskels wird mit einer erheblichen Steigerung der Lust belohnt. Es hilft auch bei Symptomen wie vorzeitiger Ejakulation und Erektionsschwierigkeiten (bei Männern) oder Krämpfen in der Vagina bei der sexuellen Vereinigung (bei Frauen).

223

3. Ekstatisches Atmen (Harry-und-Sally-Übung)

Die »Harry-und-Sally-Übung« bietet eine Möglichkeit, Hemmungen und Schamgefühle beim Sex näher erforschen und annehmen zu lernen, damit sie der Lust nicht mehr im Weg stehen. Sie ist benannt nach der berühmten Szene im gleichnamigen Film, in der Sally Harry live in einem gutbesetzten Restaurant beweist, wie täuschend echt Frauen einen Orgasmus vorspielen können. Die Übung kann enorm Spaß machen, vor allem mit einem Partner. Sie kann aber auch alte schmerzhafte Gefühle an die Oberfläche bringen und ist deshalb eher für Menschen geeignet, die bereits Erfahrung im fruchtbaren Umgang mit solchen Gefühlen haben.

Du brauchst etwa eine Stunde Zeit und einen abgeschlossenen Raum, in dem du nicht gestört wirst und der nicht zu hellhörig ist. Eine gute Vorübung kann darin bestehen, daß du deine Mitbewohner über die zu erwartenden Geräusche aus deinem Zimmer informierst.

Die Übung beginnt mit einem leichten Beckenschaukeln, synchron mit der Atmung. Langsam wird das Schaukeln stärker und der Atem tiefer und heftiger, bis du so laut und lustvoll stöhnst und atmest, als erlebtest du gerade einen Ganzkörperorgasmus. Du kannst die Intensität des Atmens und der Bewegung mehrmals anschwellen und abflauen lassen und das so lange fortführen, bis du genug hast. Dieser Teil der Übung kann zwischen zehn und dreißig Minuten dauern. Dann legst du dich flach auf den Rücken und läßt alle Empfindungen da sein, die sich einstellen. Nach dem ekstatischen Atmen ist eine längere Ruhe- und Nachspürzeit zu empfehlen. Es kann sein, daß sich eine himmlische Ruhe ausbreitet, es kann aber auch sein, daß Trauer hochkommt oder andere lange verschüttete Gefühle. Es ist wichtig, auch dafür genug Zeit zu haben.

Das Paradoxe und Erstaunliche ist, daß manche, bei dem Versuch, einen Orgasmus vorzutäuschen, wirklich orgastische Gefühle bekommen, weil sie sich durch die Widerstände und Hemmungen hindurchatmen und weil das Zulassen lustvoller Töne und Laute sehr erregend sein kann. Scham, Schuldgefühle oder Ekel können auftauchen, doch plötzlich übernimmt der Körper selbst die Regie. Es geht natürlich nicht darum, Lust vortäuschen zu lernen, sondern darum, spielerisch wahrzunehmen, was wir unserer Lust gewöhnlich in den Weg stellen. Hier ein paar Kommentare zu dieser Übung:

»Als diese Übung angekündigt wurde, dachte ich, ihr seid übergeschnappt. Einen Orgasmus vortäuschen! Ich dachte, nein, das mache ich nicht. Als es dann losging dachte ich, na gut, ich kann ja mal damit anfangen, aufhören kann ich ja immer noch. Aber dann fing es ziemlich schnell an, Spaß zu machen, um genau zu sein, es war ziemlich geil, mit der Beckenbewegung so intensiv zu atmen. Irgendwann brauchte ich nichts mehr zu entscheiden. Es war, als ob mein Körper die Regie übernimmt. Es war mir plötzlich völlig egal, was andere über mich und meine Geräusche denken. Es war ekstatisch.« (Marianne)

»Ich habe mich sehr angestrengt bei dieser Übung, alles tat mir weh, aber ich wollte nicht so schnell aufgeben. Auf dem Atemhöhepunkt verlor ich plötzlich die Kontrolle über meine Gefühle, und eine unbändige Trauer überkam mich. Ich zitterte und überließ mich dem Schwall von Tränen. Seltsamerweise hatte ich keine Angst, obwohl ich noch nie so hemmungslos geweint habe. Es fühlte sich befreiend an. Als ich mich schließlich im Liegen beruhigt hatte, spürte ich einen tiefen Frieden, wie ich ihn auch noch selten erlebt habe.« (Thomas)

»Ich wäre am liebsten vor Scham in den Erdboden versunken. Als alle im Raum anfingen zu stöhnen, dachte ich, ich bin im falschen Film. Meine alten Vorurteile über Tantra kamen hoch. Ich sah schon alle übereinander herfallen und eine Sexorgie veranstalten. Ich blieb aber da und machte ein bißchen halbherzig mit. Dann fiel mir eine Begebenheit aus meiner Kindheit ein. Ich war zehn und hörte in der Nacht komische Geräusche aus dem Zimmer meines Bruders. Jemand schien ängstlich zu keuchen. Ich schlich mich zu seiner Tür, öffnete sie vorsichtig und sah Norbert nackt auf seiner Freundin liegen und sich auf und ab bewegen. Sie sah schmerzverzerrt aus und stöhnte. Ich war wie paralysiert, machte vorsichtig die Tür wieder zu und verkroch mich verstört unter meine Bettdecke. Ich habe nie jemandem etwas davon erzählt. Ich hatte es völlig vergessen, bis zu dieser Übung. Mir wurde klar, warum ich solche Widerstände gegen Töne beim Sex habe. Mich stellt es immer ab, wenn mein Freund laut wird. Vielleicht hat es damit zu tun. Als mir das klar wurde, habe ich vorsichtig damit experimentiert, die Übung mitzumachen und vor allem selbst Töne zu machen. Es war überhaupt nicht schlimm, nur ein bißchen komisch.« (Michaela)

»Es war tatsächlich eine Art Orgasmus, ein Energiehöhepunkt im ganzen Körper. Ich hatte ein total intensives Gefühl im dritten Auge, das war neu. Und es hat tierisch Spaß gemacht. Allein hätte ich mich das nie getraut, aber die Gruppe hat mir Mut gemacht.« (Peter)

Was auch immer wir dabei empfinden, sicher ist, daß diese Übung sehr viel auslösen und sehr viel Spaß machen kann. Sie bringt viel Lebendigkeit und oft auch tief verdrängte Gefühle an die Oberfläche. Es braucht viel Vertrauen in sich selbst oder eine einfühlsame und kompetente Begleitung, um sich darauf einzulassen, aber es lohnt sich.

4. Die Welle

Die Welle ist eine Körperübung, die von Alan Lowen sowie von Paul und Niyaso Carter im Rahmen ihrer »body, heart & soul«-Kurse entwickelt wurde. Sie hilft, Sexualität, Herz und Bewußtsein wieder miteinander zu verbinden, bringt die Energie in Fluß und fördert auf sehr wirkungsvolle Weise die Integration der verschiedensten Empfindungen in unser Sein.

Am wirkungsvollsten ist die Übung, wenn sie über einen längeren Zeitraum hinweg regelmäßig praktiziert wird, zum Beispiel jeden Morgen zehn Minuten lang. Die Bewegung entspringt einer Schaukel- und Rotationsbewegung im Becken.

Als Vorübung eignet sich die Beckenschaukel, bei der das Becken um die imaginäre Achse zwischen den beiden Hüftgelenken herum schaukelt. Anschließend läßt du das Becken rotieren, und zwar nach hinten (so, als ob du dich hinsetzt), nach unten, nach vorn und nach oben. Dann läßt du die Bewegung fließend aus dem Becken die Wirbelsäule entlang aufsteigen. Wenn das Becken nach vorn schwingt, setzt sich die Bewegung wellenartig durch den ganzen Körper nach oben fort, bis sie auch den Kopf mit erfaßt und ihn zuerst nach hinten und dann nach vorn rollen läßt. Inzwischen rollt das Becken wieder nach hinten, um dann aus der Bewegung nach vorn wieder eine neue Welle aufsteigen zu lassen.

Die Atmung geht synchron mit der Bewegung. Das Einatmen kommt mit dem Aufsteigen der Welle und mit dem Zurückrollen des Kopfes, das Ausatmen mit dem Sinken von Kopf und Brustkorb, wobei die Phase des Ausatmens gern länger sein darf als die des Einatmens.

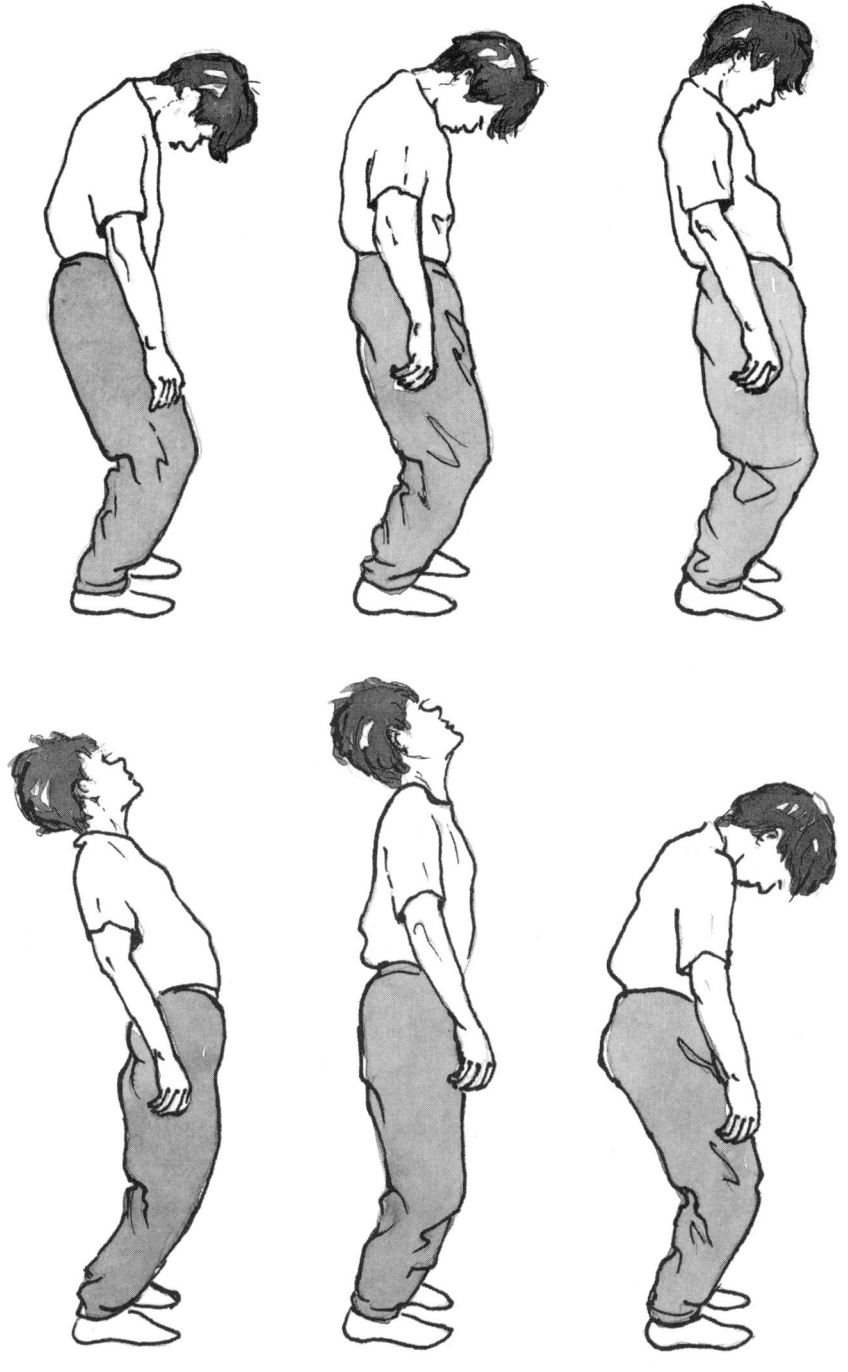

Die Welle

Die Welle ist eine Bewegung ohne Anfang und Ende, die in einen tranceartigen Zustand führen kann. Sie sollte, nachdem die Anfangsphase der vollen Konzentration auf den richtigen Bewegungsablauf überwunden ist, so leicht und mühelos wie möglich ausgeführt werden. Wichtig ist, daß die ganze Aufmerksamkeit im Körper und in der Bewegung ist und daß alle Empfindungen, Gefühle, Gedanken und Bilder Teil der Bewegung werden. Auf diese Weise wird die Welle zu einer Meditation.

In dieser Übung können wir unsere energetischen »Bruchstellen« sehr deutlich erleben, Regionen im Körper, die nicht auf harmonische Weise von Energie durchflossen werden. Bei vielen Menschen ist dies im Bereich des unteren Rückens, des Brustkorbes oder im Nacken/Hals-Bereich der Fall. Die Brüche können sich durch Schmerzen oder starke Verspannung bemerkbar machen. Dann geht es darum, mit sanfter Aufmerksamkeit in diese Bereiche hineinzuatmen und den Schmerz sanft mit Bewegung zu umschmeicheln. Versuche niemals, die Blokkade mit Gewalt zu durchbrechen. Vielen Menschen fällt es anfangs schwer, den Kopf mit in die Bewegung einfließen zu lassen. Unbewußt ist das ein Versuch, die Kontrolle des Verstandes aufrecht zu erhalten. Das macht sich dann oft auch in ablenkenden Gedanken bemerkbar. Dann kann die Vorstellung helfen, daß die Gedanken von der Welle überflutet werden, wenn sich der der Kopf der Bewegung hingibt.

Meditationen

Meditation ist der Schlüssel zur Bewußtheit. Indem wir meditieren, schulen wir unsere Fähigkeit, allem in uns und um uns herum zuschauen zu können, ohne zwanghaft darauf reagieren zu müssen. Meditation ist der direkteste Weg zum Sein und daher auch eine Grundlage für die Kunst des Seins. Letztlich sind alle Methoden nur Hilfsmittel, um die Voraussetzung für Meditation zu schaffen, denn Meditation kann nicht getan werden. Meditation geschieht, wenn wir aufhören zu tun. Meditation ist Sein. Die meisten Menschen stellen sich unter Meditation Stillsitzen vor. In den letzten Jahrzehnten sind jedoch neue Meditationsformen populär geworden, in denen dem Stillsitzen bewegte Phasen vorangestellt werden. Zwei davon möchte ich hier vorstellen.

1. Chakra-Atmen

Chakren sind die feinstofflichen Energiezentren im Körper. In der Meditation wird intensives Atmen zusammen mit Bewegung eingesetzt, um diese Energiezentren zu öffnen, zu beleben und ins Bewußtsein zu bringen.

Du stehst fest am Boden, die Füße etwa schulterbreit auseinander. Dein Körper ist entspannt, die Augen sind geschlossen. Dann atmest du tief und schnell in das erste Chakra am Beckenboden und spürst bewußt dort hinein. Nach zwei bis drei Minuten wechselt du zum nächsten Chakra und atmest und spürst dort hinein. So geht es weiter bis zum siebten Chakra. Dort angekommen hältst du eine Weile inne und hast dann drei Minuten Zeit, um die Energie und die Aufmerksamkeit im Körper wieder nach unten sinken zu lassen.

Mit der Bewegung des Körpers kannst du die Atmung unterstützen, zum Beispiel indem du synchron zum Atmen das Becken schaukelst, leicht in die Knie gehst und wieder hochkommst. Wenn die Atmung bei den höheren Chakren schneller wird, kann ein Schütteln daraus werden, das aber immer mit dem Rhythmus der Atmung verbunden bleibt.

Das Chakra-Atmen[40] ist eine sehr intensive Möglichkeit, die ekstatische Reaktion des Körpers zu schulen und durchlässiger für feine Energien zu werden. Zuweilen können Schmerzen an den Stellen auftreten, an denen der Körper verspannt ist oder alte Gefühle festhält. Auch hier ist es hilfreich, diese Verspannungen zu umschmeicheln, bis sie sich lösen.

Am Schluß steht eine stille Phase: Sitze aufrecht und entspannt, mit geschlossenen Augen und ohne dich zu bewegen und beobachte einfach, was in dir geschieht. Richte deine Aufmerksamkeit auf nichts Bestimmtes, bleibe Zeuge, ohne zu urteilen. Gerd erzählt:

»Beim Chakra-Atmen habe ich eine Ahnung davon bekommen, was Ekstase sein kann. Manchmal hatte ich brutale Schmerzen im Bereich des Solarplexus. Die haben sich aber mit der Zeit aufgelöst, vor allem beim zweiten und dritten Durchgang. Im Herzchakra klang oft Trauer an, aber nicht unangenehm. Im schnellen Atemrhythmus in das sechste und siebte Chakra zu atmen war einfach himmlisch. Lichtblitze durchzuckten mich, manchmal sah ich funkelnde Edelsteine vor meinen

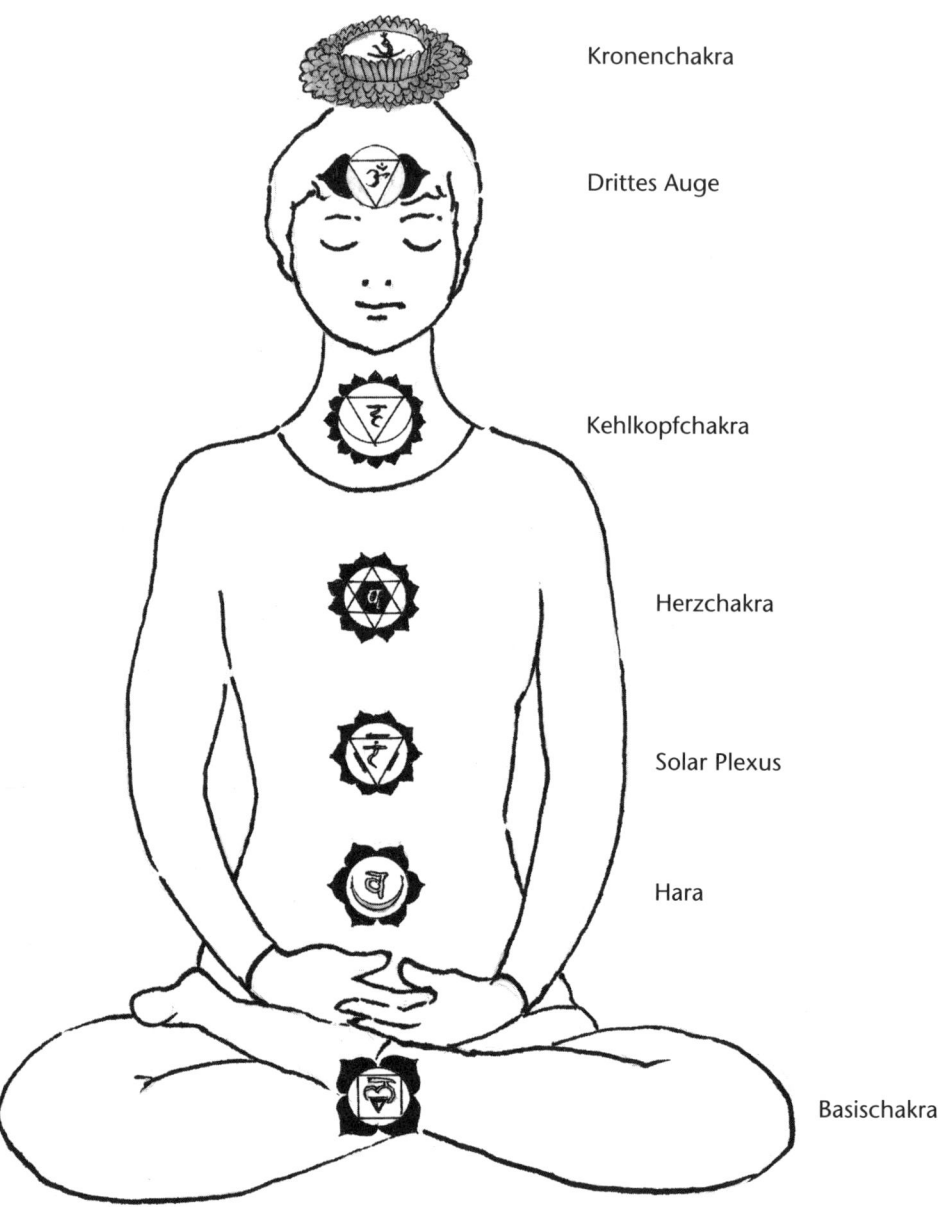

Kronenchakra

Drittes Auge

Kehlkopfchakra

Herzchakra

Solar Plexus

Hara

Basischakra

Die Lage der Chakren

inneren Augen. Und es kam auch vor, daß ich beim siebten Chakra plötzlich ganz geil wurde, ich spürte einen Energiestrom von oben bis unten durch meinen ganzen Körper. Leider ist es nicht immer so abgefahren. Vor allem wenn ich die Meditation lange nicht gemacht habe, merke ich, daß alles wieder verschlossener geworden ist.«

2. Labyrinth-Meditation

Alan Lowen hat die Labyrinth-Meditation aus der Kundalini-Meditation und der Dynamischen Meditation weiterentwickelt. Diese Meditation ist geeignet, um innere Abgründe zu erforschen, die dort vergrabenen Gefühle zu reaktivieren und Lebendigkeit und Leidenschaft neu zu entdecken. Sie kann heftige Gefühle auslösen. Geh daher – je nach deiner Vorerfahrung – nur soweit, wie du dich sicher fühlst.

Die Meditation dauert eine Stunde, jede Phase eine Viertelstunde. Es ist hilfreich, die ersten drei Phasen mit Musik zu unterstützen.[41] Du kannst dir selbst eine Musik-Cassette zusammenstellen, in der die stille Phase integriert und mit einem Gong abgeschlossen wird.

1. Phase: Schütteln

Du stehst fest auf dem Boden, die Füße etwa schulterbreit und parallel nebeneinander, die Knie leicht gebeugt, und schüttelst deinen ganzen Körper. Das Schütteln breitet sich von den Füßen über die Beine und das Becken auf den ganzen Körper aus und schließt auch die Arme und den Kopf ein. Am Anfang kannst du ein wenig nachhelfen, aber dann ergibt sich das Schütteln, Zittern oder Vibrieren deines ganzen Körpers mehr und mehr von selbst.

2. Phase: Das Labyrinth

In dieser Phase geht es darum, in innere Abgründe hineinzufühlen und Bewegung dorthin zu bringen, wo viel von unserer Lebendigkeit begraben liegt. Nimm ein mittelgroßes Kissen und knete es mit den Händen, während du es gleichzeitig gegen deinen Unterbauch und dein Becken drückst und deinen Kiefer so bewegst, als wärst du ein Raubtier, das ein Stück Fleisch zerreißt. Laß die Töne kommen, wie sie kommen, Urlaute, Schreie, Grunzen, Stöhnen, je unzivilisierter desto besser. Atme tief in den Unterbauch und laß alle Gefühle zu, die auftauchen. Du kannst in dieser Phase stehen, sitzen, knien oder liegen, aber achte darauf, daß Becken, Hände und Kiefer die ganze Zeit in Bewegung bleiben.

3. Phase: Tanzen
Laß, was immer du jetzt fühlst, in deinen Tanz einfließen. Als Begleitung eignet sich am besten fetzige Trommelmusik. Laß zu, daß dein Körper seine eigenen Bewegungen findet, ohne sie mit dem Verstand kontrollieren zu wollen.

4. Phase: Stille
Sitze aufrecht und entspannt, mit geschlossenen Augen und ohne dich zu bewegen. Schau all dem zu, was in dir geschieht. Richte deine Aufmerksamkeit auf nichts Bestimmtes, bleibe Zeuge ohne zu urteilen.

Besonders die zweite Phase dieser Meditation kann Ängste mobilisieren und Widerstände provozieren. Oft hilft es, sich die Bewertungen bewußt zu machen, die hinter diesen Ängsten und Widerständen stehen. Unsere Eltern haben oft alles getan, um uns von derart unzivilisiertem Verhalten abzubringen, und nun sollen wir genau das tun. Oft sind es auch die sexuellen Tabus, die uns davon abhalten, uns tief in diese Erfahrung einzulassen. Bei manchen sieht es so aus, als würden sie das Kissen »vögeln«. Das ist völlig in Ordnung, kann aber unsere Schamgefühle berühren, die dann auch angenommen werden wollen. Indem wir uns der inneren Verbote bewußt werden, haben wir eine neue Wahlmöglichkeit, ob wir ihnen weiter folgen wollen oder nicht. Der Schlüssel für diese Phase ist deine Leidenschaft, mit der du in die Bewegung hinein gehst. Dann kann viel bewegt und aus dem inneren Gefängnis befreit werden. Hier einige Kommentare zu dieser Übung:

»Anfangs fand ich die Labyrinth-Meditation (im Workshop) einfach nur albern. Es kam mir ziemlich bescheuert vor, so ein Kissen zu kneten, und ich machte nur sehr halbherzig mit. Es kam mir alles sehr aufgesetzt und unecht vor, auch was ich von den anderen im Raum zu hören bekam. ›Sind die denn alle verrückt geworden?‹, dachte ich bei mir. Je öfter ich diese Meditation mitmachte, desto mehr ging mir das Geschrei der anderen auf den Wecker, ich wäre am liebsten rausgerannt. Dann kam ich auf die Idee, ich könnte ja meine Wut an dem Kissen auslassen, und plötzlich ging bei mir die Post ab. Ich habe das Kissen geknetet, als wollte ich jemanden erwürgen. Danach fühlte ich mich so erleichtert, ich konnte es kaum glauben. Mein Körper fühlte sich frei und leicht an. Es war mir auch etwas peinlich mir zuzugeben, daß es mir gut getan hatte, denn damit wurde mir auch klar, daß meine manchmal unschönen Urteile über die anderen ziemlich unberechtigt, nein, völlig unberechtigt waren.« (Georg)

»Ich finde die Labyrinth-Meditation klasse. Endlich mal die Erlaubnis, so richtig die Sau raus zu lassen, ohne daß es irgend jemandem schadet. Ich liebe es, die animalische Seite von mir zu spüren und sie hemmungslos zu leben. Meine Freundin findet das nämlich nicht immer so klasse, wenn ich den Hengst rauslasse!« (Michael)

»Mir war meistens ziemlich mulmig bei der zweiten Phase, ich hatte Angst, wirklich in meine inneren Abgründe abzutauchen. Ich hatte Angst, was da alles hochkommt. Heute bin ich zum ersten Mal voll reingegangen. Zwischendurch kam mal der Gedanke ›Wenn mich meine Eltern so sehen würden!‹ (sie lacht). Aber das war mir grad egal. Ich hab's genossen, wirklich wild zu werden. Das habe ich mir früher nie erlaubt.« (Korinna)

»Wenn die Labyrinth-Meditation angekündigt wird, denke ich immer: ›Oh je, schon wieder so anstrengend!‹ Ich habe meistens ziemliche Widerstände, mich darauf einzulassen, und manchmal denke ich auch: ›Was soll das, immer da im Schlamm rumzuwühlen?‹ Wenn ich dann nur so halbherzig mitmache, ist es eine Qual, und ich bin froh, wenn es vorbei ist. Aber wenn ich mich wirklich drauf einlasse und nicht nur in der ›Schlafwagenvariante‹, die Nutan immer so schön karikiert, dann fühle ich mich nachher wirklich besser, irgendwie durchgeputzt. Das habe ich jetzt schon einige Male erlebt, und heute war es auch so.« (Martina)

3. Rosenmeditation

Die Rosenmeditation ist eine wunderbare Einstimmung auf das Herz und die Qualität des »Sein-Lassens«. Sie stammt ursprünglich aus den 112 Meditationen des *Vigyan Bhairav Tantra*.[42] Ich habe sie in Poona kennengelernt.

Du brauchst eine Rose und etwa 40 bis 60 Minuten Zeit, in der du ungestört bist. Sitze entspannt und aufrecht und betrachte 15 Minuten lang die Rose, die du in der Hand hältst. Fühle dich mehr und mehr in die Rose hinein, so als wärst du selbst die Rose, als hättest du einen Stil, Stacheln und Blütenblätter, die ihren besonderen Duft ausströmen.

Nach dieser Viertelstunde kannst du aufstehen und mit der Rose in der Hand herumlaufen. Dabei richtest du deine Aufmerksamkeit in derselben Weise auf alles, was deine Sinne wahrnehmen. Es kann sein, daß du dein Zimmer ganz neu entdeckst, dich in jedes Möbelstück, in jedes Bild, in jede Pflanze, in jedes Detail hineinversetzt (10 bis 30 Minuten).

Eine schöne Variante ist auch, den zweiten Teil im Garten oder in der Natur zu verbringen und alles so anzuschauen, als würdest du es zum ersten Mal sehen.

Die letzte Phase (ca. 10 bis 15 Minuten) besteht wieder aus stillem Sitzen.

Diese Meditation ist am wirkungsvollsten, wenn wir uns vorher von emotionalem Ballast gereinigt haben. Wenn du dich von Gefühlen eingesperrt fühlst, die dein Herz umklammern und die sich auch in dieser Meditation nicht lösen, solltest du zunächst die Labyrinth-Meditation oder etwas ähnliches machen.

Experimente

Experimente bieten die Möglichkeit, aus der Alltagsroutine auszubrechen, bewußt emotionale Risiken einzugehen und diese so dosieren zu lernen, daß sie aufregend genug sind, aber nicht überfordern. Wenn wir unsere Liebesfähigkeit entwickeln, stoßen wir irgendwann an die Grenzen unserer sozialen Gewohnheiten. Die alten Gewohnheiten werden zu eng für all die Lust und Liebe, die wir zu teilen haben. Es braucht Mut, anderen die Schätze zu zeigen, die wir in unserem Inneren entdeckt haben, und sie mit ihnen zu teilen. Es führt jedoch kein Weg daran vorbei, es früher oder später zu tun und zu erleben, was dann geschieht. Das eigentliche Risiko bei den Experimenten ist die Möglichkeit, daß wir etwas fühlen. Mit den Experimenten gehen wir in Resonanz mit unserer tieferen Wahrheit, die jenseits von Konventionen und sozialen Gewohnheiten liegt.

Ich spreche hier von Experimenten, in denen du deine Lust und Liebe oder deine Sehnsucht danach mit anderen Menschen teilst. Konkret sieht ein Experiment so aus, daß du etwas tust, was du von Herzen gern ausprobieren möchtest, aber dich gewöhnlich nicht traust. Hier ein paar Beispiele:

- Einen wildfremden oder einen bekannten Menschen mit einem Geschenk überraschen.
- Tanzen gehen und wahrnehmen, wer dich besonders anzieht. Wie spürst du die Anziehung? Was löst sie in dir aus? Vielleicht willst du noch einen Schritt weiter gehen und der Person mitteilen, was du empfindest, ohne ein festes Ziel, einfach nur um zu sehen, was dann passiert?
- Freundinnen, Freunde oder Bekannte fragen: »Was ist Liebe?« Es ist meistens gegen die Konventionen, das Thema Liebe direkt und offen anzusprechen, ohne ein bestimmtes Ziel vor Augen zu haben. Laß dich von den Antworten und Reaktionen überraschen.
- Ohne Vorankündigung zu jemandem sagen »Du liebst mich« und dann schauen, was passiert. Das kannst du mit deinem Partner oder deiner Partnerin machen, aber natürlich auch mit Freunden oder sogar mit weitläufig Bekannten. Auch bei diesem Experiment verfolgst du kein Ziel außer dem, dich in einer außergewöhnlichen Situation zu erleben.
- Eine bestimmte Zeit (beispielsweise eine Stunde) deiner Wahrnehmung als sexuelles Wesen widmen. »Ich bin ein sexuelles Wesen«, sagst du alle paar Minuten zu dir selbst. »Ihr seid alle sexuelle Wesen«, denkst du von Zeit zu Zeit und spürst, was diese Gedanken in dir auslösen. Scham? Unsicherheit? Lust? Stolz? Peinlichkeit? Ekel? Liebe? Es kann überraschend sein, was wir mit der simplen Tatsache verknüpfen, daß wir alle sexuelle Wesen sind. Es können auch Bilder, Erinnerungen und Assoziationen hochkommen. Vielleicht willst du auch ausprobieren, was passiert, wenn du zu jemandem sagst: »Ich bin ein sexuelles Wesen.«

Dies sind nur Beispiele. Finde für dich heraus, was dich reizt, was du gern ausprobieren möchtest, und erfinde dein eigenes »Setting« dafür. Es kann auch Spaß machen, sich mit anderen zusammen etwas auszudenken, die gleichen oder ähnliche Experimente zu machen und anschließend die Erfahrungen auszutauschen.

Selbstliebe

Sich Zeit zu nehmen, um sich zu lieben und um all die Hindernisse anzuschauen und auszuräumen, die wir unserer Selbstliebe in den Weg
stellen, kann unsere Liebesfähigkeit am direktesten und effektivsten erweitern. Gleichzeitig kann es uns niemand abnehmen, uns selbst zu lieben. Wir tragen die Verantwortung für uns selbst.

1. Dialog mit dem inneren Kind

Unser inneres Kind erinnert sich an sämtliche Verletzungen, die wir in
der Kindheit erlitten haben, es ist aber auch die Quelle unserer Spontaneität, unserer Lebendigkeit und unserer Lebensfreude. Wenn wir
Verantwortung für uns selbst übernehmen wollen, wenn wir lernen
wollen, unsere Kellergefühle anzunehmen, Beschuldigungen loszulassen und unsere Unschuld wiederzuentdecken, müssen wir in Dialog
mit unserem inneren Kind treten.

Du brauchst mindestens eine Viertelstunde, besser noch eine halbe
Stunde oder länger Zeit, in der du ungestört bist. Setze dich mit gera-
dem Rücken auf ein Kissen und stimme dich auf deinen Körper und
deine Atmung ein. Dann beginnst du, dein inneres Kind zu visualisieren, indem du vor deinem inneren Auge ein Bild von dir selbst als kleinem Mädchen oder kleinem Jungen entstehen läßt. Wenn du das Kind
klar erkennst, setzt du es in deiner Vorstellung auf ein weiteres Kissen
dir gegenüber. Sprich das Kind so an, wie du ein reales Kind ansprechen
würdest. Frage, wie es ihm geht und ob es bereit ist, mit dir zu sprechen.
Wechsle dann das Kissen, versetze dich in das Kind hinein und laß es
antworten. Laß dich überraschen, wo das Gespräch hinführt.

Achte in beiden Rollen vor allem auf deine Gefühle und teile sie, soweit du dazu bereit bist, deinem Gegenüber mit. Vielleicht willst du
auch eine Vereinbarung mit dem Kind schließen, zum Beispiel darüber,
wie oft du in nächster Zeit mit ihm sprechen wirst. Schließe den Dialog von Seiten des Erwachsenen ab und verabschiede dich klar und
deutlich. Laß dann Zeit zum Nachspüren und schreibe auf, was dir bewußt geworden ist und was dir wesentlich erscheint.

Eine Variante dieser Übung besteht darin, dem inneren Kind einen
Brief zu schreiben. Laß es seinen Antwortbrief mit der linken Hand

(wenn du Rechtshänder bist) schreiben. Das Schreiben mit der unge-
wohnten Hand bringt dich mit kindlichen Gefühlen in Kontakt und
hilft dir, dich besser in das Kind hineinzuversetzen.

Das innere Kind braucht vor allem Aufmerksamkeit. Es möchte
gehört werden. Oft reagiert der Erwachsene mit Abwehr, vor allem
wenn das Kind anfängt, Forderungen zu stellen oder zu beschuldigen.
Wenn deine Abwehr zu groß wird, solltest du ein weiteres Kissen für

den erwachsenen Gegenspieler des inneren Kindes ins Spiel bringen
und das andere »erwachsene Kissen« für den verständnisvollen Erwachsenen reservieren, der das Kind unterstützt und der ihm Raum
geben und es so sein lassen kann, wie es ist. In diesem Prozeß ist therapeutische Unterstützung eine große Hilfe. Oft sind wir nicht allein in
der Lage, uns unserem inneren Kind zu stellen, vor allem dann nicht,
wenn wir es lange nicht mehr gespürt und mit ihm gesprochen haben.
Einen Beispieldialog findest du im 8. Kapitel auf Seite 111.

2. Selbstlieberitual

Nimm dir mindestens zwei Stunden, in denen du völlig ungestört bist. Gestalte diese zwei Stunden so, wie du sie für einen geliebten Menschen gestalten würdest, nur daß du selbst dieser geliebte Mensch bist. Laß dir einfallen, was dem Körper dieses geliebten Menschen wohltut, was seine Lust entfacht, was sein Herz berührt und was seinen Geist erfüllt. Vielleicht möchtest du vorher ein Drehbuch schreiben. Entscheide dich ganz bewußt, alles fühlen zu wollen, was dir in diesem Ritual widerfährt. Du machst es dir so schön wie möglich, aber du bist auch offen für den Schmerz, die Trauer, die Wut oder die Angst, die eventuell hochkommen können.

Wenn du magst, kannst du auch deine sexuelle Lust mit einbeziehen. Laß zu, daß sich deine Erregung langsam aufbaut, und spiele mit dem »Punkt ohne Wiederkehr«. Es kann sich lohnen, nicht zum Orgasmus oder zur Ejakulation[43] zu kommen, besonders dann, wenn du darauf fixiert bist und dich hinterher eher schlapp fühlst. Wenn du diese Variante ausprobieren möchtest, entscheide dich vorher klar, diesmal nicht zum Orgasmus zu kommen. Hör kurz vorher auf und laß zu, daß sich deine Lust im ganzen Körper ausbreitet. Du kannst stöhnen, dich rekeln und alles tun, was sich gut anfühlt, aber laß dich von dem Drang, zum Höhepunkt kommen zu müssen, nicht verführen. Sei bereit, alles zu fühlen, was das in dir berührt. Du tust das nicht, weil ein Orgasmus schlecht wäre, sondern weil du weißt, daß Entspannung in Erregung noch viel mehr und vor allem auch viel mehr Lust in dir wecken kann als du ahnst. Es kann sein, daß du »versagst«, daß du zum Orgasmus oder zur Ejakulation kommst ohne es zu wollen. Dann sei nachsichtig mit dir selbst und genieße den Höhepunkt, schau aber auch genau hin, was im Moment des Kontrollverlustes in dir geschehen ist. Du kannst daraus lernen. Vielleicht begegnest du einem Teil von dir, der auch andere deiner bewußten Entscheidungen sabotiert. Dieser Teil will in erster Linie gehört werden.

Wenn du die sexuelle Lust nicht direkt in dein Selbstlieberitual einbeziehen willst, möchtest du vielleicht ein sinnliches Bad mit wohlriechenden Düften nehmen und dabei schöne Musik hören. Erlaube dir, dich mit all deinen Sinnen zu feiern und zu ehren. Setze deine Phantasie ein, laß dir etwas einfallen, was dein Herz begehrt. Wenn du dir nicht sicher bist, was dein Herz begehrt, probiere es einfach aus.

Beende das Ritual klar und zum mit dir selbst vereinbarten Zeitpunkt. Die klare zeitliche Begrenzung gibt dem Ritual Schutz, indem sie alle darin gemachten Erfahrungen in einen festen Rahmen stellt. Um so mehr kannst du dich auf all deine Unsicherheiten und Tiefen und die darin verborgenen Geschenke einlassen.

Vielleicht möchtest du dich am Ende bei dir selbst bedanken, wie du dich bei deinem oder deiner Liebsten bedanken würdest. Wenn dir das Ritual gefallen hat, willst du es vielleicht zu einem festen Bestandteil deines Alltages machen.

Dieses Ritual ist eine der festen Hausaufgaben, die wir den Teilnehmerinnen und Teilnehmern im Tantra Jahrestraining geben. Viele berichten, wie wohltuend es ist, eine Art Liebeskultur mit sich selbst zu entwickeln. Oft hören wir aber auch, daß es immer wieder die Schwelle zu überwinden gilt, an der wir uns vom Alltag in eine unbewußte Dumpfheit entführen lassen und dann »keine Lust auf Selbstliebe« haben. Dahinter steckt oft die diffuse Angst vor den Gefühlen, die wir in uns berühren, wenn wir Zeit für uns nehmen. Nach einer Weile wird auch die Selbstliebe zu einem organischen Bestandteil des Lebens, wenn wir sie kultivieren. Bis dahin braucht es deine Entscheidung dafür. Schreibe es in deinen Kalender wie einen wichtigen Termin, den du auf keinen

Fall versäumen darfst. Bist du dir soviel wert? Gib dir den Wert! Einige Berichte von Frauen:

»Es war immer eine große Überwindung, mir selbst Liebe zu schenken. Ich habe mich oft mit allem Möglichen abgelenkt, um meine innere Leere nicht zu spüren. Ich war regelrecht geschockt zu erkennen, wie schwer es mir fällt, mich selbst zu lieben!« (Anne)

»Ich genieße den Sex mit mir selbst. Schwerer ist es für mich, mich dabei wirklich zu lieben. Manchmal habe ich das Gefühl, ich weiß noch gar nicht, was Liebe wirklich ist. All die romantischen Anwandlungen, die ich bei Männern immer mit Liebe assoziiert habe, greifen plötzlich nicht mehr, wenn es um mich selbst geht. Das Selbstlieberitual hilft. Ich komme langsam dahinter!« (Katharina)

»Ich habe gedacht, für mich wäre es kein Problem, auf einen Orgasmus zu verzichten, wenn ich kurz davor bin. Ich dachte immer, das sei ein Problem der Männer. Ich war schon manchmal sauer auf Männer, die sehr schnell kommen. Jetzt habe ich gemerkt, daß es mir gar nicht so leicht fiel. Es war keine direkte körperliche Notwendigkeit, von der körperlichen Empfindung her hätte ich durchaus stoppen können, aber psychisch hatte ich mich nicht unter Kontrolle. Ich wollte plötzlich einfach unbedingt kommen. Ich weiß zwar noch nicht genau, was es mir als Frau bringen soll, auch mal auf den Orgasmus zu verzichten, denn ich bin danach nicht so schlapp wie die Männer. Aber ich habe eine Ahnung, daß es da etwas zu entdecken gibt.« (Zarah)

Für Männer ist es ein oft ein längerer Prozeß, bei der sexuellen Selbstliebe auf den Orgasmus und die Ejakulation verzichten zu lernen. Hier ein paar typische Erlebnisse:

»Ich habe mich dreimal an den Höhepunkt herangewagt und dann gestoppt. Ich wußte genau, beim nächsten Mal würde ich nicht mehr stoppen können. Dann ließ ich mir Zeit, meinen ganzen Körper zu berühren und die Energie langsam wieder abklingen zu lassen. Es blieb ein angenehmes Kribbeln im ganzen Körper. Später hatte ich Mühe einzuschlafen, ich fühlte mich total lebendig.« (Hans)

»Bei mir ging heute Nacht die Post ab. Ich habe die Übung gemacht, und zuerst habe ich mich danach ganz gut gefühlt. Später wurde mir irgendwie schlecht, ich mußte fast kotzen. In der Nacht habe ich von meiner Mutter geträumt. Ich erinnere mich nur noch an Fetzen, aber es war eklig. Sie hat mich mit einer schleimigen Paste eingeschmiert, die widerlich roch. Ich muß mich jetzt noch schütteln, wenn ich daran denke. Ob das mit der Übung zu tun hatte?« (Sven)

»Ich fand's geil, es war nicht so schwer, vor dem Orgasmus zu stoppen. Es blieb ein sehr geiles Gefühl, allerdings nur im Becken. Sonst habe ich nicht viel gespürt. Aber mir taten nachher stundenlang die Hoden weh. Das war sehr unangenehm.« (Andi)

Meine Lustgefühle haben sich seit der Zeit, als ich aufhörte, bei jeder starken sexuellen Erregung einen Orgasmus haben zu müssen, mindestens verzehnfacht. Ich habe einige Jahre gebraucht, bis ich wirklich in fast jedem Moment innehalten und den Ejakulationsreflex vorbeiziehen lassen konnte, ohne ihm zu folgen. Ich habe auch oft beobachtet, daß alle möglichen Gefühle hochkommen, wenn die Energie nicht mit dem Orgasmus entladen wird, sondern weiter im Körper zirkuliert. Es ist gut, das zu wissen, um darauf vorbereitet zu sein und Raum für die auftauchenden Gefühle zu geben. Auch Schmerzen in den Hoden treten häufig auf, wenn die Energie nicht aus dem Becken entweichen kann. In diesem Fall braucht es konkretere körpertherapeutische Unterstützung. Trotz der Schwierigkeiten lohnt es sich, die Fixierung auf den Orgasmus zu lockern. Frauen sind manchmal sehr dankbar dafür, wenn die Männer nicht so zielstrebig sind. Sie haben aber andererseits nicht selten das umgekehrte Problem. Sie hätten gerne öfter einen Orgasmus. Viele Frauen haben selten, manche nie einen sexuellen Höhepunkt, manche nur dann, wenn sie allein sind. Auch und gerade in diesem Fall lohnt es sich besonders, die sexuelle Empfindungsfähigkeit und die orgastische Reaktion genauer zu erkunden und vor allem nicht zu zielstrebig auf einen Höhepunkt zuzusteuern, sondern der Lust mehr und mehr zu erlauben, sich auszubreiten. Doch letztlich bleiben die geilsten sexuellen Erfahrungen unbefriedigend, wenn das Herz dabei kalt bleibt. Das Potential des Selbstliebrituals liegt darin, für sich selbst herauszufinden, wie Sex und Herz zusammen kommen können.

3. Die Traumfrau oder den Traummann entdecken und tanzen

Sinn und Zweck dieser Übung ist die Integration der Sehnsucht als eine eigene Energie, als eine Kraftquelle. Die Übung hilft auch, eine Resonanz mit einem potentiellen Partner aufzubauen, um ihm, wenn es soweit ist, leichter begegnen zu können. Du brauchst eine Stunde Zeit, Malutensilien und geeignete Musik für einen sinnlichen, liebevollen und verführerischen Tanz. Vielleicht magst du Kleidung tragen, in der du dich sinnlich fühlst.

1. Lege dich entspannt auf den Rücken und spüre deinen Körper und deine Atmung. Laß mit jedem Atemzug etwas mehr los. Laß dich ganz von der Unterlage tragen, auf der du liegst. Laß dann ein Bild von deinem idealen Partner, deinem Traumpartner oder deiner Traumpartnerin entstehen. Erlaube dir, dieses Bild so auszuschmücken, wie du es dir nur in deinen kühnsten Träumen vorstellen würdest. Laß ihn oder sie vor deinem inneren Auge lebendig werden.

2. Wenn du der Phantasie von deinem idealen Partner eine Weile nachgegangen bist, bringe dein inneres Bild zu Papier, indem du ein Bild von ihm oder von ihr malst. Das Bild kann sehr konkret sein oder auch abstrakt. Laß dich beim Malen mehr von deiner Intuition leiten als von deinem Verstand.

3. Lege eine passende Musik auf und das Bild vor dich hin und tanze dieses Bild. Laß dich in deinen Bewegungen von dem Bild inspirieren, so als wenn du dich im Tanz in deinen Traumpartner verwandeln würdest. Am Ende des Tanzes verwandle dich wieder in dich selbst zurück, so wie du jetzt bist.

4. Sitze nun noch eine Weile still da und spüre all dem nach, was jetzt in dir lebendig ist.

5. Wenn du magst, kannst du anschließend noch ein kleines Ritual feiern, in dem du dein Bild vom Traumpartner losläßt. Du kannst das Bild zum Beispiel ins Feuer werfen und damit symbolisch deine Wünsche loslassen. Dabei kannst du dir vorstellen, daß du die Energie deiner Wünsche an eine höhere Intelligenz abgibst.

Bei dieser Übung können einige Hindernisse auftreten. Manchen Menschen fällt es schwer, Wunschbilder aufkommen zu lassen, weil sich immer wieder alte unangenehme Erinnerungen oder störende Bilder einmischen. Laß diese Störungen vorbeiziehen und lenke deine Aufmerksamkeit wie einen Scheinwerfer zurück auf dein Bild vom Traumpartner. Andere empfinden Scheu, wenn sie sich in den idealen Partner hineinversetzen und ihn tanzen sollen. Glaubenssätze wie »So darf ich nicht sein« oder »Ich bin nie im Leben so attraktiv« oder »Meine Bewegungen sind viel zu hölzern« können sich melden. Verwechsle diese Stimmen nicht mit der Wahrheit. Es sind möglicherweise genau diese Glaubenssätze, die deiner Liebe und einer Liebesbeziehung im Weg stehen. Beobachte diese Sätze genau und richte deine Aufmerksamkeit dann wieder auf den Tanz deines Bildes.

16.
Partnerübungen

Die Partnerübungen sind in erster Linie für Liebespaare gedacht, die ihre Lust, ihre Liebe und ihre Intimität vertiefen möchten. Einige der Übungen können aber auch gut von zwei Menschen gemacht werden, die kein Liebespaar oder keine Lebenspartner sind. Sie können Freundschaften enorm vertiefen. Auch selbstorganisierte Übungsgruppen können von manchen der Anregungen profitieren.

Verbale Übungen

Die Sequenz verbaler Übungen hilft Paaren, ihre Kommunikation gerade auch in heiklen Bereichen zu verbessern. Da, wo wir oft in ewige und sich wiederholende Beziehungsdebatten verfallen, können sie möglicherweise schnell Klarheit schaffen oder zumindest den Dialog vertiefen.

1. Wünsche ausdrücken und danken

Ziel dieser Übung ist es, Wünsche ausdrücken und annehmen zu lernen, unabhängig von deren Erfüllung. Oft hält uns die Fixierung auf das Ja oder Nein des Partners davon ab, die inneren Barrieren, Ängste und Hindernisse wahrzunehmen, die wir unserem Wunsch selbst in den Weg stellen. Wenn der Partner nur zuhört, wie du deinen Wunsch äußerst, und sich dafür bedankt, kannst du spüren, was es in dir berührt, einfach nur diesen Wunsch zu haben und ihn zu äußern.

Du brauchst eine halbe Stunde, in der du mit einem Partner ungestört bist. Es kann sinnvoll sein, andere vorbereitende Übungen zu machen oder einfach nur eine Weile zusammen zu tanzen, um im Körper und in den Gefühlen präsent zu sein.

Ihr sitzt euch in einer entspannten und offenen Körperhaltung gegenüber und haltet nach Möglichkeit Augenkontakt. Jeder Partner hat zehn Minuten Zeit, um seine Wünsche auszusprechen. Der andere Partner hört einfach zu, sagt jedesmal nur »danke« und bringt damit seinen Respekt für deine Bereitschaft, diesen Wunsch zu äußern, zum Ausdruck. Es ist absolut wichtig, sich an die Regeln zu halten und weder Zusagen noch Absagen zu machen oder diese auch nur anzudeuten, denn das könnte das Vertrauen des Partners in diese Übung erschüttern. Nach zehn Minuten werden die Rollen gewechselt. Zum Schluß sitzt ihr zehn Minuten lang still zusammen, mit Augenkontakt oder in entspanntem Körperkontakt, und laßt all das wirken, was die Wünsche berührt haben.

In dieser Übung sind auch völlig utopische Wünsche zugelassen. Ein gewisses Risiko besteht darin, daß sich einer nicht an die Regeln hält und mehr als nur »danke« sagt. Sprecht vorher offen miteinander, um das auszuschließen. Es ist auch ratsam, anschließende Diskussionen über die Wünsche zu vermeiden. Erst mit etwas Abstand könnt ihr darüber sprechen, welche Wünsche ihr eventuell wirklich erfüllen wollt. Es ist aber genauso in Ordnung oder vielleicht sogar besser, die Wünsche so stehen zu lassen und einen Wunsch vielleicht später noch einmal auszusprechen und dann um eine Antwort zu bitten.

Wir setzen diese Übungen auch in unseren Gruppen ein und erleben oft, daß das pure Äußern von intimen Wünschen für innere Klarheit sorgt und Nähe schaffen kann. Lisa erzählt:

»Als ihr die Übung angekündigt habt, habe ich einen Schreck bekommen. Was, ich soll meine geheimsten Wünsche preisgeben? Lieber sterbe ich! Das war meine erste Reaktion. Ich war dann erleichtert, daß ich selbst bestimmen konnte, welche Wünsche ich äußere und welche nicht. Ich fing dann damit an, jemandem zu sagen, daß ich mit ihm einen Kaffee trinken oder ins Kino gehen möchte. Langsam wurde ich mutiger. Das vereinbarte ›Danke‹ gab mir Sicherheit und vermittelte eine Art Respekt für meinen Wunsch, den ich oft selbst nicht habe. Ich habe entdeckt, daß ich mich meiner Wünsche schäme und oft vom Gegenüber erwarte, deswegen abgelehnt zu werden. Ich konnte mir das alles in dieser Übung anschauen. Es fiel mir leichter, nicht gleich alles auf den Partner zu projizieren. Gegen Ende sagte ich Sätze wie ›Ich möchte von dir stundenlang gestreichelt und lustvoll erotisch verwöhnt werden‹ oder ›Ich wünsche mir, von dir zu einem erotischen Tanz verführt zu werden.‹

Trotz all der Scham fühlte es sich fast euphorisch an, das auszusprechen. Es war auch spannend, die Wünsche der anderen zu hören. Als ein Mann zu mir kam und sagte ›Ich möchte dich in einem ekstatischen Orgasmus erleben‹, fiel mir erstmal die Kinnlade runter. Ich konnte genau hören, wie eine Stimme in mir Kommentare abgab: ›Was fällt dem ein! So eine Unverschämtheit! Niemals wirst du mich so sehen!‹ Das ist der Moment, in dem ich mich normalerweise verschließen würde, wenn ich den Mann nicht wirklich gut kenne. Jetzt konnte ich all das beobachten und einfach ›danke‹ sagen. Ich brauchte mich für nichts rechtfertigen. Und plötzlich spürte ich sogar so etwas wie Dankbarkeit für seinen Mut, sich mir so zu zeigen.«

2. Was geht gerade in dir vor?

Die Übung habe ich von Paul Carter gelernt, der sie uns mit sehr viel Humor nahebrachte. Sie zielt darauf ab, die Wahrheit des Augenblicks erspüren zu lernen, in jedem einzelnen Moment wahrzunehmen, »Was ist jetzt?, Was ist jetzt?, Was ist jetzt?«, die Kontrollmechanismen aufzudecken, mit denen wir der direkten Wahrnehmung oft im Wege stehen, und all dies einem Partner mitzuteilen. Die Betonung liegt dabei auf der Einfachheit der Wahrnehmung und der Kommunikation, weg von Verallgemeinerungen und Interpretationen. Die Übung dauert 15 Minuten bis eine halbe Stunde und eignet sich auch als Einstieg in ein längeres Paarritual.

Partner A fragt: »Was geht gerade in dir vor?« Partner B sagt, was er in diesem Moment wahrnimmt – mit den Sinnen, im Körper, in den Gefühlen, in den Gedanken, kurz und klar, in einem Satz. Partner A sagt »danke«. Dann fragt Partner B: »Was geht gerade in dir vor?« Partner A antwortet unmittelbar mit dem, was er gerade wahrnimmt, und Partner B sagt einfach nur »danke«. Dann beginnt Partner A erneut mit der Frage: »Was geht gerade in dir vor?« Der Dialog könnte etwa so aussehen:

Partner A: Was geht gerade in dir vor?
Partner B: Ich bin etwas nervös, spüre ein Kribbeln in der Magengegend
Partner A: Danke.

Partner B: Was geht gerade in dir vor?
Partner A: Ich freue mich darauf, eine intensive Zeit mit dir zu verbringen.
Partner B: Danke.

Partner A: Was geht gerade in dir vor?
Partner B: Ich habe eine sexuelle Phantasie und schäme mich dafür.
Partner A: Danke.

Partner B: Was geht gerade in dir vor?
Partner A: Ich fange an mir auszumalen, wovon du wohl phantasierst.
Partner B: Danke.

Partner A: Was geht gerade in dir vor?
Partner B: Ich habe Angst vor der eigenen Courage, weil ich meine Phantasie angesprochen habe und jetzt denke, ich müßte sie auch verraten.
Partner A: Danke.

Partner B: Was geht gerade in dir vor?
Partner A: Ich spüre einen leichten Druck auf der Stirn.
Partner B: Danke.

Wichtig ist, daß die Struktur der Übung solange beibehalten wird, wie ihr es vereinbart habt, und daß ihr in dieser Zeit nicht direkt reagiert oder etwas kommentiert. Dadurch entsteht ein geschützter Raum, in dem die Wahrheit des Augenblicks ausgesprochen und gehört werden kann. Es ist eine Übung in Achtsamkeit, nicht der Verführung zum Nachfragen oder Bewerten zu erliegen, sondern schlicht und klar beim »Danke« zu bleiben.

3. Das Spiel mit der Polarisierung

Polarisierung ist eines der am weitesten verbreiteten Beziehungsmuster, in denen Paare feststecken. Diese Übung hilft, aus der Stagnation auszubrechen, die Polarisierung deutlicher wahrzunehmen und Identifizierungen zu lösen. Sie führt dazu, daß wir uns besser in den Partner einfühlen können, und ermöglicht die Integration unserer Schattenseiten, die wir oft auf den Partner projizieren.

Die Übung dauert etwa eine Stunde. Klärt zunächst, welche polaren Positionen ihr erforschen wollt. Wenn euer Muster zum Beispiel das klassische ist, daß er mehr Sex und sie mehr Liebe möchte, dann nehmt diese Positionen als Ausgangspunkt. Nach einer Einstimmungsphase setzt euch gegenüber. Partner A sitzt auf dem »Sexkissen« und fängt an, sein Bedürfnis nach Sex auf spielerische und übertriebene Weise zum Ausdruck zu bringen. Dann antwortet Partnerin B mit den Herzensbedürfnissen. Steigert euch immer mehr in diese Polarität hinein, bis es absurd und lächerlich wird, so als säßen sich ein Sexmonster und eine Romantiktussi gegenüber. Das Spielen und Übertreiben der eigene Rolle ist der Schlüssel. Nach 10 bis 15 Minuten wechselt ihr die Rollen. Jetzt habt ihr beide Gelegenheit, über euren Schatten oder genauer gesagt in euren Schatten zu springen und euch in die Position zu versetzen, die ihr vielleicht lange bekämpft habt. Spielt euch jeweils in diese Rolle hinein und versucht, sie noch zu übertreiben. Nach weiteren 10 bis 15 Minuten wechselt ihr wieder die Plätze und bleibt eine Weile still sitzen. Danach tauscht euch darüber aus, wie sich die verschiedenen Rollen angefühlt haben.

Die Auflösung der Polarisierung hat bereits in dem Moment begonnen, in dem ihr bereit seid, sie überhaupt als solche wahrzunehmen und euch darüber zu verständigen. Bei diesem Schritt kann die Übung allerdings nicht helfen, denn sie setzt ihn voraus. Manchmal ist es schwer, eine Polarisierung ohne äußere Hilfe zu erkennen. Wann immer dein Partner chronisch etwas anderes oder sogar das Gegenteil von dem möchte, was du dir wünschst, steckt ihr in einer Polarisierung fest. Es fühlt sich manchmal wie eine Kapitulation an, dies anzuerkennen, denn es relativiert den eigenen Standpunkt. Es kann auch sehr konfrontierend sein, die eigene Position zu überzeichnen oder in die Position des anderen zu schlüpfen. Hier hilft eine spielerische Einstellung. Nimm dich selbst ernst, aber nicht deine festgefahrene Position. Franz und Monika erzählen:

Franz: »Diese Übung war echt ein Ding. Seit Jahren sind wir immer wieder in dem Muster gelandet, daß ich mit ihr schlafen möchte und sie mich abweist. Ich habe alles versucht, bin in jeder nur denkbaren Weise auf sie eingegangen, habe versucht es ihr recht zu machen. Alles ohne dauerhaften Erfolg. In mir hatte sich eine Mordswut angesammelt.«

Monika: »Das habe ich immer schon geahnt, daß hinter deiner liebevollen Art die Messer gewetzt werden.«

Franz: »Na ja, also in der Übung habe ich mal so richtig die Sau rausge-
lassen. Oder genauer gesagt den Eber. Kein Tantra-Soft-Sex mehr, ich
habe den geilen Bock rausgekehrt, der nichts will als ficken und ficken
und ficken.«

Monika: »Am Anfang hat mich das erschreckt, aber dann hat es mich
total entspannt. Franz war immer wie ein Wolf im Schafspelz. Jetzt
endlich mal dem Wolf zu begegnen war wie ein Erlösung.«

Franz: »Als du dann mit der romantischen Prinzessin anfingst, hat es mir
zuerst fast wieder den Wind aus den Segeln genommen. Wie kann ich
einem so zartbesaiteten Wesen so grob und unanständig begegnen?
Aber je mehr du diese Rolle übertrieben hast, desto mehr konnte ich
wieder den geilen Bock raushängen lassen. Es fing an, richtig Spaß zu
machen.«

Monika: »Ich habe mich zwischendurch fast krummgelacht. Es war gar
nicht so leicht, auf der Romantikschiene zu bleiben. Aber ich habe
gemerkt, wie sehr und wie oft ich dich damit unterschwellig zu manipulieren versucht habe, um meiner Angst vor männlichem Sex aus
dem Wege zu gehen.«

Franz: »Das habe ich auch gemerkt. Aber je mehr ich das Sexmonster zulassen konnte, desto weniger zog deine Masche.«

Monika: »Am meisten hat mich überrascht, daß dieser geiler Bock mich
irgendwann selbst angetörnt hat. Meine Yoni hat deutlich reagiert. Ich
wollte es erst nicht wahrhaben.«

Franz: »Als wir dann die Rollen gewechselt haben, wurde mir zuerst wieder mulmig. Ich merkte, wie sehr mir die Herzschmerzrolle zuwider
war. Und das jetzt selbst spielen? Au Weia!«

Monika: »Mir ging es genauso. Dich in der Rolle des ewig Geilen zu
sehen ging ja noch, aber das selbst zu spielen, kostete mich einige
Überwindung. »

Franz: »Aber dann hat es doch Spaß gemacht, oder?«

Monika: »Allerdings. Ich hätte es nicht für möglich gehalten, was für eine
geile Hure in mir steckt. Sie war einfach total verboten. Total verdrängt. Ich glaube, dein drastisches Spiel vorher hat mich ermutigt,
das zumindest mal auszuprobieren.«

Franz: »Ich hatte Mühe, mich von dir nicht einfach überrollen zu lassen.
Deine Energie schien mir soviel kraftvoller. Plötzlich konnte ich dich
verstehen, warum du dich so oft abgeschottet hast. Ich bekam aber
auch eine Ahnung, wieviel Macht in der Verweigerung steckt. Es funk-

tioniert aber nur, wenn der andere Schuldgefühle hat. Die schienst du nicht mehr so stark zu haben. »

Monika: »Oh doch! In mir schrie ein ganzes Konzert von Stimmen ›Hör endlich auf, du Sau!‹ oder ›Wie kannst du nur so tief sinken?‹, aber diese Stimmen hatten nicht mehr soviel Macht über mich, das stimmt.«

Franz: »Die Übung hat mir wirklich Hoffnung gegeben, daß wir aus unseren festgefahrenen Rollen rauswachsen können. Das mit der Polarisierung war für mich vorher immer graue Theorie. Ich glaube, ich habe eine Ahnung davon bekommen, wie das funktioniert und daß der Ausweg genau in der anderen Richtung liegt, als man ihn vermutet. Daß du entspannst, weil ich meine sexuellen Wünsche mal richtig übertreibe, wer hätte das gedacht?«

Monika: »Ohne die Übung hätte ich da auch nicht entspannt. Aber der experimentelle Charakter der Übung hat mir geholfen, offen zu bleiben und etwas zu riskieren.«

4. Vereinbarungen treffen

Die Fähigkeit, Vereinbarungen zu treffen, die nicht einengen sondern unterstützen, ist eine sehr hilfreiche Basis für eine lebendige Beziehung. Diese Übung hilft, den Rahmen einer Beziehung bewußt abzustecken, unausgesprochene Erwartungen auf den Tisch zu legen und sich unbewußte Vereinbarungen bewußt zu machen, damit sie ausgesprochen und eventuell neu verhandelt werden können.

Die Übung dauert insgesamt eine Stunde. Eine halbe Stunde braucht jeder für sich, und dann brauchen beide nochmal mindestens eine halbe Stunde zusammen.

In den ersten 30 Minuten schreibst du auf, was du gern mit deinem Partner vereinbaren würdest. Denk daran, daß du nur versprechen kannst, was in deiner Macht liegt und was du tun oder lassen kannst, nicht jedoch, was du fühlst oder was sich nur spontan einstellen kann. Du kannst zum Beispiel nicht versprechen, nie wieder wütend zu sein, wohl aber, in deiner Wut nichts mehr kaputt zu schlagen oder einen körperlichen Mindestabstand zu wahren.

Dann kommt ihr zusammen und jeder trägt seine Vorschläge vor. Sprecht zunächst darüber, welche Gefühle die Vorschläge berühren. Es kann beispielsweise sein, daß dir die Vorschläge deines Partners angst machen oder daß sie Wut oder Trauer in dir auslösen. Diese emotionalen Reaktionen sollten gleich angesprochen werden, damit sie euch nicht von Anfang an im Wege stehen. Danach beginnt ihr mit dem Aushandeln von Verträgen. Zunächst liegen die Vorschläge von beiden auf dem Tisch, und es kann durchaus mühsame Kleinarbeit sein, Formulierungen zu finden, zu denen ihr beide von ganzem Herzen ja sagen könnt. Nur solche Verträge sind empfehlenswert, faule Kompromisse rächen sich früher oder später. Es ist auch völlig in Ordnung, wichtige Vereinbarungen aufzuschreiben, auch wenn euch das bürokratisch vorkommt. Klarheit schafft Vertrauen. Diese Übung sollte von Zeit zu Zeit wiederholt werden, um Veränderungen zu ermöglichen.

Heikel ist der Umgang mit Vertragsbrüchen. Es hilft wenig, Sanktionen zu erfinden. Wichtig ist jedoch, daß die Person, die eine Vereinbarung gebrochen hat, die Verantwortung dafür übernimmt, indem sie dem Partner Raum gibt, um seine Gefühle zum Ausdruck zu bringen. Sich selbst sollte sie Raum geben, um die Motive für den Vertragsbruch zu erkunden und sie zu verstehen. Vereinbarungen haben ihre Grenzen. Das Leben ist nie vorhersehbar. Es bringt nichts, am Buchstaben zu kleben. Es geht vielmehr darum, den Geist der Vereinbarung zu respektieren. Jan berichtet:

»Beatrix und ich haben viel mit Vereinbarungen herumexperimentiert. Eine unserer ersten Vereinbarungen war, keinen sexuellen Kontakt mit anderen Frauen oder Männern zu haben. Dann stellten wir fest, daß wir unter sexuellem Kontakt nicht dasselbe verstanden hatten. Für mich war das nur direkter Geschlechtsverkehr, während Beatrix intensives Knutschen auch schon als sexuellen Kontakt definierte. Es gab ziemlichen Krach, als ich einmal nach einer Party nicht nach Hause kam. Zum Glück konnten wir, als sich die Wogen etwas geglättet hatten, offen darüber sprechen und unsere Vereinbarung klarer machen.

Nach einem Tantraworkshop wurde uns beiden klar, daß wir uns für die körperliche Liebe viel zu wenig Zeit nehmen. Wir haben also ausgemacht, mindestens dreimal pro Woche eine Stunde oder länger zusammen zu kommen. Erst kam es uns beiden etwas komisch vor, Sex nach dem Terminkalender zu machen, aber es funktioniert viel besser als erwartet. Wir genießen es oft, einfach nur sexuell vereinigt zu sein, ohne daß die Wahnsinnserregung dafür da sein muß. Ich genieße die Intimität dabei. Und das Tolle ist, daß wir uns wesentlich seltener streiten, seit wir wirklich regelmäßig Sex haben. Ich schäme mich ein bißchen, das zuzugeben, aber ich glaube, ohne Vereinbarungen hätten wir das nicht hingekriegt. Der Alltag ist nämlich ein die Liebe fressendes Monster.«

Nonverbale Übungen

1. Augenkontakt

Die Augen sind die Fenster der Seele. Durch die Augen können wir einen anderen Menschen tief in uns hinein lassen – oder auch nicht, denn die Augen lassen sich nicht nur durch die Lieder schließen. Oft unterbrechen wir die Energieverbindung durch die Augen, auch wenn wir diese scheinbar offen haben. Die Übung schult das Bewußtsein für diese Energieverbindung. Sie wird mit einem Partner gemacht und dauert zehn bis zwanzig Minuten.

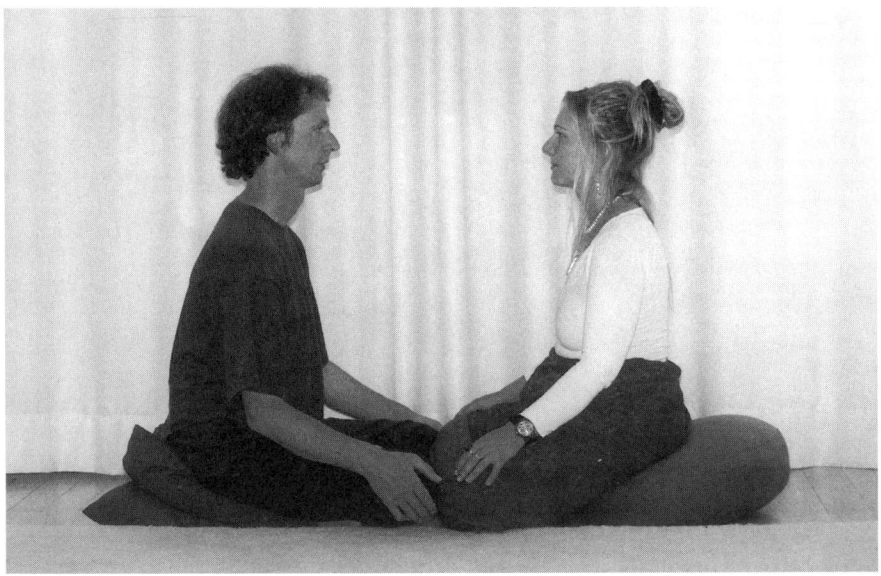

Ihr sitzt euch im Abstand von etwa einem Meter entspannt gegenüber und schaut euch in die Augen. Spüre deinen Atem. Kannst du die Richtung ahnen, in der die Energie zwischen euch fließt? Sind deine Augen ausstrahlend oder empfangend? Welche Resonanz spürst du in deinem Körper? Trifft dich der Blick deines Gegenübers im Innern? Läßt dein Gegenüber deinen Blick in sich hinein? Spannst du die Muskeln im Gesicht und rund um die Augen an?

Sei einfach wachsam und bewußt anwesend und beobachte all deine Empfindungen, die sich parallel zum Augenkontakt einstellen und wieder verschwinden. Laß alle Bewertungen wie »Ich kann das nicht« oder »Du machst das falsch« vorüberziehen. Wenn Gefühle auftauchen wie Wut, Trauer, Angst, Schmetterlinge im Bauch oder andere, dann laß sie ebenfalls durch dich hindurch fließen, ohne sie zu forcieren und ohne sie abzubrechen. Es kann auch sein, daß dir der Augenkontakt zu intensiv wird und du merkst, wie du innerlich abdrehst. Dann schließe die Augen so lange, bis du dich wieder bereit fühlst, und öffne sie erst dann wieder.

Wir haben diese Übung in einem offenen Einführungsworkshop angeboten und hörten anschließend von einer Teilnehmerin: »Soviel Nähe wie in diesen zehn Minuten habe ich in meiner zwanzigjährigen Ehe nicht erlebt.« Ein anderer Teilnehmer sagte: »Solche Nähe ist unnatürlich. Tiere würden sofort angreifen oder fliehen, wenn sie so mit einem Blick durchdrungen werden.« Ein dritter: »Ich habe große Unsicherheit gespürt, große Verletzlichkeit, obwohl mir ja hier eigentlich nichts passieren kann. Ich habe es kaum ausgehalten.« Eine vierte: »Ich habe gar nichts gespürt, wie eine Mauer, eine unsichtbare Mauer lag zwischen uns.« Eine fünfte: »Ich spürte einen intensiven Energiestrom bis hinunter in den Magen und nach einer Weile im Unterleib, was sich sehr lustvoll angefühlt hat. Zu lustvoll, ich bekam einen Schreck, und dann war die Lust auch schon wieder vorbei und es wurde eher flach.«

Augenkontakt kann die unterschiedlichsten Empfindungen auslösen. Die Herausforderung liegt darin, da zu bleiben, zu entspannen, die Bewertungen nicht so ernst zu nehmen, zu atmen und zu fühlen und... da zu bleiben, in jedem Augenblick präsent zu sein. Es kann vorkommen, daß du in Gedanken abdriftest. Nimm dieses Abdriften zum Anlaß zurückzukommen, in diesen Moment, hierher zu deinem Partner, der dir gegenüber sitzt und dir in die Augen schaut. Es kann auch schwierig sein, da zu bleiben, wenn Trauer, Wut oder Angst hochkommt. Präsenz kann niemals erzwungen werden. Wenn du also merkst, daß du nicht bereit bist, dich in diesen Gefühlen sehen zu lassen, dann mach das nach außen hin deutlich, indem du zeitweilig die Augen schließt. Mach dies jedoch nicht zur Routine, denn gerade wenn Gefühle hochkommen, kann der Augenkontakt besonders innig werden und zwei Menschen einander sehr nahe bringen.

2. Zusammen atmen

Gemeinsames Atmen kann, ähnlich wie Augenkontakt, zwei Seelen füreinander öffnen, kann die Frequenzen zweier Menschen aufeinander einstimmen und sie harmonisieren. Zusammen zu atmen kann intensiver sein als direkter sexueller Kontakt. Das Bewußtsein im Atem ist eine der besten Möglichkeiten, ganz in der Gegenwart zu sein. Darum geht es auch in dieser Übung. Ihre Dauer kann zwischen fünf Minuten und einer Stunde variieren. Die Grenzen liegen in der Bereitschaft der Partner, miteinander da zu sein.

Es gibt verschieden Formen, miteinander zu atmen. Die einfachste ist die: Ihr sitzt einander gegenüber und hebt und senkt die Arme im Rhythmus der Atmung. Beim Einatmen heben sich die Arme, beim Ausatmen senken sie sich. So könnt ihr mühelos sehen, wie der Partner atmet, und euch gleichzeitig auf die eigene Atmung konzentrieren. Es geht nicht darum, sofort synchron mit dem Partner zu atmen, sondern eher darum, den eigenen Atem und den des Partners gleichzeitig wahrzunehmen. Die Harmonisierung ergibt sich nach einer Weile von ganz allein, ohne Mühe und Anstrengung.

Weitere Möglichkeiten, gemeinsam zu atmen, ergeben sich im »Sitzen mit Rücken an Rücken«, im »Liegen wie zwei Löffel im Besteckkasten« und in der klassischen tantrischen Sitzposition »Yab-Yum«. Die ersten beiden Positionen erklären sich selbst. Wichtig ist hier nur, auf eine entspannte Körperhaltung zu achten. In der Yab-Yum Position sitzt die Frau auf dem Schoß des Mannes, wobei beide entspannt aufrecht sitzen und sich nach Möglichkeit auf der gesamten Körpervorderseite berühren. In allen drei Positionen spürt zunächst jeder seinen eigenen Atem und dann auch den des Partners. Wenn sich die Atemrhythmen nicht von selbst harmonisieren, kann auch erst der eine und dann der andere Partner den Atemrhythmus führen. Der andere folgt jeweils. Nach einer Weile führen und folgen beide gleichzeitig, bis sich die Rhythmen angleichen. Die Übung sollte langsam beendet werden, damit genug Zeit bleibt, um sie ausklingen zu lassen. Geht nicht zu schnell zur Tagesordnung über und achtet die möglicherweise entstandene Verletzlichkeit.

Die Übung ist gut bei fruchtlosem Streit, weil sie auf einer tiefen organischen Ebene harmonisiert. Sie kann den Boden für Intimität bereiten. Sie kann Konflikte natürlich nicht einfach zum Verschwinden bringen, aber sie kann dazu beitragen, sie besser auszutragen und die Vertrauensbasis wiederherzustellen. Das gemeinsame Atmen kann auch in eine tiefe Regression führen, das heißt in das Wiedererleben eines frühkindlichen Zustands. Das ist im Kontext dieser Übung in der Regel sehr nährend und heilsam, kann aber auch verdrängte und schmerzhafte Gefühle an die Oberfläche bringen. Deswegen ist es wichtig, im Anschluß an die Übung Zeit zum »Wiederauftauchen« zu lassen und sich, wenn nötig, Unterstützung zu holen.

3. Einen Tanz schenken

Im Tanz und besonders im freien Tanz hat unser Körper eine unendliche Vielfalt an Ausdrucksmöglichkeiten. Dazu kommt noch, daß wir uns im Tanz auch selbst sehr deutlich spüren können. In diesem Wechselspiel kann sich unsere Kreativität entfalten. Indem wir einem anderen Menschen einen Tanz schenken, indem wir für ihn oder für sie tanzen, geben wir uns selbst hin, zeigen uns so, wie wir sind, und diese Hingabe kann das Herz öffnen und die Intimität vertiefen – im Tanzenden und im Zuschauer gleichermaßen.

Ihr braucht mindestens eine halbe Stunde Zeit und einen Raum, in dem genug Platz für den Tanz ist. Zusätzlich braucht ihr gute Musik, am besten eine, die euer Herz und eure Vitalität berührt. Mein spezieller Musiktip: die Klezmer-Stücke von Giora Feidman[44]. Sie lassen das Herz tanzen.

Setze dich zunächst mit deinem Partner hin und teile ihm mit, welche Gefühle die Aussicht zu tanzen in dir berührt. Vielleicht hast du Angst, bist aufgeregt oder freust dich. Laß die Gefühle so da sein, wie sie sind, und nimm sie mit in deinen Tanz. Dann stellst du dich vor deinen Partner, und die Musik setzt ein. Warte, bis sie deinen Körper erreicht und Bewegungsimpulse in dir auslöst. Laß die Bewegung von innen kommen. Laß dich von den Bewegungsimpulsen deines Körpers überraschen. Es geht nicht darum, deinem Partner zu gefallen oder ihn anzutörnen. Es geht darum, dich so zu zeigen, wie du jetzt im Moment bist. Wenn du dich scheu fühlst, laß den Tanz scheu sein, wenn du dich

stolz fühlst, tanze einen stolzen Tanz. Und sei bereit dafür, daß sich deine Gefühle in jedem Moment verändern können.

Als Zuschauer sei mit deiner ganzen Aufmerksamkeit beim Tänzer, gib keine Kommentare ab und schicke deinen inneren Kritiker so gut wie möglich in Urlaub. Fühle, was der Tanz in dir berührt. Diese Gefühle sind deine, auch wenn du sie nicht magst. Wenn der Tanz zu Ende ist, laßt Zeit zum Nachspüren, jeder für sich. Sprecht nicht sofort darüber. Wenn ihr euch bedanken wollt, dann tut es ohne Worte.

Dann wechselt ihr die Rollen, und der andere schenkt seinen Tanz.

Laßt wieder Zeit zum Nachspüren und gebt Raum für die Gefühle, die jetzt da sind. Nach einer Weile tauscht ihr eure Erfahrungen aus. Bleibt auch dann, wenn ihr wieder Worte benutzt, bewußt in Kontakt mit der Offenheit und Verletzlichkeit, die möglicherweise zwischen euch entstanden ist.

Einem anderen Menschen einen Tanz zu schenken rührt möglicherweise an tiefe Ängste oder an Schamgefühle. Du brauchst kein Nurejev[45] zu sein, um einen Tanz zu schenken! Im Gegenteil, jede Art von Können oder Routine wären nur im Weg, wenn es um Intimität geht. Es kann sehr heilsam sein zu entdecken, daß nicht ein makelloser, perfekter Tanz verbindet, sondern die Bereitschaft, sich offen und authentisch zu zeigen, so wie auch ein Körper erst durch seine Einzigartigkeit und Beseeltheit wirklich schön wird und nicht durch seine durchgestylte äußere Form. Anne berichtet:

»Dieser Tanz hat so viele Türen geöffnet. Ich habe Pauls Spannung am Anfang gespürt, ich habe mit ihm geschwitzt, ich habe mich so unendlich gefreut, als plötzlich sein Humor hervorbrach, als er mich so ungeschickt und doch so charmant umschmeichelte. Dann mehr und mehr von seiner Kraft zu sehen hat mich schier umgehauen, ich habe ihn noch nie so gesehen, so tief mit sich selbst verbunden und so männlich. Ich schäme mich, das zu sagen, aber ich war stolz auf dich und zugleich irgendwie sehr traurig. Ich weiß auch nicht warum. Vielleicht vor Glück.«

Paul: »O je, am Anfang dachte ich, ich sterbe, ich habe mich so steif gefühlt wie ein Stock. Ich wäre am liebsten im Boden versunken, aber ich sagte mir: »Dableiben!« Als ich dann auf Anne zutanzte und fast über ihren Fuß gestolpert wäre, brach plötzlich der Schalk in mir durch. Ich hatte nichts mehr zu verlieren, es war alles schon peinlich genug, und plötzlich wurde ich frei und fing an zu spielen. Bilder kamen mir in den Kopf, Casanova, Mohammed Ali, Little Joe . . ., mir war alles egal. Ich spürte nur immer mehr Kraft in meinem Körper und auch Lust. Am liebsten wäre ich sofort über Anne hergefallen und hätte sie auf der Stelle vernascht, aber das habe ich mich dann doch nicht getraut. Daher war ich dann froh, als der Tanz zu Ende war.«

4. Mann-Frau-Tanz

In dieser Übung tanzen beide gleichzeitig und spielen mit der universellen Polarität von männlich und weiblich. Der Mann-Frau-Tanz kann auf spielerische Weise aus festgefahrenen Rollenmustern herausführen, die Archetypen hinter den Stereotypen hervorbringen und eine Ahnung vom göttlichen Tanz der Geschlechter vermitteln. Zugleich ermöglicht er eine tiefe Begegnung. Ihr braucht genügend Platz zum Tanzen und eine halbe bis eine Stunde Zeit. Die Musik sollte sowohl eher Weibliches als auch eher Männliches anklingen lassen oder zumindest beide Interpretationen ermöglichen.

Nach einer kurzen Einstimmung beginnt der Mann, männlich zu tanzen, was immer das für ihn bedeutet, und die Frau tanzt weiblich, was immer ihr dazu einfällt. Spielt mit euren Ideen, tanzt den Holzfäller, die Hausfrau, den Latin Lover, die Femme Fatale – die ganze Palette der Sterotypen. Stimmt euch mit der Zeit mehr und mehr auf eure ganz persönlichen Empfindungen ein und bringt sie in eurem Tanz zum Ausdruck. Nach etwa fünf Minuten fangt ihr an, euch im Tanz zu begegnen. Dabei bleibt jeder in der eigenen Polarität, die eher noch übertrieben wird. Nach 10 bis 15 Minuten wechselt ihr die Rollen. Jetzt tanzt der Mann weiblich und die Frau männlich. Beobachtet, ob sich das anders anfühlt, im Körper, in den Empfindungen. Und wie anders? Spiele mit deinen Assoziationen zum Thema Mann-Frau.

Nach wieder 10 bis 15 Minuten tanzt ihr beide frei, wie euch gerade zumute ist. Seid euch dabei bewußt, wer gerade eher den männlichen Part tanzt und wer den weiblichen und wie sich das anfühlt. Laßt euch von eurem Zusammenspiel im Tanz überraschen. Es gibt kein Ziel, kein Woher und Wohin. Am Ende nehmt euch wieder Zeit zum Nachspüren und tauscht dann eure Erfahrungen aus.

Oft begrenzen wir unseren Spielraum als Mann oder Frau durch unsere Bewertungen. So darf eine Frau/ein Mann einfach nicht sein, und ich schon gar nicht! In dieser Übung geht es darum, genau diese Begrenzungen zu erforschen und nach Möglichkeit zu erweitern, damit das Rollenspiel nicht mehr so bitter ernst ist. Es geht um die Erfahrung, daß Mann-Sein und Frau-Sein prinzipiell nicht nur in Ordnung ist, sondern sogar Spaß machen können, wenn wir die Polarität endlich leben lassen. Patrick hat den Mann-Frau Tanz mit Angelika ausprobiert:

»Ich war erstaunt, wieviel Kreativität frei wird, wenn ich meine Bewertungen loslasse. Ich habe einfach alle möglichen und unmöglichen Männertypen gespielt, vom Gigolo über den vertrockneten Computerfreak bis zum alten Opa. Mit der Zeit fiel mir immer mehr ein. Angelika hat mir dann noch mehr Anregungen gegeben, als sie als Schlampe, als Diva oder als Hexe daherkam. Ich selbst hatte mit den Frauentypen etwas mehr Mühe, ich hatte immer Angst, Frauen zu diskriminieren, wenn ich zum Beispiel die Hure oder die Tussie spiele. Männer zu karikieren fiel mir leichter. Beim freien Tanz am Schluß konnte ich eine starken Energiefluß zwischen uns spüren, es war nicht nur ein Tanz unserer Körper, es war ein Tanz unserer Energien. Ich habe überhaupt nichts mehr gemacht, es geschah einfach. Ich hätte noch ewig so weitertanzen können. Es wurde immer erotischer.«

Rituale

1. Intime Begegnung

In der intimen Begegnung geht es nicht um eine bestimmte Form der Begegnung, sondern um die Echtheit, Wahrheit und Wirklichkeit des Zusammenseins. Intimität entsteht ganz von allein dort, wo wir sind und uns sein lassen, wie wir wirklich sind. In einer intimen Begegnung kann alles in uns berührt werden, und das macht sie für manche so bedrohlich. Das »Dableiben mit dem, was ist« ist deswegen ein so zentraler Schlüssel für Intimität, weil wir nur allzu oft dazu tendieren, vor unseren ungeliebten Seiten wegzurennen. So können wir sie allerdings niemals annehmen lernen.

Für die intime Begegnung braucht ihr viel Zeit, mindestens eine Stunde, vielleicht auch zwei, drei oder noch mehr. Ihr solltet die Zeit allerdings von vornherein klar begrenzen, denn das schafft Sicherheit: Welche Dämonen auch auftauchen mögen, nach (zum Beispiel) zwei Stunden ist das Ritual vorbei.

Beginnt das Ritual – vielleicht an einem eigens dafür hergerichteten Platz – mit einer Geste, die eure Bereitschaft, miteinander zu sein, zum Ausdruck bringt. Das kann eine Verbeugung sein oder eine Umarmung von Herz zu Herz. Danach darf geschehen, was immer geschehen mag; die Leitlinie ist die Frage »Was geht gerade in mir vor – und wie kann ich das geschehen lassen?« und gleichzeitig »Was geht gerade in dir vor – und wie kann ich das ebenso geschehen lassen?« Als Einstimmung eignet sich die Übung »Was geht gerade in dir vor?«(Seite 246). Danach könnt ihr anfangen, mit euren Impulsen zu spielen. Vielleicht ist dir nach Berührung, vielleicht möchtest du verbal etwas mitteilen, vielleicht hast du Lust auf Sex, vielleicht ist dir nach tanzen. Die Herausforderung liegt darin, all diese Impulse wahrzunehmen, sie verbal oder nonverbal in den Kontakt einzubringen und gleichzeitig die Impulse und Antworten des Partners aufzunehmen. Das kann sich wie ein Zen-Koan anfühlen, ein vermeintlich unlösbares Rätsel, wenn eure Impulse sehr gegensätzlich sind. Er will Sex, sie will endlich eine Aussprache. Er will kuscheln, sie will ihn als Mann, als Gegenüber spüren. Sie will tanzen, er will ihr etwas erzählen.

Intimität ist nicht die Erfüllung aller Wünsche. Intimität entsteht da, wo beide in Kontakt mit den eigenen Wünschen und Anliegen sind und bleiben und gleichzeitig die Wünsche und Anliegen des Partners hören und aufnehmen, um dann etwas Drittes entstehen zu lassen, was keiner von beiden allein machen könnte, was sich jeglicher Kontrolle und Vorausplanung entzieht, weil es sich aus der Wahrheit des Augenblicks heraus entfaltet. Deswegen möchte ich hier keine Beispiele geben, denn es gibt keine Regeln, außer der, daß ihr für die vereinbarte Zeit in Kontakt bleibt. Vereinbart vorher klare Grenzen, in denen ihr euch sicher fühlt. Ihr könnt klarstellen, daß körperliche Gewalt in keinem Fall erlaubt ist. Es ist auch möglich, bestimmte Formen der Berührung oder sexuellen Kontakt auszuschließen. Geh nicht selbstverständlich davon aus, daß der andere deine Grenzen kennt, sprich sie im Zweifelsfall lieber an. Das schafft Sicherheit. Wenn ihr wollt, könnt ihr auch die Form des Kontaktes vorher klarer definieren, zum Beispiel, daß ihr die ganze Zeit Körperkontakt, Augenkontakt oder sexuellen Kontakt habt. Die Dimension der Gefühle muß dabei offen bleiben, denn Gefühle entstehen spontan und können nicht vereinbart werden. Es geht um nicht mehr und nicht weniger als um das »Dableiben mit dem, was ist«.

Nach Ablauf der vereinbarten Zeit solltet ihr euch in jedem Fall für mindestens fünf Minuten trennen. Egal ob es gerade wunderschön ist oder ihr hoffnungslos verstrickt seid, respektiert den Rahmen, den ihr dem Ritual gegeben habt, denn wenn ihr das nicht tut, untergrabt ihr das Vertrauen in den rituellen Raum für zukünftige Rituale. Beendet das

Ritual mit einer Geste des Respektes und geht dann eine Weile auseinander.

Die intime Begegnung kann sehr sinnlich und unkompliziert sein, sie kann aber auch heftigste Gefühle an die Oberfläche bringen. Die intensivsten Durchbrüche kommen meist dann, wenn einer der Partner am liebsten davonlaufen würde und dann trotzdem da bleibt, atmet und sich wieder für das öffnet, was jetzt ist.

2. Liebe machen ohne Tun

Die meisten von uns kennen Sex nur zielgerichtet, den Orgasmus als Orgas-muß. Zielgerichtete Sexualität führt uns früher oder später in die Sackgasse, wir müssen immer mehr tun und verlieren dadurch an Sensibilität. In diesem Ritual geht es darum, aus Sex eine Meditation zu machen, Lust aus der Entspannung heraus entstehen zu lassen, die ursprüngliche Polarität der Genitalien und der sexuellen Begegnung wieder zu entdecken. Die Übung setzt die Fähigkeit voraus, im eigenen Körper präsent zu sein, und richtet sich daher eher an Paare mit einiger Vorerfahrung und Bewußtheit im Spüren ihres Körpers und ihrer Gefühle.

Die Übung entfaltet ihre Wirkung oft erst, wenn sie regelmäßig gemacht wird. Vereinbart also am besten gleich eine Serie von Ritualen, damit ihr nicht gleich nach dem ersten Mal entmutigt seid. Für jedes dieser Rituale braucht ihr mindestens 45 Minuten.

Nach einer Zeit der Einstimmung, die ihr ganz individuell gestalten könnt und die eure Präsenz im Körper und euren innigen Kontakt vorbereiten sollte, vereinigt ihr euch sexuell, mit dem Lingam in der Yoni. Ihr müßt dafür nicht sexuell erregt sein; mit Gleitmitteln oder Spucke ist auch ein weiches Eindringen, also das Eindringen eines nicht erigierten Penis in die Vagina möglich, wenn diese entspannt ist. Die seitliche Scherenposition oder auch die Missionarsstellung eignen sich dafür besonders gut. Wenn ihr sexuell vereinigt seid, laßt alles Tun los, laßt euch ganz hineinfallen in das Spüren, wie Lingam und Yoni miteinander kommunizieren, ohne daß irgend etwas gemacht werden muß. Wenn der Lingam aus der Yoni zu rutschen droht, kann sich der Mann vielleicht ein bißchen bewegen, bis sich der Kontakt wieder etwas stabiler anfühlt. Die Erektion kann kommen und gehen, der

Energiefluß kann mal stärker, mal schwächer sein. Schaut beide einfach zu, was in euch und zwischen euch geschieht, wie in einer Meditation.

Es kann Zeiten geben, in denen die Partner gar nichts mehr spüren, und das kann sehr frustrierend sein. Das ist eine Folge unserer langjährigen Konditionierung auf zielgerichteten Sex, und es braucht Zeit, bis sich die Körper wieder für die feinen Energieströme öffnen, die ganz von allein da sind, wenn Mann und Frau sich sexuell vereinigen. Es kann hilfreich sein, die ganze Zeit Augenkontakt zu halten oder sich verbal darüber auszutauschen, was gerade geschieht, um nicht in Gedanken oder Phantasien abzudriften. Wenn du dennoch abdriftest, dann teile es mit, sobald du es merkst. Das bringt dich am schnellsten zurück. Ihr werdet mit etwas Übung feststellen, daß Präsenz alles ist und die Abwesenheit von Präsenz den Kontakt sofort kollabieren läßt. In der Bereitschaft, miteinander präsent zu sein, stellen sich Liebe und Intimität wie von selbst ein.

Dieses Ritual führt, wenn es regelmäßig praktiziert wird, zu einem anderen Lebensstil. Es ist wertvoll für Menschen, die mehr wollen als oberflächliche Befriedigung, nämlich die Fähigkeit, in jedem Moment mit dem zu sein, was das Leben gerade für uns bereithält. Es bringt die Kunst des Seins bis hinunter in den Sex, um von dort aus Meditation aufsteigen zu lassen und diese in alle Lebensbereiche hineinzutragen.

17.
Ein ritueller Tag

Manuela und Pablo treffen sich für einen rituellen Tag, an dem sie sich ganz ihren Gefühlen, Wünschen, Sehnsüchten, aber auch all den Dämonen und Widerständen hingeben wollen. Einen Tag lang *sein*. Das haben sie sich schon lange vorgenommen, immer wieder neu diskutiert, immer wieder aufgeschoben, vor sich her geschoben, wieder verworfen und doch wieder aufgegriffen. Fast hätten sie sich an der Frage verhakt, ob die Spontaneität eines solchen Tages überhaupt geplant werden kann, bis sie irgendwann zu dem Schluß kamen, daß sie es nie herausfinden werden, wenn sie es nicht ausprobieren.

Jetzt, an einem Samstag im Mai, ist es soweit. Alles ist vorbereitet, alle nötigen Utensilien sind eingekauft, das Telefon ist leise gestellt. Um halb acht klingelt der Wecker. Manuela ist schon eine Weile wach. Mit einer Mischung aus Vorfreude und Ängstlichkeit sieht sie dem anbrechenden Tag entgegen. Pablo hatte gerade noch tief geschlafen, etwas muffelig knurrt er vor sich hin, bis ihm plötzlich die Besonderheit dieses Tages bewußt wird. Verschlafen und doch schon etwas aufgeregt wünscht er Manuela einen guten Morgen, kuschelt sich an sie und genießt ihren warmen Körper. Lust steigt in ihm auf, am liebsten würde er jetzt gleich mit ihr schlafen. Aber sie erinnert ihn zart und dennoch bestimmt daran, daß heute etwas anderes dran ist.

Der rituelle Tag beginnt mit der Labyrinth-Meditation. Pablo spürt beim Schütteln, aber dann besonders beim Hinabsteigen in das innere Labyrinth eine wahnsinnige Geilheit in seinem Becken. Am liebsten würde er das Kissen vögeln, das er in seinen Unterbauch drückt. Doch immer wieder meldet sich eine Stimme in ihm, die sagt: »Nun mach mal halblang, laß hier nicht so den Hengst raushängen.« Es wird ihm peinlich, soviel Lust zu spüren. Er dämpft seine Stimme, und plötzlich steigt eine abgrundtiefe Wut in ihm auf – auf all die Instanzen in seinem Leben, die ihm befohlen haben, sich zu bremsen, rücksichtsvoll zu sein, sich nicht aufzuführen wie ein Vollidiot. Nach kurzem Zögern trommelt er auf das Kissen ein und schreit, als wolle er jemanden umbringen. Er ist erleichtert, bis er Manuela schluchzen hört. Zuerst melden sich Schuldgefühle, aber dann berührt ihn das Schluchzen so stark, daß er leise mit ihr weint.

Manuela hatte bis dahin keinen Zugang zu ihrem Labyrinth gefunden, obwohl sie diese Meditation schon etliche Mal gemacht und auch schon oft genossen hat. Als sie Pablo so laut schreien hört, bekommt sie zuerst einen Schreck und ihr ganzer Körper zieht sich zusammen. Ihre Beine zittern, sie sinkt zu Boden und rollt sich in Embryohaltung zusammen. Sie merkt, daß sie erstarrt, und erinnert sich plötzlich daran, was sie in ihren Tantraseminaren über solche Momente gehört hat: »Bleib in Bewegung, laß dich fühlen, was du fühlst, knete das Kissen, atme in den Bauch und laß geschehen, was geschieht.« Trauer steigt in ihr auf, sie weiß nicht warum, aber das ist auch egal. Tränen kullern aus ihren Augen und plötzlich, als würden Schleusen geöffnet, kommt der ganze Schmerz hoch, der sich vorher in ihr zusammengekrampft hat.

Die Labyrinth-Phase ist vorbei, Pablo und Manuela stehen auf und tanzen – jeder für sich – zur Trommelmusik. In beiden siegt jetzt die Lebensfreude, Trauer und Wut sind wie weggeblasen. In der stillen Phase spürt Manuela eine tiefe Dankbarkeit für den Reichtum ihrer Gefühle, Pablo erwischt sich manchmal dabei, wie er den Tag in Gedanken schon vorwegnimmt. Er konzentriert sich wieder auf seinen Körper, der sich anfühlt wie das pralle Leben.

Ping... die Zimbel klingt und beider Blicke treffen sich. Manuela spürt den Blick bis in ihre Yoni und zeigt dies mit einem genießerischen Lächeln, Pablo muß sich zurückhalten, um nicht gleich wieder über sie herzufallen. Zusammen steigen sie unter die Dusche, wo sich Pablo lustvoll an ihrem Körper reibt. Sie neckt ihn ein wenig: »Du kannst es auch überhaupt nicht erwarten, bis du endlich mit mir schläfst! Du weißt doch, genieße deine Sehnsucht...« Pablo stöhnt auf, vor Lust und aus gespielter Verzweiflung.

Das Frühstück ist fürstlich, eine Sammlung kleiner Kostbarkeiten. Von sahniger Avocadocreme, über duftende Croissants, frische Himbeeren, Käse vom Biobauern bis zum frisch gepreßten Orangensaft ist alles dabei, was dem Gaumen Freude macht. Pablo versucht sein bestes, nicht alles so schnell hinunterzuschlingen, wie er das sonst oft tut. Manuela genießt die morgendlichen Sonnenstrahlen, die gerade ihren Balkon erreichen.

»Ich komme mir vor wie in einem Kitschfilm, als wenn das alles nicht wahr sein dürfte, aber ich bin so froh, jetzt mit dir hier zu sitzen und habe Schmetterlinge im Bauch, wenn ich an den Tag denke«, sagt Manuela.

Pablo schaut sie ganz verliebt an und antwortet schmunzelnd: »Das wird dir schon noch vergehen, wenn ich im Dämonenritual endlich die Sau rauslassen kann.«

Entgeistert schaut sie ihn an. »Was meinst du damit?«

»Damit meine ich, daß ich dieses ganze Ritualbrimborium doch nur mitmache, damit ich endlich mal die Sau rauslassen kann.«

Sie glaubt, ihren Ohren nicht zu trauen. Sollte das ein Scherz sein? Sie spürt einen stechenden Schmerz in ihrer Brust. Ihm vergeht langsam das Schmunzeln, als er sieht, wie ihr Gesicht erstarrt.

»Hey, das war ein Scherz, Manu«, versucht er die Situation zu retten. Zu spät.

» Du altes Arschloch«, brüllt sie ihn an, »immer wenn es gerade am schönsten ist, mußt du so eine blöde Bemerkung machen. Ich glaube dir nicht, daß das einfach nur ein Scherz war. Du hältst einfach keine Nähe aus und läßt deine Wut über deine Gluckenmutter an mir aus. Ich hab's satt. Satt, satt, satt!«

»Satt bin ich jetzt auch«, stammelt Pablo und schaut etwas mutlos über den halb abgegessenen Frühstückstisch. Am liebsten würde er sich jetzt zurückziehen, aber »Dableiben!« meldet sich jetzt eine Stimme in ihm. »Soviel solltest du gelernt haben, hau jetzt nicht ab!« Pablo schaut ihr in die Augen, die jetzt schon wieder etwas sanfter dreinschauen. »Tut mir leid, ich glaube, es war wirklich auch ein Schuß Aggression in meinem Scherz. Ich halte diese ganze aufgestaute Sexenergie manchmal einfach nicht aus, und dann kommt es so raus. Sorry!«

Tränen steigen ihm in die Augen und bringen auch Manuelas Wut zum Schmelzen. Pablo nimmt sie vorsichtig in den Arm, weinend und zugleich erleichtert läßt sie sich von ihm halten. »Komm, laß uns das Frühstück abräumen und dann unsere Vereinbarungen für den heutigen Tag schließen«, sagt sie kurz darauf.

Eine halbe Stunde später sitzen sie sich in ihrem Wohnzimmer gegenüber. Der Raum ist aufgeräumt wie selten und mit frischen Blumen geschmückt. Sie schauen sich wortlos in die Augen. Die Vereinbarungen sind dran.

»Willst du anfangen?«, fragt Pablo.

»Nein, fang du lieber an«, entgegnet Manuela.

Pablo: »Na gut. Also ich schlage vor, daß wir die Zeitstruktur so durchführen, wie wir es besprochen haben, und sie nur ändern, wenn wir uns darüber beide einig sind. Zweitens, daß wir beide dableiben, was auch immer passiert. Daß also niemand einfach rausrennt oder solche Geschichten, wie du es früher oft getan hast.«

Manuela: »Die Bemerkung hättest du dir sparen können.«

Pablo: »Stimmt, sorry! Also, darüber hinaus möchte ich eigentlich nichts festlegen, das ist mir schon festgelegt genug.«

Manuela: »Ich bin einverstanden, obwohl es mir auch Angst macht. Vielleicht ist es mir irgendwann alles zuviel, aber okay, ich mache mit. Ich möchte aber Zeit für einen Spaziergang einbauen, damit wir nicht den ganzen Tag drinnen sind.«

»Das habe ich mir auch gedacht, das ist eine gute Idee«, erwidert Pablo. Das ging leicht diesmal, denkt er sich und erinnert sich an die endlosen Diskussionen, die sie früher über ihre Vereinbarungen miteinander geführt haben.

»Laß uns tanzen«, ruft Manuela, erleichtert über die schnelle Einigung, und legt eine CD auf, die sie beim letzten Tantraworkshop gehört und gleich gekauft hat. Dumpfe Trommelklänge erfüllen das Zimmer, und die beiden hüpfen und stampfen durch die Gegend. Zum Glück sind die Nachbarn an diesem Wochenende verreist, denn die haben sich schon manchmal gewundert über die lautstarken Gefühlsäußerungen, die durch die Wände drangen, wenn Manuela und Pablo sich mal wieder so richtig gestritten oder so richtig geliebt haben.

Dann sitzen sich die beiden wieder gegenüber. Pablo: »Was geht gerade in dir vor?«

Manuela: »Ich bin noch etwas außer Atem, aber das Tanzen hat gut getan.«

Pablo: »Danke«

Manuela: »Was geht gerade in dir vor?«

Pablo, nach kurzem Zögern: »Ich fand's geil, dich tanzen zu sehen, ich bin noch ganz erfüllt davon, vielleicht noch mehr als von meinem eigenen Tanz.«

Manuela: »Danke«

Pablo: »Was geht gerade in dir vor?«

Manuela: »Ich spüre, wie mein Herz klopft, und mir wird ganz warm, wenn ich das von dir höre.«

Pablo: »Danke«

Manuela: »Was geht gerade in dir vor?«

Pablo: »Es ist mir ein bißchen peinlich, aber ich denke an Sex und freue mich darauf, in genau (schaut auf die Uhr) fünfzig Minuten mit dir zu schlafen.«

Manuela: »Danke«

Pablo: »Was geht gerade in dir vor?«

Manuela: »Ich freue mich auch, aber mir wird auch etwas unbehaglich, und es kommt mir so unromantisch vor, wie du das sagst mit den fünfzig Minuten.«

Beide fahren auf diese Weise fort, sich jeweils das mitzuteilen, was gerade in ihnen vorgeht. Dabei kommt es einige Male zu Situationen, in denen einer von beiden tief durchatmen muß, um auf die Antwort des anderen nicht gleich zu reagieren. So zum Beispiel als Pablo sagt: »Ich denke gerade an Jenny und wie es wäre, wenn sie bei unserem Ritual dabei wäre.« Oder als Manuela sagt: »Dein Atemgeruch ist mir leicht unangenehm, und ich habe Angst, dir das zu sagen.«

Am Ende der Übung sitzen sie sich noch eine Weile schweigend gegenüber und schauen sich in die Augen. Pablo fühlt sich den Tränen nahe; er weiß nicht, ob vor Glück oder vor Trauer oder beides. Manuela genießt ihre innere Stille, die sich immer mehr ausbreitet. Sie legen sich zusammen auf die vorbereitete und geschmückte Matratze, eng aneinander geschmiegt, die Beine ineinander verschlungen, und beginnen, zusammen zu atmen. Ihr Atemrhythmus synchronisiert sich innerhalb von Sekunden auf die gleiche Frequenz. Fast regungslos liegen sie da, während sich ihre Energiefelder immer mehr durchdringen. Manuelas Körper fängt nach einer Weile an, leicht zu vibrieren, was Pablo sexuell erregt. Aber er widersteht der Versuchung, jetzt in sexuelle Aktivitäten hineinzugehen. Er weiß, daß er dadurch oft der viel tieferen Intimität mit Manuela ausweicht. Und dies ist einer der intimsten Momente, den er je mit ihr erlebt hat. Beide Körper fühlen sich an wie ein einziger Organismus, der durch zwei Lungen atmet.

Nach dreißig Minuten erklingt ein Gong auf der Meditations-CD. Manuela und Pablo lösen sich sanft aus dem Kontakt, ziehen langsam und bewußt die Kleider aus und betrachten ihre Körper. Die physische Trennung nach dem verschmelzenden Gefühl beim Atmen empfindet Manuela fast als schmerzhaft, und zugleich fühlt sie einen starken Energiestrom durch die Yoni in den Bauch bis in die Brust, während sie

Pablos nackten Körper betrachtet. Pablo zerreißt es fast vor Ungeduld, endlich in sie einzudringen, und zugleich genießt er seine intensive Vorlust und Geilheit. Früher hat er sich oft dafür geschämt, heute kann er mehr »relaxen« und die Geilheit da sein lassen.

Manuela legt sich mit dem Rücken auf die Matratze, Pablo legt sich sanft auf sie, wobei er einen Teil seines Gewichtes mit den Unterarmen abstützt. »Komm rein«, sagt Manuela, Pablo läßt nicht lange auf sich warten. Langsam, Millimeter für Millimeter dringt er in sie ein. Dann legt er sich wieder auf ihren warmen, weichen Körper und stützt sein Gewicht mit gespreizten und angewinkelten Beinen und mit den Armen leicht ab. Äußerlich bleiben die beiden in den nächsten zwanzig Minuten völlig regungslos, während innerlich die Energien tanzen. Einige Male schweift Pablo mit seinen Gedanken ab, zum Fußballspiel am Wochenende, zu einem Anruf, den er gestern nicht beantwortet hat, und jedesmal merkt er, wie sein Lingam schlaff wird. Jetzt konzentriert er sich wieder ganz auf seinen Körper, und schwupp wird sein Lingam wieder steif. Manuela bringt vorsichtig ihren Mund an seinen, und blitzartig durchzuckt ein Energiestrom beide Körper bis mitten in die miteinander vereinigten Becken. Jetzt spürt auch Manuela die Versuchung, ihre Erregung durch Aktivität weiter zu steigern, aber sie läßt los. In diesem Moment steigen Tränen in ihr auf, die sie aus den Augen kullern läßt. Sie ist glücklich, und wünscht sich, daß dieser Moment niemals enden möge.

Nach einer weiteren halben Stunde rutscht der inzwischen schlaffe Lingam aus ihrer Yoni. Pablo und Manuela halten sich innig im Arm und spüren den inneren Energiebewegungen weiter nach. Die Zeit löst sich auf, bis sich Pablo vorsichtig aus der Umarmung löst und Manuela darauf aufmerksam macht, daß er Hunger hat.

»Du mit deinen weltlichen Bedürfnissen«, mault sie etwas benommen vor sich hin, »was ist schon Essen gegen die Erfahrung der Ewigkeit?«

»Komm schon!« Pablo kitzelt sie etwas unsanft aus dem Bett.

Beim Mittagessen, das die beiden wieder auf ihrem Balkon einnehmen, ist die Stimmung ein wenig gereizt. Es ist, als könnten beide soviel Nähe nicht aushalten. Kleine Unstimmigkeiten beim Kochen der Gemüsesuppe hat Pablo zum Anlaß genommen, um spitze Bemerkungen zu machen. Schneller als sonst konnten sie eine Eskalation stoppen und innehalten, aber es liegt noch immer Spannung in der Luft.

»Das paßt ja gut, daß jetzt das Dämonenritual dran ist, das klappt ja alles wie am Schnürchen«, bemerkt Pablo.

»Synchronizität hat das schon C. G. Jung genannt«, fügt Manuela hinzu.

Pablo: »Wie schlau du wieder bist.« Manuela: »Laß uns erstmal einen kleinen Spaziergang machen, bevor wir an die Dämonen rangehen, ich glaube, mir kommt sonst die ganze Suppe wieder hoch.«

Pablo: »Das würde doch gut passen, dann könntest du auch mal meinen Ekel erleben.« Der Spaziergang wird auf später verlegt.

Als sich die beiden später gegenübersitzen, um mit dem Dämonenritual zu beginnen, ist die Stimmung schon wieder entspannter. Pablo möchte den Dämon der Ungeduld näher erforschen. Manuela wird ihn dabei unterstützen. Er läuft hin und her wie ein Tiger im Käfig und zählt in hektischem Tonfall auf, was noch alles zu erledigen ist. »Und wenn ich das alles erledigt habe, können wir endlich zusammen ins Bett gehen.«

Pablo findet heraus, daß seine Ungeduld viel mit aufgestauter sexueller Energie zu tun hat. Er weiß aber nicht, wie er anders damit umgehen könnte, denn den alten zielgerichteten Sex will er auch nicht mehr.

»Wirklich nicht?«, fragt Manuela. Er ist sich nicht so sicher.

»Spiel doch mal den ungeduldigen Bock, der sofort über die arme Geiß herfallen will.« Wild mit dem Becken in der Gegend herumstoßend springt Pablo durch den Raum, als wollte er alle Möbel bespringen. Manuela krümmt sich vor Lachen. Jetzt sieht es aus, als hätte Pablo einen epileptischen Anfall. Er liegt flach auf dem Boden, aber sein Becken springt immer noch auf und ab, bis er liegenbleibt. Eine Weile bleibt er so liegen. Dann dreht er sich langsam um: »Das ist es. Ich fühle mich jetzt viel ruhiger. Das ist genau die Energie, die ich nie erlaube, und deswegen tigere ich so durch die Gegend.«

Dann ist Manuela dran. Ihr Dämon ist die Eifersucht. Sie spielt eine alles umschlingende Krake, die nichts mehr aus ihrem Griff entläßt, was sie einmal zu fassen gekriegt hat. »Hab ich dich, du gehörst mir, sei ganz umschlungen«, krächzt sie und wedelt dabei vereinnahmend mit den Armen. Sie scheint diese Rolle zu genießen.

»So große Schwierigkeiten scheinst du damit nicht mehr zu haben, du hast ja als Krake richtig lustvoll ausgesehen«, meint Pablo nachher.

Manuela: »Stimmt. Wenn ich bedenke, wie sehr ich mich früher gedreht und gewunden habe, um bloß nicht zu klammern oder auch nur den Eindruck zu erwecken, ich würde klammern, dann hat sich echt was geändert. Ich kann mich da schon mehr sein lassen.«

Nach dem Dämonenritual gehen die beiden durch die umliegenden Wiesen und Felder spazieren und genießen die Frühlingssonne. Nach einer längeren Gesprächspause bricht Pablo das Schweigen: »Wollen wir das Yin-Yang-Spiel nicht lieber hier draußen machen?«, fragt er. »Ist doch viel schöner draußen.« »Das kannst du in deiner Runde so machen. Ich glaube, ich wünsche mir Sachen, die besser drinnen gehen.«

Zurück zu Hause beginnen sie mit dem Yin-Yang-Spiel. Jeder darf sich eine Stunde lang etwas vom anderen wünschen. Zur Einstimmung sitzen sie einander gegenüber und schauen sich in die Augen. Pablo dreht immer wieder in Gedanken ab. Wenn er sich dabei erwischt, fragt er sich, ob sie es wohl gemerkt hat. Manuela hat es nicht gemerkt, aber sie fühlt, wie in manchen Momenten Traurigkeit in ihr hochkommt. Dann fühlt sie sich am tiefsten mit ihm verbunden.

Pablo darf sich zuerst etwas wünschen: »Ich möchte, daß du mich die ganze Stunde am ganzen Körper massierst, streichelst, berührst, liebkost, so wie es dir gerade einfällt. Du darfst auch gern mein Geschlecht anfassen, aber nicht direkt stimulieren.«

»Nicht gerade neu, sein Wunsch«, denkt sich Manuela, aber sie macht sich gern daran, ihn zu erfüllen. Pablo grunzt und stöhnt vor Vergnügen, und das macht auch Manuela an, so sehr, daß sie darüber die Zeit vergißt. Liebevoll bearbeitet sie seinen ganzen Körper und streicht dabei wie beiläufig sein Geschlecht. Sie ist fasziniert davon, wie es steif wird und wieder schlapp. Ein verrücktes Spielzeug, denkt sie sich, möchte ihm aber nicht zuviel Aufmerksamkeit schenken. Sonst wird er wieder ungeduldig!

Dann schaut sie auf die Uhr. Zehn Minuten überzogen! Sie beendet diese erste Runde ein wenig abrupt: »Wechsel! Jetzt bin ich Königin.« Sie schlägt vor, daß sie auch zehn Minuten mehr kriegt, aber da bleibt Pablo hart: »Du hast doch die Zeit verschlampt, warum soll ich dafür schuften?« Diesen knüppelharten Pablo mag Manuela gar nicht, aber sie hat aufgegeben, dagegen zu rebellieren.

Manuela ist dran mit ihren Wünschen: »Zuerst möchte ich, daß du mir die Füße wäschst und sie dann sanft einreibst und massierst. Anschließend möchte ich von dir einen erotischen Tanz geschenkt bekommen, in dem du mich umgarnst und umschmeichelst. Für die letzten zwanzig Minuten wünsche ich mir, am ganzen Körper gestreichelt zu werden. Ganz zart und sanft.«

Pablo holt eine Schüssel mit warmem Wasser und wäscht ihr die Füße. Es ist ihr ein bißchen peinlich, so als weiblicher Pascha, aber sie genießt es auch. Beim Tanzen dreht Pablo groß auf und ist der hinreißendste Charmeur aller Zeiten. Er scheint in seinem Element. Manuela ist begeistert und fühlt sich total weich, hingebungsvoll und offen, als er anfängt, sie zu berühren und zu streicheln. Ihre Haut streckt sich mit jeder Zelle seinen warmen und kraftvollen Händen entgegen. Pablo streicht noch einmal den ganzen Körper von oben bis unten und dann läßt er los. Die Zeit ist um. Verstohlen schaut sie auf die Uhr und bemerkt, daß Pablo auch zehn Minuten überzogen hat. Die beiden nehmen sich in den Arm und küssen sich innig.

Beide sind ganz froh, daß ihnen die Zubereitung des Abendessens eine kleine Verschnaufpause vom ständigen intensiven Zusammensein bietet. Von Freunden haben sie ein Rezept für ein Gericht mit Muskatnuß und Minze bekommen, das angeblich aphrodisierend sein soll. Beide sind gut gelaunt, und das Kochen geht Hand in Hand, was sonst eher selten gelingt. Manuela schneidet die Zutaten, Pablo führt Regie. Diesmal kann sie ihm das lassen. Wo ist das Problem? Sie bereiten das Essen mit allen Finessen zu und tischen dann eine königliche Tafel auf. »Ein bißchen kitschig ist das ja schon«, denkt sich Manuela insgeheim, als Pablo sagt: »Also ein bißchen kitschig ist das ja schon, was wir hier veranstalten, aber es macht Spaß.« Manuela schmunzelt über soviel Synchronizität.

Nach dem Essen ist erstmal wieder Tanzen angesagt. »Zum Glück habe ich mich nicht so vollgefressen«, sagt Manuela. »Es war eine gut Idee, eine eher kleine Portion zu machen.« »Ich habe sogar noch ein bißchen Hunger«, sagt Pablo, »aber das ist vielleicht gut so. Sonst würde ich jetzt ganz schlapp in den Seilen hängen.«

Salsamusik von Gloria Estefan erklingt, und die beiden wirbeln sich durch das Wohnzimmer. Dann begeben sie sich ins Schlafzimmer. Es ist bereits geschmückt, wunderschöne Tücher sind auf dem Futon ausgebreitet. Langsam entkleidet sich Manuela, während Pablo ihr zuschaut. Dann zieht er sich aus. Sie legen sich auf das Bett, einander gegenüber und mit einem Kissen unter dem Kopf, so daß sie sich sehen können. Beide beginnen, ihren eigenen Körper zu streicheln, bis sie dann speziell die Umgebung ihrer Genitalien massieren.

»Für das Vereinigungsritual ist es gut, die Muskeln im Becken zu lockern, sonst kann die lange andauernde Erregung zu Muskelspannungen und Krämpfen führen«, doziert Pablo. Er hat schon manchmal erlebt, daß seine Hoden und sein Unterbauch heftig schmerzten, wenn er lange erregt war und nicht genügend entspannt hatte.

»Weiß ich doch, Liebster, du hast ja schon oft rumgejault, wenn dir die Eier weh taten.« Pablo schaut etwas verletzt drein. »War nicht böse gemeint, es klang nur etwas belehrend, wie du das gesagt hast«, fügt sie hinzu.

Pablo: »Und deine Bemerkung klang etwas sarkastisch! Das hat mir weh getan.«

Manuela: »Tut mir leid.« Und nach einer Pause: »Schon verrückt, wie wir uns immer wieder in den schönsten und intimsten Momenten selbst sabotieren.«

Pablo: »Ist schon gut. Lassen wir das Thema. Ich finde es echt geil, dir zuzusehen, wenn du deine Yoni berührst.«

Manuela: »Und es fühlt sich auch himmlisch an. Und wenn ich dich dann noch so vor mir sehe...« Sie schaut ihn hingebungsvoll an, er schaut genauso hingebungsvoll zurück. Langsam bekommen wir Übung darin, unsere kleinen Streits schnell wieder loszulassen, denkt sie bei sich.

Nach der Genitalmassage setzen sich die beiden gegenüber und synchronisieren ihre Atmung. Nach einer Weile atmen sie wieder wie ein Organismus. Wie von allein wird der Atem manchmal schneller und wieder langsamer.

Pablo fragt: »Bist du bereit?«

Manuela nickt, setzt sich auf Pablos Schoß und nimmt seinen Lingam in sich hinein. Sie sitzen in Yab-Yum und atmen weiter synchron. Pablo bewegt sich manchmal ganz sanft, dann sitzen sie wieder still. Manuela nimmt die Energiebewegung wie einen Windhauch entlang der Wirbelsäule war. Sie stellt sich vor, wie ihre Yoni Pablos Energie in sich aufsaugt – und wie ihre Brüste, ihr Mund und ihr drittes Auge die Energie wieder an ihn zurückgeben.

Pablos Aufmerksamkeit schwankt zwischen seinem Geschlecht und seinem dritten Auge. Manchmal fällt er in eine tiefe Meditation, dann spürt er wieder eine pulsierende Geilheit aufsteigen. Er umfaßt Manuelas Körper, drückt sie fest an sich und fängt an zu weinen. Er ist glücklich, so glücklich, daß es fast weh tut. Manuela spürt, wie ihr Körper wie Butter dahinschmilzt, völlig willenlos an ihn geschmiegt fühlt sie sich ihm so nah wie nie zuvor und könnte gleichzeitig die ganze Welt umarmen, Raum und Zeit lösen sich auf.

Mitten aus der Unendlichkeit ihrer Vereinigung entfährt ein lauter Schrei ihren Lippen. Pablo erschrickt kurz und stimmt dann in ihr Jubelgejaule ein. Ihre beiden Körper fallen wie ein einziger Körper auf die Seite. Sie verändern ihre Stellung soweit, daß beide bequem liegen und sich in die Augen schauen können.

»Was geht gerade in dir vor?«, fragt Manuela.

Pablo: »Ich habe mich gerade gefragt, ob ich die ganze Nacht in dir drin sein könnte und ob ich wohl dabei einschlafen könnte.«

Manuela: »Wir können's ja mal probieren.«

Pablo: »Hey, du mußt ›Danke‹ sagen!«

Manuela: »Ach, sei nicht so streng, jetzt ist Freistil angesagt. Es ist schon spät.« Ihr Liebesspiel setzt sich noch eine Weile fort, mal sanft, mal wild und leidenschaftlich, bis irgendwann beide eingeschlafen sind.

Am nächsten Morgen wacht zuerst Pablo auf. Er erinnert sich langsam an der gestrigen Tag. Habe ich das alles geträumt? Dann fragt er sich, ob er wohl noch in ihr drin ist. Natürlich nicht. Vorsichtig weckt er Manuela, indem er sich an sie schmiegt. Sie erschrickt erst, dann öffnet sie wie ein Baby die Augen und schaut ihn an.

»War schön gestern«, murmelt sie noch halb verschlafen. »Im Traum ging es noch weiter. Es war echt abgefahren.«

Beim Frühstück sind beide still und in sich gekehrt. Heute ist Sonntag, und beide haben frei. »Was machen wir jetzt?«, bricht Pablo das Schweigen. »Ich weiß nicht« gibt Manuela zurück. »Ich glaube, jetzt beginnt wohl wieder die große Session.«[46]

Dank

Auch wenn ich vielen einzelnen Menschen dankbar bin, ohne die das Buch nicht das geworden wäre, was es jetzt ist, so empfinde ich mich noch mehr als Sprachrohr für Gedanken und Einsichten, die allerorten »in der Luft liegen« und einfach jemanden brauchen, der sie aufschreibt und damit bündelt und leichter zugänglich macht.

Dennoch gilt mein besonderer Dank meiner Frau Nutan, mit der ich den tantrischen Weg des Zusammen-Seins gehen darf und die mich sehr konkret bei der Arbeit an diesem Buch unterstützt und immer wieder auch gefordert hat. Ich bin heilfroh, daß ich mit ihr so viele wegweisende Erfahrungen – privat und beruflich – teilen durfte.

Besonders dankbar bin ich auch Alan Lowen, der mich für die Kunst des Seins begeistert und mich unbeschreibbar vieles gelehrt hat, und weiteren Lehrern, Ausbilderinnen und Therapeuten, die mich auf meinem Weg wesentlich unterstützt und beeinflußt haben: Paul und Niyaso Carter, Gerda Boyesen, Paul Boyesen, Hans Krens und einige andere.

Ohne ihm je persönlich begegnet zu sein, hat mich Osho entscheidend inspiriert der zu sein, der ich bin.

Spezieller Dank gilt Bruno Riek, Detlef Sacker, Michael Lauenstein, Claudia Bastian-Seifried, Jutta Spersa Kreis, Chetam Achim Füssenich, Christiane Witt, Christian Riek, Marcella Riek, Françoise Kästli und Michael Shantam Schröder, die mir sehr wertvolle Ermunterung, Kritik und Anregungen gaben und mir damit nochmal eine Menge Arbeit aufgebrummt haben.

Nicht zuletzt danke ich natürlich auch all den Frauen und Männern, mit denen ich zusammenarbeiten und die ich auf ihrem Weg unterstützen durfte und die mir tiefste Einblicke in ihr Seelenleben gewährt haben. Nur mit ihrer Hilfe ist es möglich gewesen, so vielfältige Erfahrungen zusammenzutragen und anderen Lernwilligen zugänglich zu machen. Zu ihrem Schutz sind Namen und Situationen soweit verändert worden, daß niemand identifizierbar ist.

Danken möchte ich auch dir, liebe Leserin, lieber Leser, dafür, daß du das Buch bis hierher gelesen hast (hast du doch, oder?) und für deine Bereitschaft, deinen Beitrag für die Liebe auf diesem Planeten zu leisten.

Am Ende bleibt der Dank an das Leben und die Existenz, die es mir erlaubt haben, einen so erfüllenden und reichen Weg zu gehen, und die mich fordern ohne Ende, bis ich mich endlich sein lasse ...

Der Autor

Saleem Matthias Riek (geb. Bisinger) ist Diplom-Sozialpädagoge, Heil-praktiker (Körperpsychotherapie) und Tantralehrer in Freiburg im Breisgau. Er leitet im Rahmen des von Alan Lowen gegründeten Insti-tuts *The Art of Being* – meist zusammen mit seiner Frau Nutan Gabrielle Riek – Tantraseminare und Trainings in Deutschland, der Schweiz und Italien.

Geboren 1959 in Düsseldorf baute er in den achtziger Jahren eine Männer-Beratungstelle in Berlin auf und leitete körpertherapeutische

Workshops speziell für Männer. Seitdem hat sich sein Arbeitsschwerpunkt in Richtung Begegnung der Geschlechter verlagert, nicht zuletzt inspiriert durch Tantra und die Kunst des Seins.

Sein besonderes Interesse und seine Leidenschaft gilt dabei der Wiederverbindung von Liebe, Sexualität und Spiritualität.

Kontaktadresse:
The Art of Being Institut
– founded by Alan Lowen –
Zum Engelberg 6
D-79249 Merzhausen
Tel: 07 61-40 93 03
Fax: 07 61-40 93 06
E-Mail: Nutan.Saleem.Riek@t-online.de
Internet: www.art-of-being.de

Anmerkungen

1 D. H. Lawrence in *Lady Chatterley*, rororo, Reinbek 1987, Seite 35
2 D. H. Lawrence in seinem Essay *A Propos Lady Chatterley's Lover*, Penguin Books, London 1994, Seite 331
3 Antoine de Saint-Exupéry: *Der kleine Prinz*, Arche, Zürich 1991, Seite 72
4 Nirvana: wörtlich »Verlöschen«, Beruhigung aller geistigen Unruhe; dieser Begriff beschreibt den Zustand der Befreiung insbesondere im Buddhismus; es ist der völlig ausgewogene Geisteszustand, der von der Dualität von Gut und Böse nicht berührt wird« (aus: Martin Mittwede: *Spirituelles Wörterbuch Sanskrit-Deutsch*, Sathay-Sai-Vereinigung, Dietzenbach 1997
5 Alan Lowen in seinem Seminar »Intimität und Liebe« im Dezember 1992
6 Redewendung, die ich oft von Alan Lowen gehört habe.
7 Russ Michael: *Dein Seelenpartner ruft nach Dir!*, Christa-Falk-Verlag, Seeon 1997, Seite 137 f.
8 Vgl. Wilhelm Reich: *Charakteranalyse*, Kiepenheuer & Witsch, Köln 1989, Seite 79
9 Zitat aus einem Seminar von Alan Lowen 1995, dt.: »Dafür zu sorgen, daß in Menschen etwas geschieht, ist harte Arbeit, Menschen einfach geschehen zu lassen ist Spaß.«
10 Bekannter buddhistischer Weiser, Linienhalter der Kagyülinie des Tibetischen Buddhismus
11 Wörtl.: »Ordnung, Gesetz, Gebot Gottes« (Sanskrit), wichtiger Begriff der buddhistischen Morallehre; Anm. des Autors
12 Wörtl.: »Leere, Vakuum« (Sanskrit), Anm. des Autors
13 Zitiert nach Pema Chödrön: *Beginne, wo du bist*, Aurum, Braunschweig 1997, Seite 58 f.
14 Eine ähnliche Unterscheidung trifft die Tantralehrerin Diana Richardson (Satya Puja) zwischen engl. »feelings« und »emotions« (dt: »Gefühle« und »Emotionen«) in *The Love Keys*, Element Books, Boston 1999, Seite 161 ff.
15 Diese Meditation ist im Übungsteil näher beschrieben.
16 Aus dem Programmheft zur Seminarreihe »body, heart & soul« von Alan Lowen, 1996
17 Vgl. Krischnananda (Dr. Thomas Trobe): *Face to Face with fear*, Koregaon, Herrsching am Ammersee 1996
18 »Die Knöpfe drücken« (engl.: »to push one's buttons«) ist ein umgangssprachlicher Ausdruck, den Osho in seinen Reden geprägt hat und bedeu-

tet in etwa, durch ein bestimmtes Verhalten die Abwehrstrategien eines Menschen auszulösen, die dann wie zwanghaft ablaufen. Dahinter liegen immer alte Wunden, die zu spüren durch die Abwehrstrategien vermieden werden kann.

19 Von Bert Hellinger begründete Therapiemethode, vgl. Bert Hellinger: *Ordnungen der Liebe,* Carl-Auer, Heidelberg 1997

20 Das Evangelium des Johannes, Kap. I, Abs. 1

21 Gay und Kathlyn Hendricks: *Liebe macht stark,* Mosaik, München 1992

22 Jack Lee Rosenberg: *Orgasmus,* Ki-Buch, Berlin 1980
Margo Anand: *Tantra oder die Kunst der sexuellen Ekstase,* Goldmann, München 1990
Michael Plesse und Gabrielle St. Clair: *Feuer der Sinnlichkeit – Licht des Herzens,* Aurum, Braunschweig 1988

23 Tantrische Sitzhaltung, bei der die Frau auf dem Schoß des Mannes sitzt

24 Katharina Schadel im Magazin »Tantra«, 3. Ausgabe Januar 1995, Seite 9

25 Osho im Magazin »Tantra«, 4. Ausgabe Juli 1995, Seite 11

26 Andro im Magazin »Tantra«, 5. Ausgabe Januar 1996, Seite 11

27 Aman Schröter, ebda. Seite11

28 Daniel Odier: *Tantra,* Lübbe, Bergisch Gladbach 1997, Seite 9

29 Eva Szabo im Magazin »Tantra«, 5. Ausgabe Januar 1996, Seite 11

30 Miranda Shaw: *Erleuchtung durch Ekstase,* Krüger, Frankfurt am Main 1997, Seite 211

31 Osho: *Tantrische Transformation,* Osho Verlag, Köln 1995, Seite 176

32 »Satori« bedeutet blitzartige Einsicht in das Sein und gilt im Buddhismus als kurzzeitige Ahnung zum Zustand der Erleuchtung.

33 Osho: *Tantrische Transformation,* Osho Verlag, Köln 1995, Seite 250

34 Katharsis-Übungen: mit bestimmen Methoden herbeigeführter heftiger Ausdruck von Gefühlen mit der Intention einer emotionalen Reinigung

35 Jean Liedloff: *Auf der Suche nach dem verlorenen Glück,* Beck, München 1996

36 Dt.: »Bleib anwesend, was auch immer geschieht!«

37 Dt: »Wenn du hier heraus gehst, endet die kleine Session (wörtl.: Sitzung, Tagung) und die große Session beginnt!«

38 Diesen Untertitel trägt auch das sehr empfehlenswerte Buch von John Welwood: *Durch Liebe reifen,* Kösel, München 1998

39 Osho: *Leben Lieben Lachen,* Osho Verlag, Köln 1996 Seite 101

40 Für diese Meditation eignet sich die CD »Chakra Breathing«, Tao Music, München

41 Passende Musik findet sich auf den CDs »Kundalini«, Tao Music, München für das Schütteln und »Thunderdrums I« von Scott Fitzgerald oder »Exotic dance« (von Anugama) für das Tanzen

42 Zum Vigyan Bhairav Tantra vgl. Osho: *Das Buch der Geheimnisse,* Osho Verlag, Köln 1992

43 Orgasmus und Ejakulation sind nicht das gleiche, obwohl die meisten Männer beides miteinander assoziieren. Es gibt Orgasmen ohne Ejakulation und

Ejakulationen ohne Orgasmus. Über den Unterschied gibt es viele verschiedene Ansichten und Erfahrungen, die wiederzugeben den Rahmen
dieses Buches sprengen würden. Es gibt – eher selten – auch weibliche Ejakulationen. Für dieses Ritual ist es keine Voraussetzung, den Unterschied zu
kennen. Falls es dich interessiert, finde es heraus!

44 zum Beispiel Giora Feidmanns CD »Viva el Klezmer« Stücke 2 bis 4

45 Rudolf Nurejev, berühmter Ballett-Tänzer

46 Anspielung auf Redewendung »When you go out of here, the small session
ends and the big session starts«, siehe Anmerkung 37